更美语文课 ②

群文教学课型创新与网课实践

王君 著

长江出版传媒　长江文艺出版社

【参与本书研讨的老师名单】

王　君	孙秋备	司艳平	卢望军	曹　静	陈晓东
张　娟	俞春霞	陈海波	于修影	杨晶晶	夏海芹
戴攀峰	石忠冕	陈海亮	郑喜微	陈　荔	魏志强
纪丽娜	周忠玉	王俊芳	梁海燕	李雪兰	张　敏
史丽芬	陈净净	罗云斌	胡金辉	熊　幸	陆　艳
杨　青	时慧慧	李红玲	温德斌	朱凌鹏	刘艳红
徐敏红	谢德志	张绪凤			

序一

向你们的专业态度致敬

刘恩樵

读完"青春语文"倡导者王君编著的《更美语文课2》书稿，正是2020年的5月4日，在青年节这天，网络上被《后浪》刷屏了。我的心里忽地将"青春语文"与《后浪》对接了起来，我觉得用《后浪》中"向你们的专业态度致敬"来表达我阅读此书稿的感受太恰当了。《更美语文课2》中，十多位老师关于"群文阅读""文本特质""课型创新"的对话式研讨，让我真诚而自觉地向"你们"在语文教育"专业"发展之路上探赜索隐、钩深致远的"态度"致以崇高的敬意。

"你们"是谁？

请允许我将《更美语文课2》中参与研讨的诸位的闪耀着青春光芒的名字列出来，这是我向"你们"致敬的一种方式：孙秋备、司艳平、卢望军、曹静、陈晓东、张娟、俞春霞、陈海波、于修影、张敏、杨晶晶、夏海芹、戴攀峰、石忠晃、陈海亮、郑喜微、陈荔、魏志强、纪丽娜、王俊芳、梁海燕、李雪兰、史丽芬、陈净净、周忠玉、罗云斌、熊幸、胡金辉、陆艳、杨青、时慧慧、李红玲、温德斌、朱凌鹏、李雪兰、徐敏红、刘艳红、谢德志、张绪凤。"你们"中每一位都是语文教学一线教师中青春中的青春，先锋中的先锋。"你们"所讲述的语文，就是你们的作品；"你们"所热爱的语文，就是你们的生活；"你们"所追寻的语文，就是你们的境界。《更美语文课2》就是"你们"在语文之路上采撷到的即将奉献给读者的又一硕果。

"你们"有一个共同的名字，叫"青春语文名师工作室成员"。王君是"青春语文"的倡导者与实践者，她还是引领者。在我看来，王君是一位青春永驻的语文人，她以青春引领青春，以激情焕发激情，她把自己的热爱变成了和成千上万的人分享快乐的事业。王君老师开辟语文湿地，让一群语文幸福鸟快乐栖息；她创建青春教师成长学院，成为一批语文追梦者的摇篮；她以青春语文的名义运筹名师工程，使一帮语文才俊担纲挑梁。因为王君，因为青春语文，"你们"形成了"王君们"。在中国语文教学的大地上，我觉得应该关注一下"王君们现象"，她的意义在于给教师的专业发展提供了一个民间推动的样本，这是很值得研究的。

我向"王君们"致敬！

"专业"在哪？

读罢《更美语文课 2》，我真的感佩"王君们"在群文阅读教学方面做出的积极可贵的探索，同时，更欣喜于这本书对一线教师群文阅读教学的指导价值。"王君们"在做语文教学的专业性研究。

《更美语文课 2》中的关键词是"群文阅读""文本特质""课型创意"。这些都是当下语文教学在学科专业研究进程中的新视野、新策略与新方向。应该说，"文本特质说"是王君对语文教学研究的一大贡献。文本特质说对于指导一线教师解读教材、设计教学具有重要意义。课型创意是王君语文教学的一贯风格与神奇魅力，也是针对当下普遍存在的传统无趣的教学设计的一种警醒，更是对呼唤创新的时代教育的一种呼应。王君与他的青春语文团队在《更美语文课 2》中将"文本特质"与"课型创意"两大语文教学新方略融进"群文教学"中，从而将"群文教学"推上了一个全新的知行高度。关于群文教学的理念是可实践可操作的理念，其方法也是有理念的方法。这是有探索性的研究，这是有专业性的成果。难能可贵的是，这本书凸显案例研究，以一线教师的群文教学课为例，以平等互动式对话研讨为方式，以"专业"为基准，让"专业"渗进课堂，让"专业"的知识转化为"专业"的教学力，在一线教师的眼前展开了文本特质与课型创新在群文教学中融合运用的美丽图景，让你有"一本在手，践操无忧"的畅快。

说到"专业"，我们还可以从另一个角度来考量。在《更美语文课 2》中，读者还可以获得教师专业发展的一种可靠性路径，这就是"专业发展共同体"，具体而言，就是"青春语文名师工作室"。之所以"可靠"，意思是说，像"青春语文名师工作室"这样以"专业""精神"与"梦想"凝集而成的学习共同体是"真"的，是"铁"的，是"硬核"的。

我向"王君们"的专业致敬！

"态度"何如？

态度决定一切，这话朴素而深刻。太多的老师总是希望从书中去寻找方法。方法固然重要，但是比方法更重要的是态度。做好任何一件事，都是需要好的态度的。读一本语文教学研究书籍，获得方法指导，好；获得理念引领，更好；获得精神激励，最好。《更美语文课2》就是一本可以让你方法、理念、精神"三丰收"的书。

如果你通读《更美语文课2》后掩卷静思，你会发现，"王君们"是了不起的。不依靠任何行政力量的支撑，只依靠对语文教学的热爱；不倚仗已有的成绩，只倚仗对语文教学魅力的向往。"王君们"在进取中强健筋骨，在奋进中收获硕果，"一派昂扬向上的青春气象"充盈在《更美语文课2》的字里行间，飘逸出阵阵馨香。

"青春语文名师工作室"里的"王君们"都是最普通的一线教师，但是他们不普通，他们有实干精神，有求索精神，有创新精神。他们提出"打通读法与活法，用语文疗愈自我"，主张"经语文，见自我，见天地，见众生"，这是何等的境界？这才是《更美语文课2》的本、核、髓。如果读者能领悟到这一层，此书值也，作为一名读者，愈值也！

我向"王君们"的专业态度致敬！

今日"五四"，还是化用《后浪》中的句子吧，既送给"王君们"，也送给《更美语文课2》的读者们，当然也包括我：

——我们在同一条奔涌的语文河流。

序二

却顾所来径，苍苍横翠微

俞春霞

师父王君老师嘱我：春霞你来为我们的《更美语文课2》写一个序吧，你一路参与其中，应该有很多话要说。我欣然应允。就好像一个本来以为自己不能爬高不能走远路的羸弱的人和大家一起走了一段不长也不短的路，爬了一座不高也不矮的山坡，突然转身回望，只见满目苍翠，整齐又细碎的脚印掩映其中，李白的那句诗连同豪迈一齐涌上心头：却顾所来径，苍苍横翠微。

坦白说，在没有加入"青春语文名师工作室"之前，我一直找不到"群"的感觉，总有种离群索居的滋味，不知道为什么总觉得自己触不到地面，浮在半空，上不去也下不来。在没有参与"群文探讨"之前，我也没有"群"的概念。每一篇文章不都是独立存在的吗，有必要让它们形成"群"吗？甚至在一次群文公开课的前夕我还不知道"群文"课该如何上，真是贻笑大方。

但当我参与到"群文研讨"的这个队列，从单篇到群文，从文本到课型，一群人在一起碰撞、交流、品评、查漏……我一下就被这个"群"震撼了，吸引了：师父王君老师就是我们的"领路人"，她永远知道下一步该做什么，她一旦确定一个方向，行动力超强；她一旦行动，总那么恒久坚持；她一旦坚持做一件事，总喜欢不吝鼓励多角度欣赏……

此时我凝视着桌上的《更美语文课》：标点可以形成群，词语可以形成群，句子可以形成群，单元内部可以形成群，单元与单元之间可以形成群，教材之间可以形成群，教材与教材外的文本可以形成群，影视剧可以形成群，整本书可以形成群，甚至歌曲音乐、社会生活……都可以形成群。

　　用师父的话讲，就没有孤立的文本，任何文本之间都是相互联系的。哦，她的思维总是那么开阔那么灵活！

　　而和我建立群连接的还有我的团队伙伴们，在一期一期的群文教研中，一次次刷新我对他们的认识：

　　艳平行事果敢，眼光锐利，她身上有一股"不达目的不罢休"的劲。她聚焦"夸张"去群读李白的诗歌，在"夸大、夸小、超前夸张"的比对中，李白的豪放和豁达在酣畅淋漓的诵读感悟中尽得。

　　秋备是著名的"拼命三郎"，我曾经戏笑她把"吃饭睡觉的时间都拿来思考了"。她自己设计出了十多堂群文课，每一堂课里都有她独特的思考。真是可敬，可佩！

　　晓东一直致力于"一语立骨"的研究，在杜甫不同时段的三首诗中通过抓"望"来"一字立骨"，读出了杜甫以及和杜甫一样的人的精神品质，令人耳目一新。

　　望军的阅读量惊人，课可谓大开大合。她能由以屈原和渔夫为代表的两类不同的人格和价值取向引向他们各自的同类人与文，各自成群，最终指导学生为自己的人生取向做准备，令人惊叹。

　　修影来自北京，占据的位置很高，她能把整本教材拿来建群——人群、景群、建筑群，再用诗解文，读写结合打通阅读和写作教学，为我们的复习教学建了很好的模板。

　　晶晶人称"妖晶"，她上课总给人"出乎意料又都在情理之中"的感觉，她探讨求同法的运用，甚至能把《出师表》和《金蔷薇》组成群，把鲁迅和卡夫卡组成群……反正只有你想不到的，没有她不敢想的。

　　海亮本身就是位诗人型的老师，他带领孩子们去顾城的诗里去诵读、去品析，去敏感地捕捉鲜活的动词，去敏锐地分辨跳脱的色彩，去感性地体悟微妙的情感，又理性地思辨深邃的哲理……真的，他的课就是一首美妙的诗歌，他的古文课也美得很。

　　喜微的"刘禹锡的'豪诗'品评课"，由"贬谪"的诗文群入手，通过"悲"群与"豪"群对比，引出刘禹锡的组诗，突出"诗格及人格"，读出刘禹锡身处逆境的铮铮铁骨，令人精神为之大振。

　　这个群里还有勤勉的、爱读书、爱写作、乐于思考的海波，做事敢于死磕对谁都和善的忠玉，对文本解读有着不俗见地的志强，什么日子都能过成诗的晓琳姐，活泼可爱却又不乏坚韧与智慧的陆艳……

他们在我面前展开了一个斑斓奇美的世界，让我觉得他们每一个人的生命都是那么独特，那么令人向往；他们让我的整颗心沉静沉醉。

于是我的世界也一天天地在改变。

我书架上的书变得越来越多，我的节奏变得越来越快，我心底的力量变得越来越清晰，我脸上的表情变得越来越柔和……每天我们在一个叫作"青春语文"的群里相互打趣鼓劲，然后喜滋滋地投入到各自的生活中，一天阳光灿烂。某天兴致来即，写下了一首小诗：

我喜欢……

我喜欢对着头顶的一只低飞的鸟儿

挥动双手致意：

嗨！早上好

然后目送它缓缓离去的翅膀

我喜欢看莲叶中一两条调皮的鱼儿

时不时地蹿出

惊起一串串飞溅的湖的浪

我喜欢一只猫和一只狗

互咬着尾巴嬉戏

随舞动的人群在音乐里流淌

我喜欢一群热气腾腾的男人

赤膊着上身在风里迈着整齐的步伐

任汗水滑落在脸庞

我喜欢撑着伞或者干脆不撑

在雨中散步或者狂奔

没有急着要奔赴的终场

我喜欢广袤的天空一大片一大片地呈现

大得足够容下我的深情

容下我凌乱的脚步

　　和并不优美的歌唱

　　我喜欢心无挂碍地

　　走在尘世

　　听自己安静的脚步声响

　　风起，是谁的手掠过

　　一片叶的忧伤

　　是的，我喜欢在"青春语文"的群落，这里的天空承载了我所有的热望，奋进了有人祝福，沮丧了有人抚慰。回首，苍翠的夹道两旁又多了很多优秀的同行者。

　　师父道：

　　继续向前！

春霞写于扬州明月湖畔

目录　CONTENTS

下篇
大群文网课教学案例

上篇

群文教学视野下的
文本特质与
课型创新设计

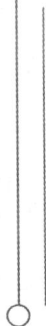

1. 语用型文本群文课怎么上?

研 讨 者：王　君　孙秋备　司艳平　卢望军　曹　静
特邀专家：司体忠

备 课 沙 龙

王　君：老师们，我们又要开始新的征程了。因为有了《中学语文教学参考》提供的这个平台，我们得以全面梳理了青春语文课堂教学的两个基本追求：

第一，打通教法和活法。要经由语文的教与学，"见自我，见天地，见众生"。第二，课堂教学的文本特质和课型创新。在本书中，我们将结合群文教学和整本书阅读来进一步探索文本特质和课型创新的问题。群文教学是我们现在语文教研前沿最热的话题。一个科研现象的产生肯定不是偶然的。我请到了重庆树人教育研究院司体忠老师做客我们的教研室。"群文阅读"其实就是他们这个机构正式提出来且大力推动研究实践的。这几年，树人教育研究院正在持续做这方面的研究，并且掀起了全国群文阅读研究和实践的高潮。应该说，在这个领域，他们是专家。我想请他来做我们的指导专家。为什么群文阅读会成为一种趋势呢？我们先请司老师谈一谈。

司体忠：王老师好，各位老师好。群文阅读成为一种趋势，我想这是社会发展和教育发展的共同结果。社会发展角度，主要是信息技术的长足进步带来海量信息的产生，我们既要面对浩繁的历史文本，又要面对更加庞杂的正在产生和即将产生的文本信息。虽说我们也可以以"把玩"的心态和精雕细刻的姿态去阅读，但更多时候我们不得不对各种文本信息进行梳理整合进而判断应用。教育发展角度，无论是我们的语文教育，还是其他学科，都会受到社会发展的影响。就拿语文学科教学来说，不可能永远在单文阅读和教学这个层面徘徊，并不是说孰优孰劣，而是单文、群文应该相融相生。从根本上讲，"立人"需要有群文教学这样一种形态。应该说，群文阅读、群文教学近年来也逐渐成为学界共识并且引起教育顶层设计者的重视。大家关注近年的语文课程改革、教材改革以及高考改革，可以发现群文的理念已经有充分的体现。比如近年的高考作文就对学生"整合、聚焦、发散、思辨"等能力提出了更高的要求，这实际上是对学生阅读量与质的综合考查，而群文通过"阅读场"的建构有利于发展学生的语文核心素养，尤其是在语言的整合、比较和参照中发展学生的思维，进而促进语言运用能力的提升。

司艳平：司老师，我想问问在群文阅读教学研究之前，"主题阅读"之类的阅读也一直很热。那"主题阅读"和"群文阅读"教学有什么相同点和不同点呢？

司体忠：这个问题很多研究者都做过思考且有论述，也有研究者试图把不同的阅读理念截然分离。我个人是这样看的，不同的阅读理念和阅读教学理念是不可能截然区分的，甚至会存在诸多交叉，只是侧重点不同而已。窃以为没有多大的必要在理念、概念上画出一条一条的道来。在王老师的书序里，我写过这样一个句子："在容量恰切、有生成性和沉淀感的'阅读场'和'教学场'中，学生眼中的'小美之景'才能走向'大美之境'。"我想不论是主题，还是议题、焦点，我们首先要思考的是给学生构建"容量恰切"的"阅读场"，精心耕耘经典单文，但必要的时候要超越单文、超越教材；也不能求多贪大，须力求文本的容量适度和教学目标的少而精准，所以群文的文本组元更多强调"议题、焦点"，人文元素可以，语文要素可以，阅读策略和方法也可以，是开放的。

王　君：司老师请再深入一步给大家讲讲，我们在进行群文阅读教学的时候，哪些方面是需要特别重视的呢？

司体忠：个人观点，实践"群文阅读教学"有几点需要思考。第一，"群文"的来源可以分为三个层次——教材内群文、教材内外群文和教材外群文，但对一线语文教学最具实践意义的是教材内外群文，即践行"1+x"理念，融通课内外，守正创新，增量提质，利学便教。当然，生活中还有广阔适切的文本我们可以善加运用。第二，经典单文的精读为学生的阅读力奠基，群文教学为学生的阅读力展翼。实践群文教学，须实现对单文阅读和教学的超越，力求"锦上添花"或者"雪中送炭"。换言之，单文能解决的问题交给单文，群文才能更好解决的问题走向群文。第三，"群文阅读教学"要经历一个"感知、理解、比较、整合、归纳、评鉴、表达"的自然过程，这个过程要求"议题定点精准，目标精确，选文精当而适切，教学环节精简而一线贯穿"，推进深度阅读而力避"水过地皮湿"。第四，可以紧扣语文核心素养的几个维度，凸显群文教学的作用。

王　君：综合了解了群文阅读教学之后，我们再来回顾一下语用型文本的一些基本知识。"语用价值和精神价值的双向开掘与情趣呈现"是青春语文课堂追求的根。我把文本特质定义为：一个文本所具有的区别于其他文本的标志性属性。这个属性决定了该文本在课程内容、教学内容以及在教材内容中的特殊地位，也就决定了围绕该文本采取的独有的教学策略。我们现阶段研究的文本特质和课堂类型有七种：主题型文本、语用型文本、写作型文本、诵读型文本、思辨型文本、跳板型文本、积累型文本。

孙秋备：记得王老师讲过，主题型文本侧重于文学教育，其"语言训练"是隐性的、柔性的，课堂目标直接指向思想启蒙和情感熏陶，所以这种课型的课堂状态颇有些似政治课哲学课。

曹　静：我记得语用型文本侧重于汉语教育，其"语言训练"是显性的、直接的，课堂目标直接指向文本的某一种语言特质的认识和学用。这样的课，也有思想启蒙和情感熏陶，但这一块恰恰是隐性的、柔性的。

王　君：看来大家掌握得很扎实。现在，我们要做一件非常有意义的事情：就是把群文教学和文本特质课型研究两个概念结合起来。第一期，我们先探讨"群文教学视野下的语用型文本教学"。也就是说，我们要有意识地开发出一种最重要的课：它既是语用型文本的教学，又是群文教学。为什么要从语用型文本开始呢？大家还记得之前的讨论吗？

司艳平：王君老师认为，中学语文教材中的大部分文本都应该处理为语用型文本。这是语文学科性质决定的，也是学生的学习特点决定的。只有那种主题确实具有多义性，学生理解起来确实有难度的文本才有必要处理为主题型文本。

王　君：是的，对于语用型文本，我们现在的困难是"语用解读"在现行文本解读的体系中还比较薄弱，其研究的空白点还非常多。我们的老师面对一个文本，头脑中除了一点中小学学来的可怜的修辞方法知识外，其他的语用知识几乎为零。我去年谈到要突破这个问题，可以从两个方面着手：一是超越文字个体或词句小团体，扩大到段、章、篇、书的文字大团体；二是超越"有辞格"——传统的修辞方法，进入到"无辞格"的研究，在词语选择、句式选择、段落衔接、语篇结构、作品风格等方面全面透视一个文本。

曹　静： 去年我们还探讨了这个问题：一个文本被定位为语用型文本之后，是不是就不能再说主题了？

王　君： 不是。在一个文本被定位为语用型文本后，并不是说就不研究主题，不探究思想，不做情怀熏陶的工作，而是说，"语言的训练"成了教学的主体，而主题探究仅仅只是辅助内容。要呈现，但呈现方式应该是含蓄的，呈现时机应该是巧妙的，其所占的时间和内容的比例应该是相对较小的。总之，不可喧宾夺主，挤占了语言学习的时间。

孙秋备： 王老师，这个问题也应该复习一下：如果我们把一个文本当作主题型文本来对待了，是不是在语用上就准许大而化之呢？

王　君： 对，必须复习。这个问题复杂一些。首先，从根本上来看，不可能有完全超越了语用学习的"主题研究"，只不过看呈现方式是显性还是隐形罢了。就算是主题型文本，在主题解读之外，也依旧应该有"语用解读"。教师通过这样的方式强化自己对文本的认识，梳理文本有用的语用知识，适时教给学生，让语文教学尽可能"教得清清楚楚、学得明明白白"。

卢望军： 请王老师再讲一讲对语用型文本我们有哪些处理方法吧。去年这个时候我还没有加入研讨。

王　君： 语用型文本的教学方式很多。主要路径有两种：第一种是聚焦法——侧重解决文本中最鲜明突出的语言问题，比如《安塞腰鼓》，整个课就只研究它的排比。第二种是发散法——全面关注一个文本的"语用"。近两年来我着重研究实践的是"五看式"——看篇、看段、看句、看词、看意，针对文本特质，或者"五看"均看，或者选择其中"几看"来看。这个方法简单易学，变式也很多，既可以是老师研读文本的方法，也可以是学生课堂上学习文本的方法。

复习了这些基础知识之后，我们先看一个"语用型文本群文教学"的典型课例，司艳平老师的《唯有夸张识君心》。

课例实践

唯有夸张识君心

执教：司艳平

第一部分　导入新课

师：同学们，我们以李白诗的"飞花令"开启课堂，你们认为李白最著名的诗句都有哪些？

生：举头望明月，低头思故乡。

生：相看两不厌，只有敬亭山。

生：大鹏一日同风起，扶摇直上九万里。假令风歇时下来，犹能簸却沧溟水……

师：这节课，我们就一起来学习关于李白的群诗阅读——《唯有夸张识君心》。

第二部分　感知李白式表达

（出示《上李邕》《行路难》《宣州谢朓楼饯别校书叔云》）

师：我们先来读第一首《上李邕》，请一位诵读很优秀的孩子来读。

（生依次读三首诗）（生点评）

师：我们刚才读了李白的这三首诗，你们发现了吗？李白诗歌的最大特色是什么？你来说。

生：李白的诗歌很狂放。

师：他这种狂放的诗风是借助什么手法来表达的？

生：比喻。

师：除了比喻还有吗？

生：还有夸张、想象。

师：你把李白诗歌的三大特色都说出来了，比喻、想象、夸张，超级棒！

第三部分　聚焦李白式夸张

师：我们来看，李白诗歌的最大特色是夸张，提到夸张，你对夸张了解多少呢？谁来说说，什么是夸张？

生：这件事情是不切实际的。

师：把一件事情写成不切实际的、没法实现的，就叫夸张。

生：夸张是修辞手法的一种，就是把一点小事物说成极大的事物，比如我们家有体育场那么大，这就是吹牛皮，吹牛皮就是夸张。

师：说得好极了！我们一起来看夸张的概念。

【屏显】

夸张是运用丰富的想象力，在客观现实的基础上有目的地放大或缩小事物的形象特征，以增强表达效果的修辞手法，也叫夸饰或铺张。

（生齐读）

师：那夸张有哪些分类呢？我看到你跃跃欲试。

生：不了解。

师：谁了解？帮帮他。他刚才说他们家有体育场那么大，这是什么夸张？你来说说。

生：吹牛皮式的夸张。

师：用语文中的术语应该如何表达呢，把小的事物说成大的，叫什么？

生：扩大夸张。

师：很精准。

生：还有缩小夸张。

师：聪明。有扩大夸张，与之相对的就有缩小夸张。

师：刚才有的同学提到，没有实现的东西，作者在写的时候实现了。这是什么呢？这叫超前。将没有发生的事物提前说出来，就是超前夸张。我们一起说出夸张的三大分类。

生：扩大夸张、缩小夸张、超前夸张。

师：接下来请你们在李白的诗歌里找找，哪些诗句是扩大夸张，哪些诗句是超前夸张？找到请举手。

生："大鹏一日同风起，扶摇直上九万里"是扩大夸张。

师：很好！你开了个好头。

生："人生在世不称意，明朝散发弄扁舟"是超前夸张。

师：对。"明朝散发弄扁舟"是还没有发生的事情，没有实现的。

生："俱怀逸兴壮思飞，欲上青天揽明月"是超前夸张。

师：很好。扩大还有吗？

生："金樽清酒斗十千，玉盘珍羞值万钱"是扩大夸张。

师：同学们来观察，刚才你们提到的这两句关于扩大夸张的诗句有什么相同点？

生：都借助于事物来表达夸张，都有很大的数字。

师：都用很大的数字来表达客观事物。结合"欲上青天揽明月""直挂云帆济沧海"，来发现李白在表达什么？你来说。

生：这是豪情壮志。

师：豪情壮志是从客观角度讲还是从主观角度讲？

生：是从主观角度讲。

师：所以超前夸张往往是李白表达内心情绪、主观情感的一种方式。我们来看，齐读写客观事物运用夸张的句子。

【屏显】

客观事物之夸张：大鹏一日同风起，扶摇直上九万里。

（生齐读）

师：我们再来读运用夸张写李白主观情绪的诗句。

【屏显】

主观情绪之夸张：长风破浪会有时，直挂云帆济沧海。

（生齐读）

第四部分　体味李白式情感

师：请你们把目光聚焦在第一首诗《上李邕》上，你们认为在这首诗里，哪两句诗就是李白的化身？为什么？

生："大鹏一日同风起，扶摇直上九万里"。

师：请你用自己的话表达对这两句诗的看法。

生：这句诗中，李白内心把自己想象成了大鹏鸟，他认为自己的才华能在一瞬间上到九万里，但是，在后文中又写到"世人见我恒殊调"，写出了他当时怀才不遇的情感，流露出他的不满。

师：说得好。滔滔不绝，逻辑清晰。

师：李白就是什么化身？就是大鹏的化身。你把投影上的内容读读，你读前两句，其他同学齐读后两句。

【屏显】

> 李白就是同风扶摇的大鹏，
> 胸怀大志，凌云万里。
> 李白就是簸却沧水的大鹏，
> 超凡脱俗，笑傲苍穹。

师：这就是李白，李白就是那只扶摇九万里的大鹏啊，可是这只大鹏却没能翱翔天宇。同学们再来看后两首诗。李白的《行路难》写于公元744年，此时的李白被赐金放还，不得已离开长安，开始漫游生活；第三首诗写于公元753年，彼时的李白已过了近十年的漫游生活。请同学寻找这两首诗的共同点。

生：一首是李白被排挤，第二首是被排挤之后，都写出了李白他内心才华的自信，对当时权贵不满的情绪。

师：你从内容来讲，很好。还有吗？

生：第二首《行路难》"长风破浪会有时，直挂云帆济沧海"是说现在是不如意的，以后一定会如意，会实现理想；下一首"人生在世不称意，明朝散发弄扁舟"他也是说今天不称意，可是不能放弃，不能绝望，明天会找到属于自己的生活。

师：你好聪明！这两首诗中最后一联都写出他明天要干吗。

生：这两首诗共同点都有超前夸张，"行路难，行路难，多歧路，今安在？长风破浪会有时，直挂云帆济沧海"是说他虽然受到排挤，但还是自由自在，放松自我。

师：也就是说李白虽然悲愤，但是还在保持自我，所以他的情感都是……

生：充满了豪放与乐观。

师：不，由悲愤到豪放是一种怎样的情感？

生：情感发生转变。

师：也就是说这两首诗中都有李白的情感变化，而且他的情感大开大合，在跌宕起伏中，让我们触摸到了李白的灵魂脉搏。我们一起来看。你来读。

【屏显】

两首诗都用了夸张来表达内心的情感，激昂的情感在夸张，悲愤的情感也在夸张。两首诗的情感都跌宕起伏，纵横开阖，天马行空，自然生发。

（生读）

师：这就是李白的夸张，老师对李白非常热爱，写了一篇文章《狂放不羁李太白》。请你们结合超前夸张，结合你们所了解的李白生平，再结合老师写李白的这段文字，归纳探究李白的情感密码。我来读。

【屏显】

李白的一生总在飘荡，终老仍然如此，他一生的抱负没有实现，但是临了仍然以大鹏自比："大鹏飞兮振八裔，中天摧兮力不济。"狂放不羁的李太白，在诗歌的长河里安放下独一无二的魂灵，从此屹立天地，光耀千古。

——摘自司艳平《狂放不羁李太白》

（师读）

师：你们说，李白的情感密码在哪里呢？他的情感是一份怎样的情感？我们请一位没有发过言的男孩来说，听听他与李白的共鸣。

生：李白的情感是一份怀才不遇的情感。

师：他怀才不遇的时候，他的情感是一种什么样的状态？

生：依然是那个……

生：虽然李白壮志难酬，但是他面对挫折的时候，依然那么自信，人生充满高傲。

11

师："高傲"这个词说得真好！这就是我们的李白啊，永远那么高傲，永远翱翔天宇，叱咤风云。我们一起来看。

【屏显】

李白的情感总在超前夸张，

他的天马行空让他活在谪仙人的梦幻之中；

李白的情感总在超前夸张，

他从一而终都活在梦想的镜花水月里，大鹏同风。

师：李白的超前夸张没有成就他的仕途经济、宦游人生，却成就了一个独步天下、光耀千古、铮铮诗骨的李太白，这就是我们的李白——"唯有夸张识君心"！

评 课 沙 龙

王 君：司老师的这个课例很有代表性，关于什么是"语用型文本群文教学"，大家应该就有了直观的认识，请聊聊吧。

孙秋备：从司老师的课例可以看出，语用型文本群文教学的课堂焦点是对某一语言特质的认知和学用，围绕这一焦点选取语言特质相似的多个文本构成"阅读场"，这些文本互相印证、互为支撑。教师设置具有整合性、层次性的课堂活动或问题，引领学生感知、理解、体悟这种语言特质，使学生的思维直抵文本内核。语用型文本群文教学着眼于学生语言建构和运用能力的培养，遵循语言学习"反三归一"的规律，使学生的认知学用更扎实有效。

曹 静：司老师采用"聚焦法"，耐心地搭设了一个一个的台阶，引领学生在语言训练中完成思想情感的"升格"的。台阶的起点，是学生从群诗中感知到李白狂放的诗风。台阶的终点，是学生能理解诗人藏于夸张中的情感密码。无论是感知表达，还是聚焦夸张，甚至体味情感环节，司老师都不显山不露水，只在语言训练方面着力，直至到达台阶的终点，她才揭开"思想情感"的面纱。可是，我们丝毫不觉得突兀，原因就在于，司老师整堂课只聚焦一个语用点，对一组群文反复打磨，直至它发出璀璨的光芒。

卢望军："弱水三千，只取一瓢饮"，司老师从李白诗海中取了"夸张"

这一瓢。夸张，就成为课堂选诗的标准；夸张，也是课堂主线："李白式表达"感受夸张的情态，"李白式夸张"分析夸张的类别，"李白式情感"通过资料助读，明确李白其人和其诗、形式和内容的统一——终生以大鹏自喻的李白，唯有运用天马行空的夸张，才能够释放雄奇飘逸的想象；夸张，还是课堂价值所在：做人当如李白，虽怀才不遇亦不减锋芒，求不到千秋功业，那就留取不朽诗名。

王　君：我们再看一个现代文教学的课例，孙秋备老师的《"我"见"众生"》，她通过群文教学探讨的是小说的叙述视角的问题，这个语用点也很有价值。

课例实践

"我"见"众生"

执教：孙秋备

（一）明确学习目标

师：今天，我们把《我的叔叔于勒》和群文读本中的《写日记的男孩》放在一起研读，大家已经读过文章了，谁来说说这两篇文章在形式上有什么共同之处？

生：都是小说。

生：都是用第一人称讲故事。

师：说得好。这两篇小说都采用了第一人称的叙述视角，以"我"的所见所闻来展开故事。什么是叙述视角呢？请大家共读。

【屏显】

叙述视角是指对故事内容进行观察和讲述的特定角度。

——百度百科

叙述视角是叙事谋略的枢纽，它错综复杂地联结着谁在看，看到何人何事何物，看者和被看者的态度如何，要给读者何种"召唤视野"。

——《中国叙事学》

师：这节课，我们就从"我"的视角去看小说中的芸芸众生，进而读懂小说。

（二）研读《我的叔叔于勒》

师：我们先读《我的叔叔于勒》。这篇小说中谁在看？"我"是谁？

生：若瑟夫。

师：一个小孩子。他看到了何人何事？

生：看到了"我"和父母亲、于勒叔叔。

生："我"们一家人和于勒之间的故事。

师：从看者和被看者的态度，可以感知作者的"召唤视野"。请浏览课文，说说父母对于勒的态度。

生："父亲总要说他那句永不变更的话：'唉！如果于勒竟在这只船上，那会叫人多么惊喜呀！'"我看出他们盼望于勒回来。

师：这句话在文中出现了几次？

生：两次。说明父亲时刻都在期盼于勒回来。

师：听说于勒发财之后，父亲盼于勒回来，盼了十年。母亲呢？

生：母亲也常常说："只要这个好心的于勒一回来，我们的境况就不同了。他可真算得一个有办法的人。"

师：在母亲口中，于勒是好心的人，有办法的人。当一家人在旅行中巧遇于勒，父母对于勒的态度如何？

生："去跟船长打听一下吧。可要多加小心，别叫这个小子又回来吃咱们！"母亲说话的语气像在防贼。

生："我就知道这个贼是不会有出息的，早晚会回来重新拖累我们的……"母亲称于勒是"贼""讨饭的"，还说于勒是"流氓"。

师：透过"我"的目光，我们看到父母对于勒前后迥然不同的态度。你怎样评价菲利普夫妇？

生：无情无义。

生：六亲不认。

师：循着"我"的视线，我们看到，有没有钱是决定父母与于勒关系亲疏的唯一指标。这样的人和事在当今时代也不稀缺。以小见大是小说写作的基本手法，从个体身上反映出来的往往是群体现象。从"我"的视角看菲利普夫妇，我们读出小说的主旨：

【屏显】

金钱让亲情变异，让灵魂扭曲。

师："我"作为经历故事的人物，也被读者所审视，"我"对于勒的态度如何？

（生读 39 段到 42 段）

生："我看了看他的手""我又看了看他的脸"，四个"看"说明"我"很关心于勒。

师：还有重复的字词吗？

生：还有两个"满"，可以看出"我"对于勒的同情。

生：从"我"心里默念的话可以看出"我"是把于勒当亲人的。

师：作者塑造一个孩子作为故事的经历者和参与者，使我们看到成人世界的自私冷漠，也让我们在灰暗中看到一抹暖色。"我"的态度，透露出小说另一个主旨：

【屏显】

呼唤亲情和善良人性

师："我"对于勒满怀亲情，为什么我不认叔叔，而是在心里"默念"？当父母躲避于勒时，"我"为什么是默认的态度；也就是说，"我"怎么看父母这样对待于勒？请浏览文章开头部分，说说你的理解。

生："我"理解父母的艰难。第 1 段里"很晚""挣的钱不多"和第 2 段的"拮据""非常痛苦"可以看出这家人很穷。

生："样样""半天"表明家里的日子很艰难。

生：姐姐因为家里太穷嫁不出去。

生：菲利普夫妇对待于勒的态度很恶劣，但他们也有苦衷。

师：这样看来，父母的"以钱论人"，不仅仅是个人的道德缺陷，也有生活所迫。

【屏显】

底层小人物的辛酸与无奈

师：以"我"的视角看《我的叔叔于勒》中的众生，我们读出小说的多元主旨。

（三）研读《写日记的男孩》

师：《写日记的男孩》中也有一个"我"，故事中的"我"是一位儿童读物编辑。大家浏览小说，梳理主要人物，试着从"我"的角度看小说的众生。

【屏显】

"我"看小男孩

"我"看小男孩爸爸

我看"我"

（学生讨论交流）

生：我想说"我"对小男孩的态度。"我"对小男孩起初很不屑，觉得他很笨。"我发现原来那个叫胡庆杰的家伙说得不错，这个男孩确实笨得像一头猪，走路掉进了茅坑，脑子也不会拐一个弯。我尽量心平气和地说：'你很笨，你不写不就行了吗？'"后来，"我"被小男孩的纯真打动了，对小男孩很敬佩："我没有笑。尽管这个男孩是把这个梦想当笑话来讲的，我还是觉得他给我的心里带来了强烈的震撼。"

师：你表述得特别完整。值得学习！你觉得小说告诉我们什么？

生：赞美纯真的品质。

生：我来说男孩爸爸对男孩的态度，从"你知道的，每一个爸爸其实都有一把钥匙，能偷偷打开儿子的每一个抽屉"和"我揍过很多很多人，做过很多很多坏事，没有人告密，但是我爸爸都通过我的日记知道了。唉，我每隔几天就要挨一顿暴揍"我们读出了这个爸爸很猥琐。

师：猥琐？怎么讲？

生：他总偷看儿子的日记，看完还打人，太粗暴。

师：儿子真诚面对自己心灵，爸爸有没有尊重和欣慰？

生：没有。他只是在利用。

生：小说也在批评像爸爸这样苟且的人。

师：换个角度说，小说在呼唤、期待什么？

生：真诚。

生：我们小组觉得"我"和那个没出现的"熟悉的陌生人"之间的故事也在呼唤真诚。"通宵""千里迢迢"等写出"我"渴望得到真诚的友谊。

师：梳理了"谁在看，看到何人何事何物，看者和被看者的态度如何"，大家来概括一下这篇小说的主旨。

生：赞美孩子的纯洁、天真，批评大人的虚伪。

生：呼唤人与人之间要真诚。

师：说得不错！从《写日记的男孩》中"我"的见闻经历，我们读出小说对真诚的赞美和呼唤。

（四）比较异同，迁移运用

师：这节课我们读的两篇小说都是第一人称的视角，这样的叙述视角有什么好处？

生：有真实感，让人觉得亲切。

生：让故事很有现场感。

生：用"我"和其他人物形成对比，能突出小说主旨。

师："我"的身上往往寄寓着小说深层的意蕴。这两篇小说的"我"有什么不同？

生：《我的叔叔于勒》中的"我"是小孩，《写日记的男孩》中的"我"是大人。

生：这个大人是儿童编辑，与其他大人相比，更了解儿童。

师：小说叙述视角的选择，对表现小说的主旨至关重要。《我的叔叔于勒》以小孩为视角去看"众生"，让小说重在展示人物的存在状态，重在揭示真实的人性，而不是站在道德制高点上批判。《写日记的男孩》以儿童编辑的视角去看"众生"，更能唤起读者自省。

师： 读小说，我们不仅要关注小说写了什么故事，还要看一看作者从哪个角度讲述。阅读以"我"为叙述视角的小说，可以把"我"当作端点，扫视各个人物的表现，进而领悟小说主旨。同学们可以试着用这种方法阅读《孔乙己》《故乡》。

评 课 沙 龙

王 君： 根据这个课例，大家再说说对语用型文本群文教学的进一步认识吧。

司艳平： 秋备老师的这节课从"叙述视角"这个语用点入手，将《我的叔叔于勒》与《写日记的男孩》中"我的视角"进行群文整合，针对小说叙述视角的问题阐述"我"的功用，通过归纳分析、原点探究、整合比较等思维方式，建立相应的阅读场。这个阅读场，可以是同类视角的搜集整理，也可以是不同角度的探究发现，但课堂聚焦点，都不应脱离定位的语用评价点。从集中到发散，从发散到集中，此种思维路径应该是语用型群文课堂遵循的基本原则之一。

曹 静： 语用点的发掘，是文本解读的难点。要想把握好语用点，必得了解文章的体裁。作家王安忆说过："小说是心灵的历史。"读小说实际上就是走进作家的心灵。选择"通过叙述视角解读小说"这个语用点，来实现学生与作者心灵之间的沟通，是孙秋备老师审视了《我的叔叔于勒》《写日记的男孩》《孔乙己》和《故乡》四篇小说之后的独特发现。孙老师准确把握小说体裁特点，聚焦这一组群文的共同点，引领学生从叙述视角这个小"洞口"，去发现作者心灵的神秘"桃源"。

卢望军： 孙老师用两篇文章教会学生"通过叙事视角来解读小说"，并要求学生用这种方法去阅读《孔乙己》和《故乡》，这是把"阅读策略"这个语用点当作了教学内容。这样的教学内容的选择，正是学生目前缺乏而未来需要的——在显性的语用训练中融汇隐性的情感提升，用阅读策略的教学担负起培养优秀的终生阅读者的责任，这是青春语文语用型群文教学的追求。

研讨总结

王　君：语用型文本的群文教学在中学的研究还是很缺乏的，比较起来，在小学相对更热烈更成熟。特别是浙江的蒋军晶老师，更是这一方面的领军人物。我几乎购齐了他所有的关于群文教学的研究书籍，特别是他开发的一系列教材。我想请曹静老师重点介绍一下他的关于语用型文本群文教学的两三个典型课例。有请曹老师。

曹　静：好的。我觉得蒋老师的创世纪神话单元教学是群文阅读的经典案例。神话的叙事结构，往往是需要深入研究的话题。蒋老师在 50 分钟内让孩子们读了七篇神话。他首先采用"比异"策略，引导学生去推测所阅读的创世神话各自所属的区域，经过比较，学生发现每个神话都带有不同的民族元素。之后的"创作"冰岛创世神话、体会《盘古开天辟地》的民族元素两个环节，都可以反馈"比异"策略启动学生思考的效果。第二个环节，蒋老师运用"求同"策略，引导学生去发现各创世神话之间的共同点。单篇文章，学生读了未必一下子发现其独特的表达方式与创作特色，即使发现了，印象也不深刻。把几篇文章放在一起，教师不引、不导、不问、不讲，学生也能发现共性的特点。蒋老师把几篇创世神话放在一起，学生就发现了神话故事的叙事结构，即"世界混沌一片——神开天辟地——神的身体化成了万事万物"。本课例中，蒋老师运用群文阅读策略，就轻而易举地引领学生完成了语用训练点的学习。

蒋老师的另一课例《感受同一个作家的不同风格》，也是语用型群文阅读的经典。蒋老师先把着力点放在《去年的树》上，用"发散法"引导学生感受文章写作风格：看"段"，聚焦文中的四次对话，梳理了童话故事的内容；再看"句"，进一步聚焦鸟儿的话语，发现藏在句中的思想情感；看"词"的环节，最为精彩，学生从"必须""看""一会儿"等词语中读出了淡淡的忧伤，也看出了童话的"意"——善和美。《去年的树》的教学，看似单篇教学，却是立足"群"的视角，逐层聚焦。由群"段"到群"句"再到群"词"，因为"群"的力量，学生对童话的感受与思考渐次深入。蒋老师为了让孩子们感受"新美南吉的童话风格是多元的"，除《去年的树》之外，还选了有趣好玩的《大鹅过生日》、悬疑幽默的《猴子和武士》来比较阅读。

这些作品差异很大，互补性很强。比较阅读中异中求同，亦见出童话中的"善"与"美"。研读蒋老师的课例，我的感受是借助群文阅读的策略，教师更容易发现有价值的语用教学点。学生在自主阅读时也能反三归一，得到思维境界的提升。

王　君：最后我们请卢望军老师来对本次研讨做一个总结。

卢望军：我觉得语用型文本群文教学要在以下几个方面努力：

一、超越言语个体，构成言语系统。语用型群文教学一课一得，带领学生把单个语用点钻深悟透，使学生在词语选择、句式运用、段落衔接、篇章结构、作品风格等方面学有所获，并最终连接成语言运用的知识体系。

二、体悟言语形式，抵达言语智慧。"辞赋欲丽"，言语形式具有独立的审美价值，值得细细咬嚼；但真正的阅读，是通过文字抵达意义。语用型群文教学聚焦言语表达的独特形式，是为了使学生获得言语表达的智慧，达到"正确理解和运用祖国语言文字"的目标——"看篇、看段、看句、看词"，最终是为了"看意"。

三、借由言语自觉，达到生命自觉。文章的背后，是人的灵魂。语用型群文教学研究语言表达的规律，并通过这些规律触摸作者心灵。屈原的执着深情，陶渊明的质而实绮，杜甫的沉郁顿挫，李白的雄奇飘逸，既是文的特色，也是人的风格。

王　君：现在我们在语用型文本的群文教学中最大的尴尬还是我们教师自身的语用知识的缺乏。所以，通过广泛深入地学习去补课是很急迫的事情。否则，腹中空空是不可能在经典文本中发掘出好的语用资源的。

2. 主题型文本群文课怎么上?

研讨者:王 君 卢望军 陈晓东 张 娟 俞春霞 陈海波

备 课 沙 龙

王 君:关于主题型文本,我们曾经研究了两个方面的问题:一是主题型文本的语用境界,二是主题型文本的精神价值的开掘路径。我们先复习一下这两个重要的知识点。

关于主题型文本的语用境界,我们在《王君语文创新教学十一讲》中讨论了"显性的语言训练的几个层次",然后又介绍了"隐性的语言训练的主要方法"。在较高的语言训练层面上,语言训练的特点是"不提语用而语用"。"大张旗鼓"主题探究,"声色不露"语言训练。语言训练具有隐蔽性创造性的特点。这种境界更高些,也更具挑战性。我们认为,主题型文本的教学,更适宜经历这样的语言"碾磨",使语文课的语文味儿更充足,个性更鲜明,课堂呈现更优美雅致有内涵。

关于主题型文本的精神价值的开掘路径,青春语文的基本观点是这样的:教学中一定要坚持"语用价值与精神价值的双向开掘与情趣呈现",也就是说,我们认为没有必要争论"工具性"和"人文性"孰轻孰重。一堂好的语文课,必然是"工具性"和"人文性"相扶相携,自然渗透。不充分体现"工具性"的课,没有语文味儿。而"人文性"缺乏的语文课,肯定是缺少直达人心的力量的。所以,对经典文本的学习,一定要着力于"工具性"和"人文性"的"高端融合"。所谓"高端融合",就是我们在经典文本中发掘出了"最适合于这个时代,最适合于这个时代的学生"的"精神资源",并且以这个"精神资源"为基础,进一步开发出了对学生最有用的"语用资源"。我们把这样的"精神资源"和"语用资源"带进课堂,争取让经典文本的学习别开生面。

俞春霞：当时研讨的时候，我印象最深的就是"高端融合"这个概念。

王　君：所谓"高端融合"，就是要求青春语文人逐渐地练出这样的一种眼光：当我们面对一个文本的时候，我们不会忘记自己的特殊角色：我们不仅是语文老师，我们更是这个时代的语文老师。我们不仅是一名语文老师，我们还是一名教育者，而且我们是必须要直面这个时代特征的教育者。当我们有了这样的意识之后，再来看文本，就能打通古典与现代，就能沟通文本与生活，就能敏锐地带着平日里对学生的精神困境的关注和思考直面文本，就能凭借一种教育者的直觉，发现文本中那些可以缓解学生精神饥饿的资源，然后去进行再创造，上出直抵学生灵魂的语文课。这样的语文课，不管是语言训练，还是精神启迪，都不是凌空蹈虚，而是学生语言表达和精神提升最现实的需要。这就是青春语文的追求：经由语言文字的学习而抵达精神的自由和高贵。

记得当时志强老师问了一个很幽默的问题：青春语文的文本解读是不是需要第三只眼？我的回答是肯定的。这"第三只眼"其实是一种文本敏感。这种富有青春语文特质的"文本敏感"，需要我们打通教育学、心理学等多学科知识，否则，在经典文本中，我们就看不出新的东西来。

我们在这些思考的基础上去探讨群文教学，就会很有底气。我们就主题型文本教学举例的时候，大家不知道有没有发现一个现象：虽然去年我们还没有正式谈到群文教学，但大家举的例子，自然而然都偏向于多文本的组合。这个现象说明了"群文"不是老师们的心血来潮，而是语文教学发展到一个阶段的自然选择，主动选择。特别是对于主题型文本而言，主题的选择、架构和探索如果不能以"多文本"作为基础，那么课堂设计的地基就不那么牢固，而课堂设计的逻辑自证也不会特别圆满。

张　娟：王老师，请问，您说的课堂设计的"逻辑自证"，这个概念的具体含义是什么呢？

王　君：这是我根据群文教学的设计特点创造出来的一个概念。基于群文的教学设计，特别是主题型文本的教学设计，要经历一个"无中生有"的过程——也就是说我们要通过自己的发现去建构一个新的阅读场。这个"场"在我们自己和学生的阅读经验中都可能是完全没有的，甚至是绝对陌生化的。我们的课，之所以能挑起学生的阅读兴趣，激发学生的阅读潜能，以至于潜移默化地影响学生的心智模式，"陌生化"就起到了很重要的作用。这样的课堂设计，因其新异性而极富创造性和挑战性。创新是一件冒险的事情，要从"无"到"有"，要从"冒险"出发而抵达"无险"，就必须具备"逻辑自证"。也就是说，我们从相关联文本中发掘出来的那个"主题"，我们引领学生探究的那个过程，是具备逻辑力量的，是没有逻辑漏洞的，是具有强大的说服力的。这个问题，其实是各种文本类型的群文教学都首先要面对的。

陈晓东：我想起了王老师的经典课例《语言暴力对人的伤害》。这个课，就是一个极具陌生化特色的课。这个主题的确立，是大出我们意料的。但细细想来，却是极富逻辑力量的。

王　君：对，这个课，从群文篇目的选择，从群文主题的立意来看，非常典型，我们就以这个课为例子，来聊一聊主题型文本群文教学的逻辑自证问题。

课 例 实 践

语言暴力对人的伤害
——《范进中举》《孔乙己》《窃读记》群文教学实录

执教：王君

第一部分　导入

师：同学们，你们被老师、家长和同学的鞭子抽过，板子打过吗？

生（笑）：没有……

师：那你们被其他人的语言的板子打过吗？被他们的语言的鞭子抽过吗？

生（齐答，笑）：打过。

【**屏显**】

语言暴力：

就是使用歧视性的语言，致使他人的精神和心理遭到侵犯和损害，属精神伤害的范畴。

师：这是百度上对语言暴力的解释。我们可以链接《范进中举》《孔乙己》《窃读记》等有语言暴力的文本内容来学习。

第二部分　亲人对亲人的语言暴力伤害

【屏显】

《范进中举》

亲人对亲人的

语言暴力伤害

师：我们先进入《范进中举》的文本，学习亲人对亲人的语言暴力伤害。今天我们尝试用课本点睛诗的方式来整体概读。

【屏显】

范进

你是文学史上的大名人

不仅仅是因为你考了 36 年

才终于终于金榜题名

还因为

中举前

你挨的那千古一骂

中举后

你受的那万古一掌

成功的你

却反而成了最经典的笑话

       ——王君《范进中举》之课本点睛诗

（指导朗读）

师：范进所受的语言暴力主要源自他的亲人胡屠户。

【屏显】

不要失了你的时了!

你自己只觉得中了一个相公,就"癞蛤蟆想吃天鹅肉"来!

我听见人说,就是中相公时,也不是你的文章,还是宗师看见你老,不过意,舍与你的。

如今痴心就想中起老爷来!

这些中相公的都是天上的文曲星!你不看见城里张府上那些老爷,都有万贯家私,一个个方面大耳?

像你这尖嘴猴腮,也该撒泡尿自己照照!

不三不四,就想天鹅屁吃!

趁早收了这心,明年在我们行事里替你寻一个馆,每年寻几两银子,养活你那老不死的老娘和你老婆是正经!

你问我借盘缠,我一天杀一个猪还赚不得钱把银子,都把与你丢在水里,叫我一家老小喝西北风!

师: 这就是文学史上著名的千古一骂。(板书"千古一骂") 我们今天要从语文的角度研究为什么它是"千古一骂"。我们现在先来演读。

(和演读学生对话,点拨表情、声调、语速、停顿等问题。)

师: 为了帮助大家好分析,我先给大家一个工具。以后分析什么样的语段都可以用的。

【屏显】

精段研读基本方法

看篇　　看层　　看句　　看词　　看点　　看意

(注:"点"指"标点符号")

师: 有请我们的小演员。

(生尽情演读千古一骂。老师配合演范进。)

师: 什么是千古一骂?刚才你们体验了,现在从语文的角度来审视这段文字。用前面介绍的"六看"的方式。

(生自由发言谈分层、用词、句式、标点符号等方面的问题。略。)

【屏显】

看篇：对话变为独自咆哮，完全霸占话语权

看层：语气迅疾无停顿不分层

看句：全是反问句和感叹句

看词："不"反复出现；污言秽词滚滚来

看点：感叹号反问号居多

看意：否定其成功；不合理比较；竭尽否定之能事……

（组织生朗读）

师： 看一个人的涵养就看他怎样和自己的亲人说话，而不是看他怎样和领导说话。胡屠户的语言暴力我是这样命名的。

【屏显】

语言暴力之穷凶极恶型

挑最毒的词语

用最狠的语气

嘲笑他的请求

否定他的努力

打击他的自信

践踏他的尊严

摧毁他的希望

剥夺他的权力

第三部分　学习群体对个体的语言暴力伤害

师： 我们进入第二学习板块。

【屏显】

鲁迅的《孔乙己》

群体对个体的

语言暴力伤害

师： 我们研究孔乙己，实际上是研究群体对个体的语言暴力伤害。这样一个可怜人，群体对他进行语言暴力伤害，我们仍然可以用一首课本点睛诗来描述——

【屏显】

孔乙己

最后粗暴地扒下你的长衫的

让大家断定你必死无疑的

不仅是你终生的考场失意

不仅是你无力谋生的穷困潦倒

不仅是丁举人们的残暴嚣张

不仅是掌柜们的阴森冷漠

也是

那群跟你一样卑微的短衣帮

过节般欢乐的

口水

和

唾沫

——王君《孔乙己》课文点睛诗

（老师指导朗读）

师： 接下来我们要研讨的第二个主问题是：如果说胡屠户是"千古一骂"的话，那么短衣帮对孔乙己是"千古一……"？

【屏显】

"孔乙己，你脸上又添上新伤疤了！"

"你一定又偷了人家的东西了！"

"什么清白？我前天亲眼见你偷了何家的书，吊着打。"

"孔乙己，你当真认识字么？"

"你怎的连半个秀才也捞不到呢？"

（组织学生演读短衣帮的语言）

师： 这段文字，我们还是可以用刚才介绍的方法以"看篇、看层、看句、看词、看点、看意"的方式来研究。请自由说说。

（生自由发言，略）

【屏显】

看篇：压倒性的不平等不和谐"对话"

看层："温吞式停顿"，语气悠闲但依旧几乎不分层；纠缠式对话

看句：挑逗式问句；挑逗式叙述句。

看词：修饰性副词的出彩应用

看点：问号偏多，挑逗式怀疑

看意：戏弄人，挑逗人，把人作为游戏的工具……

（指导生读）

师： 思考，如果胡屠户的语言是千古一骂，短衣帮的语言是——

生： 千古一嘲。

生： 千古一讽。

生： 千古一鄙。

生： 千古一辱。

生： 千古一戏。

师： 同学们都读懂了。大家跟当年鲁迅先生的理解是一样的。

【屏显】

凡捕食雀鼠，总不肯一口咬死，总要尽情玩弄，放走，又捉住，又放走，长此以往，直待自己玩厌了，这才吃下去，颇与人们的幸灾乐祸，慢慢折磨弱者的坏脾气相同。

——鲁迅《狗·猫·鼠》

（学生齐读）

师： 我把这种语言暴力叫作调戏玩弄型。

【屏显】

语言暴力之调戏玩弄型

挑起别有用心的对话

玩着穷追不舍的游戏

一道一道地撕开伤口

一遍一遍地赏玩痛苦

（学生齐读）

第四部分　大人对孩子的语言暴力伤害

师： 接下来我们走进《窃读记》，这篇课文里有大人对小孩儿的语言暴力伤害。这个故事里面更没有脏词，好像也没有戏弄之语，甚至还义正词严。但是，它同样伤人于骨髓。来，请读课本点睛诗。

【屏显】
一个小女孩儿
一念天堂
一念地狱

只因为
这个小女孩儿
在书店里　窃书读
惊恐不安

地狱里
那位小老板
五个大手指如一只巨掌，压住书，冷笑着问
你到底买不买

而天堂里
一位小店员
悄悄地把书送到她的跟前
说
请看吧，我多留了一天没有卖

　　　　　　　　　　　——王君《窃读记》课本点睛诗

（指导朗读）

师： 这种语言暴力我归结为冷漠不助型。

【屏显】

语言暴力之冷漠不助型

可体谅处不体谅

能容人时不容人

第五部分　从来没有停止过的语言暴力伤害……

师： 同学们，语言暴力从来没有停止过。我们看一段视频。看完之后，请大家来为这种语言暴力命名。

（教师播放有人跳楼轻生，围观群众起哄的视频。）

（学生做自由命名训练）

【屏显】

语言暴力之幸灾乐祸型

面对他人的悲剧

无动于衷

看着同类欲坠深渊

落井下石

（教师指导学生用凝重、沉痛、愤怒的语气朗读。）

第六部分　归纳总结

【屏显】

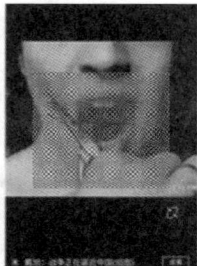 

师：同学们，这是新加坡的公益广告图片。现在我们要现场做课堂点睛诗了。用诗的方式来对我们的语言进行思辨式表达。我们每人至少说两句，格式上两两对应就可以。开始。

生：你的语言可以是伤害别人的一把利刃，也可以是反映内心的一面明镜。

（生自由训练，老师点拨）

……

师：同学们，你们是想用语言送去暴力，还是想用语言送去爱呢？全看你是一个什么样的人。

【屏显】

写给你的嘴

你的嘴

可以是一个花园

也可以是一片荒原

你的嘴

唇，可以如天使

舌，也可以像魔鬼

你的嘴

可以流出甜美的清泉

也可以渗出霉臭的污水

你的嘴

可以比阳春三月还温暖

也可以比数九寒冬还冰冷

你的嘴

可以如温柔的手和慈爱的眼

也可以像锋利的投枪与匕首

你的嘴

可以如天籁鸟鸣

唤醒春天

也可以如天塌地陷

把死亡吸引来

你的嘴

可以是天堂

也可以是地狱

你的嘴

可以救人

也可以杀人

生：（配乐齐读）

【屏显】

祝愿你的嘴

不生产暴力

只生长——

师：祝愿你的嘴不生产暴力，只生长——

生：幸福。

师：祝愿你的嘴不生产暴力，只生长——

生：真诚。

师：祝愿你的嘴不生产暴力，只生长——

生：关爱。

……

【投影展示】

祝愿你的嘴

不生产暴力

只生长——

善良

悲悯

理解

同情

温柔

爱

以及

所有的

美

师：下课。

评课沙龙

王　君：这个课不管是在高中上，初中上，还是小学上，都上得让学生不愿意下课，非常受学生欢迎。请大家聊一聊内在的原因是什么。

张　娟：这堂课好在对"痛"字的敲打，不以咄咄逼人的方式，而以"笑"为线。这堂课上讲述的语言暴力的几种类型，带来的伤害人们往往不自知，是让人痛定思痛的。这样，让学生经历了情感的冒险，逼近了灵魂，带挈了态度，达到陌生化效果。

俞春霞：这是一堂基于语文的生命疗救课，一场自我救赎的"及时雨"。它打通了课内与课外，文本与生活的隧道，让学生在具体的语言、场景的咀嚼中，不仅明晰了"语言暴力"的类型，还感受到了它的"杀伤力"，引发内心的思辨。

陈晓东：语文课教什么比怎么教更重要。王老师这堂课之所以能直抵学生心灵，在于她这堂"大课"以学生心灵的需要为出发点，以"语言暴力对人的伤害"立骨，对多文本进行整合，通过读、思、悟、写等多种形式将学生带入情境。

卢望军：这堂课揭示了一个悖论：关于语言暴力，我们常常既是受害者，也是施暴者。我们无可奈何地承受着语言暴力，也浑然不觉地施之于人。这堂课，是王老师送给学生的一副抵挡语言暴力的盔甲，也是一记远离语言施暴的警钟。

王　君：所谓的"逻辑自证"，本质上就是我们不仅找到了文本与文本之间的最隐秘的内在联系，而且也找到了文本和学生灵魂之间的最隐秘联系。看得见的是逻辑关系，看不见的是文本心灵和学生心灵之间的呼唤和应答。这也就是青春语文"打通教法和活法"的秘密。既能"洞察人性"，又能洞察"文性"，我们才能够设计出别出心裁的课来。这次研讨，除了这个知识点，我需要和大家研讨的还有第二个内容，就是主题型文本群文教学的两种基本类型。

王　君：除了《语言暴力对人的伤害》这种比较新颖的课型之外，主题型文本的群文教学还有一种更普遍一些的课堂表达方式。上个月，陈晓东老师以《走近杜甫》一课参加清澜山学校的首届课堂教学大赛，获得了一等奖。这个课也很典型，我们来做一个对比。

课 例 实 践

《走近杜甫》教学设计

执教：陈晓东

课堂设计原则：1. 一语立骨，"望"字贯穿始终。

2. 三诗联读，读懂诗歌，读懂诗人，读出自己。

导入新课：今天我们这堂课一起走近一位唐代著名的诗人杜甫。唐代诗人有两座高峰，一个是李白，他是浪漫主义高峰，被称为"诗仙"；一个是杜甫，他的创作达到了现实主义的高峰，被称为"诗圣"。相比李白的潇洒，我们一些同学对杜甫却有一些不同的观点，我们来看——

【屏显】

观点一：不喜欢杜甫，感觉杜甫活得一点也不像李白那样潇洒。

观点二：杜甫很傻，也有点假，自己的孩子都冻饿而死，他还在感叹："安得广厦千万间，大庇天下寒士俱欢颜，风雨不动安如山。"

观点三：感觉他活得太累，孟子说"穷则独善其身，达则兼济天下"，可是他"穷"了一辈子，能独善其身就好了，可他非要兼济天下，自己活得累，也让家人跟着遭殃。

这就是我们一些同学的观点，今天老师就带着大家进一步走近杜甫，在杜甫流传下来的一千四百多首诗中，老师遴选了他三个人生阶段三首最具有代表性的诗歌，我们通过对这三首诗的联读进一步地走近杜甫。

【屏显】

青年杜甫　《望岳》

中年杜甫　《春望》

晚年杜甫　《登岳阳楼》

一、复习旧知，打下铺垫

朗读每一首诗，然后读其译诗，最后进行名句再现。

在名句再现这一环节，让学生结合重点字词说说，为什么它能成为名句。

【屏显】

会当凌绝顶，一览众山小。——《望岳》

感时花溅泪，恨别鸟惊心。——《春望》

吴楚东南坼，乾坤日夜浮。——《登岳阳楼》

学生自由发表见解，老师简要点评。

二、读懂诗歌，走近诗人

以"望"字立骨，进行学习。采用三诗联读，来寻找它们的异同。

（一）三诗联读，对比求异

小结：

1. 望的对象不同，三首诗望的分别是泰山、春天的长安、洞庭湖。

2. 望的景物总体特点不同。(《望岳》《登岳阳楼》和《春望》)

3. 望的景物作用不同。《望岳》所望之景正衬其志向之宏,《春望》正衬其心情之悲,《登岳阳楼》所望之景反衬作者之孤独无依。

(二) 三诗联读,对比求同

这三首诗,虽然背景不同,望见的景物各异,但是有一种相同的东西浸润在不同的"望"中,你们发现了吗?

小结:

杜甫的望的对象不同,心境各异,但是在所有的远眺中,有一种主旋律一直在他心中奏响,那就是——家国情怀!

引导学生朗读。

【屏显】

这就是杜甫,青年时怀有凌云之志的杜甫,仰望泰山,他神思飞扬,渴望凌人生之绝顶,渴望"致君尧舜上,再使风俗淳"。

这就是杜甫,中年时,在战乱中四处漂泊的杜甫,困居长安,他在思家、伤时、悲己的同时,依然把国家放在心头。

这就是杜甫,老年时,在湖南没有可以蔽身之所,他将自己的病体托付给湘江上的一条破船,贫无所依,身患多种疾病,但是依然为国家担忧。

进一步补充资料,学生朗读。

【屏显】

这就是杜甫:从京城去奉先县的途中,他看到达官贵人醉生梦死,而人民流离失所,他写出"朱门酒肉臭,路有冻死骨",他写出"穷年忧黎元,叹息场内热"。

这就是杜甫:在四川成都草堂,他自己的茅屋被风吹破,居无定所,自己的小儿子在这个时期冻饿而死,可是杜甫依然想到的是天下黎民百姓,想到的是普天下挨冻受饿的读书人,写出:"安得广厦千万间,大庇天下寒士俱欢颜,风雨不动安如山!"

这就是杜甫:在生命的最后一年,就像屈原作绝命词——《怀沙》,他倒卧在湘江的破船中,挣扎着写出他最后的一篇作品——《风疾舟中伏枕书怀》。在生命的弥留之际，在这首诗里，他还念念不忘国家的灾难——"战血流依旧，军声动至今。"

三、读出自己，发表见解

当堂写作：

投影出示同学观点（略）。

我们再看有的同学提出的这些问题，你怎么看？大家现在动笔，要求精诚，精练，精彩。

老师当堂朗读并点评部分同学作品。

四、课外延展，余音绕梁

【屏显】

不仅仅是杜甫啊，其实中国有一类文人的人生选择就是这样的，比如孔子、谭嗣同、文天祥，林则徐、顾炎武、李大钊、彭德怀、两弹一星之父郭永怀……

（补充相关人物的感人事迹）

【屏显】

鲁迅说：中国自古以来就有埋头苦干的人，就有拼命硬干的人，就有为民请命的人，就有舍身求法的人，他们是中华民族的脊梁！

小结

他们永远是立在尘世当中，永远也不躲世，永远也不避世。杜甫能够自成一家，杜甫被尊为"诗圣"，就是后代很多人从杜甫身上汲取了前行的力量。这种人是需要的，大家都隐居了，都独善其身了，那国家怎么办？穷，我也要为国为民。这就叫作舍生取义，杀身成仁。

这是杜甫的选择，这也是中国这一类知识分子的选择，这也是中国历史上仁人志士的选择。那同学们你们自己将来又会做出怎样的选择？

杜甫被称为诗圣，他告诉我们，即使穷也要兼济天下。最后我们用朗读走近杜甫，体会他那颗柔弱的心中一个兼济天下的灵魂。

师生在一起高声背诵《望岳》《春望》《登岳阳楼》中下课。

评课沙龙

王　君：我的《语言暴力对人的伤害》是现代文主题型文本群文教学课，晓东老师的《走近杜甫》是文言文主题型文本群文教学课，除了这个不同之外，大家还能看出哪些相同和不同出来？

张　娟：相同点就是群文联读、以文解文、以言传言，即学生通过对文本的揣摩，对文意的把脉，能够概括叙述自己的观点，达到循文会心的传言效果。课堂也能自觉贯穿精神价值观，特别是立德树人思想，让学生形成崭新的生命状态。

俞春霞：王老师的群文材料丰富多样，且所选文字同质不同人；晓东老师选择的群文相对单纯都是诗歌且是同人不同质。但他们都聚焦一点，引发思辨：王君老师着力于"语言暴力"，晓东老师一个"望"字贯穿了不同时期的杜甫形象。

卢望军：所选文本作用不同：《语言暴力对人的伤害》所选文本，是老师基于课堂主题选择的"用件"，文本是达成主题的手段；《走近杜甫》所选文本都指向"杜甫的家国情怀和圣人境界"这一主题，文本既是手段，也是目的。

陈海波：抵达主题的路径不同，王君老师的《语言暴力对人的伤害》分别借"亲人对亲人、群体对个体、大人对孩子"三种不同的伤害例证，最后以"点睛诗"的形式让意旨呈现；《走进杜甫》则是通过"三诗联读，对比求同"，品悟出杜诗的"家国情怀"。

王　君：对于这两种课型，《语言暴力对人的伤害》我称其为"局部立意式研读"——取多个文本有相同意义指向的片段建构一堂课。片段取材，广泛勾连，同类整合，突破一点，而主题片段之外的其他内容，则有限关注甚至不予关注。"语言暴力"课群中的第三堂课《善良是一种才华》也是属于这种局部立意式的，用的是《唯一的听众》和《窃读记》中的相关核心段落。而晓东老师的《走近杜甫》则是典型的"宏观主题式阅读"，是从文本整体上来建构群文教学的。我的"语言暴力"课群的第二堂课《在孙权的朋友圈学习有效沟通》就是这种格局的课。这两种类型，都是很适用的。

最后，我们再来欣赏一堂很大气磅礴的主题型文本的群文教学课，就是卢望军老师的《知识分子的人生选择》。关于这个话题，我在我早年的《〈陋室铭〉〈爱莲说〉》的整合课例中也在研究，这堂课也很为人称道。望军老师对这个问题的探索思考更全面，更深入，很具典型性，可以让我们看到一堂好的主题型文本群文教学课的样子。

课 例 实 践

中国知识分子的人生选择

执教：卢望君

（一）导入新课

师：人这一辈子该如何度过，这是每一个人都会思考的问题。

【屏显】

我是谁？我从哪里来？我到哪里去？

师：今天，我们去了解中国历史上知识分子的答卷，先看屈原。

（二）《楚辞·渔父》——人生选择的激烈交锋

【屏显】

1. 自由读《渔父》，对照注释，弄懂意思。
2. 从文章中找到最能概括屈原和渔父人生选择的句子，并说说你的理解。

多种形式读课文。

生：屈原是"举世皆浊我独清，众人皆醉我独醒"。

生：渔父是"沧浪之水清兮，可以濯吾缨；沧浪之水浊兮，可以濯吾足"。

（组织学生理解句子）

（三）子与谁归——屈原渔父的精神之友

师：屈原和渔父的心灵从不寂寞，他们各有精神之友。

【屏显】

孔　子：用之则行，舍之则藏。

孟　子：穷则独善其身，达则兼济天下。

陆　游：零落成泥碾作尘，只有香如故。

文天祥：人生自古谁无死，留取丹心照汗青。

（组织学生齐读，理解句子，明确孔子和孟子是"渔父之友"，陆游和文天祥是"屈原之友"）。

（四）用舍行藏——知识分子的理想人格

师："用舍行藏"是中国知识分子的理想人格，他们的血管里都流淌着孔子的精神血液。

【屏显】

1. 有感情地朗读下面四首诗，你从哪些诗句中读出了诗人"渔父式用舍行藏"的人生态度？

2. 阅读助读资料，了解诗人生平和创作背景，想想诗人当时为什么会选择这种人生态度。

渔翁

【唐】柳宗元

渔翁夜傍西岩宿，晓汲清湘燃楚竹。

烟销日出不见人，欸乃一声山水绿。

回看天际下中流，岩上无心云相逐。

临江仙

【宋】苏东坡

夜饮东坡醒复醉，归来仿佛三更。家童鼻息已雷鸣。敲门都不应，倚杖听江声。

长恨此身非我有，何时忘却营营。夜阑风静縠纹平。小舟从此逝，江海寄余生。

沉醉东风·渔夫

【元】白朴

黄芦岸白蘋渡口，绿杨堤红蓼滩头。虽无刎颈交，却有忘机友。点秋江白鹭沙鸥。傲杀人间万户侯，不识字烟波钓叟。

临江仙

【明】杨慎

滚滚长江东逝水，浪花淘尽英雄。是非成败转头空。青山依旧在，几度夕阳红。

白发渔樵江渚上，惯看秋月春风。一壶浊酒喜相逢。古今多少事，都付笑谈中。

（组织学生诵读，学生借助助读资料，小组讨论。）

生：渔翁在西岩那么小的地方，也能悠闲自在；柳宗元被贬到永州，一腔抱负化为烟云，于是也想像渔翁那样随遇而安。

生：苏东坡贬官了，他觉得生活没有意思，于是就想既然你不用我，我就到江海上死了算了。

师：苏东坡并没有死。他是中国历史上罕见的艺术全才，命运非常坎坷，但也是最旷达的、最不可能去寻死的一个人。

生：最能体现白朴渔父式理想的是"傲杀人间万户侯，不识字烟波钓叟"。渔夫虽然没有生死之交，但是却有那些不在乎名利的朋友白鹭沙鸥，他忘记了名利，没有心机，所以有"傲杀人间万户侯"的勇气。元朝统治者歧视汉族知识分子，他们终生不能做官。白朴把满腹才华都倾注在文学创作上，羡慕渔夫自由自在的生活。

生：最能体现杨慎渔父式理想的是"古今多少事，都付笑谈中"。古往今来的多少事，都成了人们口中的笑谈；那么，我现在的遭遇，也一样会过去吧。

师：杨慎在流放的路上，看见一个渔夫和一个樵夫在江边煮鱼喝酒，心有所感，带着枷锁写下了这首千古名作。为什么这些优秀的知识分子，都曾向往渔父式的生活？

生：因为这种生活闲适自由。

生：随遇而安，波澜不惊。

师：这是中国知识分子在动荡不安的官场特别渴望的宁静生活。柳宗元、苏轼、白朴、杨慎，虽然命运坎坷，但是没有自暴自弃，更没有选择去死，而是把满腔才华化作了不朽的诗篇。进也好，退也好，他们都努力完成自我，这就是"用舍行藏"，就是中国知识分子的理想人格。

（五）九死未悔——中国脊梁的不朽抗争

师：屈原也有无数追随者。

【屏显】

茅屋为秋风所破歌（节选）

【唐】杜甫

呜呼！安得广厦千万间，大庇天下寒士俱欢颜，风雨不动安如山。呜呼！何时眼前突兀见此屋，吾庐独破受冻死亦足！

病起书怀

【宋】陆游

病骨支离纱帽宽，孤臣万里客江干。

位卑未敢忘忧国，事定犹须待阖棺。

天地神灵扶庙社，京华父老望和銮。

出师一表通今古，夜半挑灯更细看。

狱中题壁

【清】谭嗣同

望门投止思张俭，忍死须臾待杜根。

我自横刀向天笑，去留肝胆两昆仑！

就义诗

【现代】吉鸿昌

恨不抗日死，留作今日羞。

国破尚如此，我何惜此头。

（组织齐读）

【屏显】

1. 小组合作讨论，你们从哪些诗句中读出了诗人"屈原式九死未悔"的人生态度？

2. 阅读助读资料，了解诗人生平和创作背景，选择一个诗人，深情地赞美他。

（生小组合作学习）

生：最能体现杜甫"屈原式"人生选择的句子是"何时眼前突兀见此屋，吾庐独破受冻死亦足"。杜甫赖以生存的茅屋被秋风吹破了，可是他不为自己担心，想到的却是其他无家可归的人。

师：关于人生，有人说"宁可我负天下人，不可天下人负我"，有人说"人人为我，我为人人"，可杜甫说"吾庐独破受冻死亦足"——这就是伟人。

生："病骨支离纱帽宽"，陆游大病初愈，想到的就是"位卑未敢忘忧国"。

师：这七个字，有千钧之重，我们一字一顿地来读——

生：位——卑——未——敢——忘——忧——国。

生："我自横刀向天笑"，谭嗣同面对死亡，仰天长笑，毅然赴死。

生：戊戌变法失败后，有人劝谭嗣同逃走，可他却毅然选择了作为变法流血牺牲的第一人！

生："恨不抗日死"，吉鸿昌愿意以死报国。当国家遭受侵略，他已经不在乎生死了。

师：趋利避害是人的天性，贪生怕死是人的本能，可是为什么还是有很多人选择像屈原一样毅然赴死？那是因为，他们对脚下这片叫"祖国"的土地——

生：爱得深沉！

师：他们，就是鲁迅所说的民族的脊梁！

（六）血荐轩辕——民族斗士的身体力行

师：那鲁迅先生自己，又做出了怎样的人生选择呢？

【屏显】

鲁迅的人生选择，是"屈原式"的还是"渔父式"的？

七绝·自题小像

灵台无计逃神矢，风雨如磐暗故园。

寄意寒星荃不察，我以我血荐轩辕。

自嘲

运交华盖欲何求，未敢翻身已碰头。

破帽遮颜过闹市，漏船载酒泛中流。

横眉冷对千夫指，俯首甘为孺子牛。

躲进小楼成一统，管他冬夏与春秋。

惯于长夜过春时

惯于长夜过春时，挈妇将雏鬓有丝。

梦里依稀慈母泪，城头变幻大王旗。

忍看朋辈成新鬼，怒向刀丛觅小诗。

吟罢低眉无写处，月光如水照缁衣。

（生齐读，小组讨论）

生：是屈原式的。"破帽遮颜过闹市"，说明他当时生活状况很糟糕，但他仍然坚持用笔为武器和国民党反动派战斗。

生：半屈原半渔父式的。他既"我以我血荐轩辕"，又"管他春夏与秋冬"。

师：鲁迅躲进小楼以后，仍然以笔为武器，哪怕前面是刀山火海，他也——

生：怒向刀丛觅小诗。

师：鲁迅以笔为武器，致力于改造国民劣根性，塑造民魂，因为他知道，唯有民魂——

生：是值得宝贵的，唯有它发扬起来，中国才有真进步。

师：他发扬民魂，也让自己成为"民族魂"，他就是这样一个人——

【屏显】

为自己想得少，为别人想得多。

师：臧克家的《有的人》这样赞美他——

（生齐背）

师：孩子们，我们为什么要背《离骚》？为什么要读《楚辞》？为什么要上这样一堂课？那是因为，郁达夫告诉我们——

【屏显】

没有伟大人物出现的民族，是世界上最可怜的生物之群；有了伟大的人物，而不知拥护、爱戴、崇仰的国家，是没有希望的奴隶之邦。

（齐读）

师：一个人，有权选择自己喜欢的生活方式，用舍行藏，是理想的生活态度；但是，当国家生死存亡之际，总得有人像屈原一样，毅然赴死。屈原已逝，但屈原精神，与山川共存，与日月同辉，正像范仲淹说的——

【屏显】

云山苍苍，江水泱泱。先生之风，山高水长！

师："进亦忧，退亦忧"的范仲淹，人生选择是怎样的呢？

生：屈原式的！

师：孩子们，你们的选择又如何呢？不忙着回答，我要的，是你们长长久久的思考和踏踏实实的行动。

评课沙龙

卢望军：只背《离骚》词句而不懂屈原精神，是一种学习的舍本逐末。李泽厚说中国人的精神世界有四个源头。儒、释、道、屈，屈原的执着深情是中华魂里舍生忘死的源头。屈原是伟大的诗人，无论何时，我们要学会崇仰和爱戴。

陈晓东：导而弗牵是一种教学艺术，这堂课老师给学生提供了丰富的学习资料，让学生的思考自然而然地发生。其实我们每一个人都能感到这堂课的背后是教师的大量阅读，是教师的精心选材，是教师的深入提炼，更是教师的深邃的目光。

陈海波：中国有句老话叫"牵一发而动全身"，一堂好的主题型群文教学课，教师思考的打开方式就应该有如此的功效，不仅彰显外在的提纲挈领，更有内在的对文本的主题抵达。带给学生的既有形式上的方法，又有内容上的独特感悟。

俞春霞：窦桂梅老师说：有思想的老师，会对学生的心灵丰满和精神充实有一种自觉而又自然的引领。一堂好课就是一次创造，能积极地引发学生的头脑风暴，而在课上教师的眼界决定了学生的视野，教师的格局决定了学生的价值高地。

张　娟：主题型文本要体现《语文课程标准》的精神价值等方向性要求，亦不能忽略语言的涵咏和语用的基本功。这三堂示范课无论"局部立意式研读"，还是"宏观主题式阅读"，其议题都是从生活实践中而来、采用群文映衬方法、构建了新的阅读场。学生在相关材料中，尝试与文本对话，与作者对话，在对话中形成逻辑张力，在碰撞中提升精神价值能力，最终指向更好生活。这样，学生阅读的量、阅读的质和阅读方式都得到突破，灵魂得到滋养，生命更快成长。

3. 写作型群文课怎么上？

研讨者：王 君 于修影 曹 静 张 娟 俞春霞 孙秋备 张 敏

王　君：我们研讨写作型文本教学的时候，为了鼓励大家以更开放的心态使用教材，我曾经创造了两个短语来给大家壮胆，还记得吗？

孙秋备：我记得，一个是"文本觉醒"，一个是"文本自觉"。

王　君：对。"文本觉醒"和"文本自觉"的前提是自我的觉醒，自觉的追求。唯有如此，我们看文本的时候才能获得独辟蹊径解读文本和开发文本的魄力和勇气。如果一个老师的思想和情感都处于懒惰甚至睡眠的状态，那绝对不可能有为文本赋能的能量。所以，无论哪种研究，归根结底都是自我的研究，自我的突破。这就是为什么我们青春语文一定要落到"教法就是活法"这个原点的原因。所以，我自然而然地把"文本资源的创造性开掘"作为"写作型文本的群文教学"的灵魂。我相信大家是懂我的苦心的。

我们先复习一下去年我们研讨写作型文本教学时候的思维框架。当时的主讲老师是曹静老师，她是这样来为大家梳理的：

　　开发文本的写作资源，可以极大地丰富学生的语文经验。所谓"语文经验"是指学生在语文学习中所积累的范文、语感、语识、语式、措辞以及其他语言表达的经验。跟课文学写作，小到词语积累，大到篇章结构、风格意识，都可以作为写作训练点。我们可以从以下五个方面进行研究：

　　1. **词语的学习**。学生的写作水平，往往与其词汇积累的数量和质量相关。课文语言经典规范且意蕴丰富，不妨咬文嚼字，再遣词造句，把文字里蕴含的生命思想，融进自己的精神世界。

2. 句子的学习。亚里士多德说过："语言的生动性是来自使用比拟的隐喻和描绘的能力。"课文文质兼美，在作家笔下，每一个句子都仿佛有了灵性。写句子是思维和想象的体操。品味了句子的特点和意蕴，写句子自然水到渠成。

3. 句段的学习。各种表达方式，尤其是描写手法的学习，是学生写作的难点。描写的核心就是写具体，就是把瞬间发生的事情展开来写，把综合性的事情分解开来。聚焦描写片段而提炼出的规律，会自然地迁移到自己的文字中来。

4. 篇章结构的学习。写作是一种书面语篇构造，是有一定的样式的。跟课文学写作，可以帮助学生在有限的课堂时间里，认识不同篇章的结构模型，从而训练文体思维能力。

5. 形成风格意识。齐白石说过："学我者生，似我者死。"因此，不能一味地模仿，要有自己的风格意识。法国著名作家伏尔泰说："所谓独创能力，就是经过深思的模仿。"因此，要学会课文集美，把不同风格的语言融会贯通，才能形成属于自己的个性表达。

曹老师的这五条从整体上为我们的写作型文本"建模"了。我们这一次的研讨要往前推一步，当"写作型文本"和"群文"联姻，意味着什么呢？

俞春霞：我觉得，这意味着写作知识和写作能力点的开发资源库不再是一个文本而是多个文本。学生在多个文本的比较中学习这个写作知识和写作能力点，更加直观、深入，也比较容易得出规律性的认识，从而去模仿和再创造。

张　敏：确定以写作为切入点的群文阅读教学，是运用语言文字进行表达和交流的重要方式，更需要教师具备一流的文本聚焦力和整合力，找准教学中由"读"到"写"的贯通点，将阅读教学目标和写作教学目标深度融合。

张　娟：这种文本解读方式，以数据化的整合内容和跨界联结为标识，融合历史文化、生活体验和现代多种元素的艺术手法，凸显文本价值，更借助课堂体验生命价值，自主实现人文内涵和工具性的统一。

曹　静：对于"写作型文本"的解读，还需要"无中生有"的创造能力。把一组文章放在一起，沉潜在字里行间的思想情感，往往会以相同或不同的写作方式遥相呼应。教师要独具慧眼，善于定格灵感火花闪现的瞬间，把文中隐性的思考、默会的表达，及时转化为显性的写作知识。

王　君：我特别欣赏曹老师用"无中生有"来形容写作型文本群文教学的文本解读方式和教学方式。这里的"无"并不是一般意义上的"无"，它其实是指文本相关知识的沉睡状态、休眠状态。也就是说，作家创造一个文本的时候，他们事实上是处于写作的潜意识状态——他们并不会刻意地去应用多少所谓的写作知识和写作技能。因为这些知识和技能早已经内化为他们的一种本能。优秀的作家一定是这个样子的。但对于语文教学而言，为了尽最大的可能实现写作那"可教"的 30%（还有很多老师认为不足 30%呢），让写作教学在某种程度上"看得见"，我们就需要为学生寻找和创造相应的抓手。没有这部分货真价实的"硬通货"，我们就很难说我们这个学科是有尊严的。这个寻找和创造的过程，就是我说的"文本资源的创造性开掘"过程。

俞春霞：语文课必须要把握它的本质属性，不能架空。"写"是语文课综合培养能力之一，而现有教材的写作知识技巧还不够明晰，文本中的相关知识处于"休眠状态"犹待开发，所以，寻找和创造写作知识和写作技巧，语文老师责无旁贷。

王　君：语文教学的最大魅力和最大困惑是一样的，那就是空白太多。"空白"在中国艺术的范畴中是一个中性词，或者说，简直就是一个褒义词。空白多，既意味着"空敞"，想充实就有空间；也意味着"留白"，自由度大，接受变化的柔韧度大。所以，我们要珍惜现阶段的"空白"，把充实空白的创造作为一种奖赏，一种幸运。这才是语文教学的好心态。

张　敏：在我看来，聚焦某一写作手法的探究和运用，整合一组文章来进行专项写作训练，对于开拓学生的写作思路、提升他们的写作能力，比起单文本写作教学更科学。显性的聚焦、直观的比较、典型的列举，学生更容易学以致用。

王　君：自己创造写作知识虽然很冒险，但也很快乐，很刺激。我们自己开发出来的东西，可能是对已有写作知识的再完善、再补充、再论证，也有可能完全是超越旧知识的"新产品"，这就需要"逻辑自证"，不仅要符合学理，也要符合学生的认知，是能够对学生的写作有真实帮助的。大胆创新，小心求证，这是所有创新行为的原则。以群文的视野开发新的写作知识，也有宏观和微观之分。下面我们各举一个例子来研究一下其中的规律。

　　要说从宏观的角度去创造新的写作知识，我是很有体验的。2005 年的时候，我接到了《语文教学通讯》杂志社的约稿，题目是关于"个性化抒情"这个写作知识点的综合复习。最初这个任务让我很为难，因为学界对所谓"个性化抒情"的研究也很薄弱，几乎没有什么现存的资料可寻。当时我只有一条路——自己发现，自己创造。于是我做了我早年的第一次"大群文研究"，写出了上万字的论文《个性化抒情》（《语文教学通讯初中刊》2005 年第 6 期）。这篇文章涉及当年人教版一到六册的课文六十多篇，几乎"扫荡"人教版初中六册语文教材中所有的"抒情"文字。我非常大胆地用全新的归类和命名引导学生在整个中学学习的平台上去学习，从而获得了对个性化抒情的整体认知。我请秋备老师帮助我把这篇文章的思路梳理出来让大家看看。

不听陈言只听天
——"个性化的抒情"解读
文/王君

　　作文归根结底是为了抒情。而最迷人的抒情，是充满个性的抒情。那么，抒情的个性是什么呢？

　　个性化抒情的心灵律动有两种：倾诉和爆发。倾诉的特征是尽情地表达和诉说内心深处的思想感情，其呈现姿态或凝神静思或如诉如泣；爆发是情感不可遏制的倾泻。爆发之美在于激情涌动、酣畅淋漓。其类别有悲壮的爆发、诗意的爆发、崇敬的爆发、语重心长的爆发、自豪的爆发等。

　　个性化抒情的外在情态有婉约和豪放之别。婉约，是指抒情内容的缠绵、清新、恬淡、沉着等，情感流稳健而气定神闲；有缠绵排恻型、清新明快型和哲理深蕴型。豪放，是指情感表达状态的激烈涌动。其常有的呈现状态是深沉炽热型和壮勇刚健型。

　　个性化抒情的表达方式有：

　　1. 引吭高歌，直抒胸臆。其优点是爱憎分明、表达酣畅、情透纸背、入木三分。多用带有浓重感情色彩的判断句、陈述句等，并使用感叹词以助声势。

2. 婉转沉吟，情感渗透。即间接抒情，在叙述、描写、议论、说明中渗透强烈情感。此表达方式美在渗透，巧在灵活。

个性化抒情的表达技巧有联想想象，象征手法，比喻、拟人、排比、对比、反复等修辞方法。

总之，个性化抒情是对自然、对人生、对自我独到的感受与思考，加上有个性、有创意的表达，其核心是真情实感。

王　君：看了我这次早年的写作知识开掘，大家可以谈谈自己的发现和感受。

孙秋备：王老师对初中六册课本内容进行整合、提炼，视野阔大，眼光敏锐，具有独创性。这样的整合，用学生熟悉的大量文章相互印证、互为补充，集中地、结构化地呈现个性化抒情这种表达方式；这样的提炼，让蕴藏在课文中的写作知识外显化、完整化，易于学生掌握学用。

俞春霞：王老师对"个性化抒情"的这一解读，由分类到总结，具体又深入，非常清晰地给我们提供了一个"逻辑自证"的证明过程，在大量的"占有"材料后得出有效的结论。惊叹的同时我看到了一位教者严谨的态度和扎实的基本功。

张　娟：钱锺书先生的"化书卷见闻作吾性灵"，正体现在这种对课文的全局掌控之中。从课文出发，通过提炼方法，实现了文道相辅，激发了写作热情，因而学生能够构建起自己的抒情语言体系。这也就是"教育无他，唯有爱和榜样"。

曹　静：对写作知识的二次开发，一直是困扰一线教师的难点。王君老师立足整个初中教材来梳理写作知识，不仅给学生一个总览的视角，也给教师开发文本的写作教学资源提供了一个新思路：与其管中窥豹，莫如跳入云端、俯瞰全局。

王　君：这其实就是一种"无中生有"的再创造。这种就属于典型的大群文研究、大群文提炼。接下来再说微观一点的。在两篇或者两篇以上的文本中去发现提取一个小的写作知识点，也非常有趣。我看了大家推荐的一些课例，就是很有想法的微观式群文研究。

　　俞春霞：我设计的《镜头式写人》目的就是让学生学会细致灵动逼真地去刻画人物。思路是由《故乡》中闰土月下刺猹一图看图说话，用学生的文字和原文进行优劣比较，引出"镜头式写人"的话题，再通过《背影》中的"背影"片段、《最后一课》中放学时韩麦尔的表现片段、《阿长与〈山海经〉》中阿长睡成"大"字的片段带领学生感知"镜头式"写人的特点，抓"角度""远近""背景"还有"对焦"。然后通过自写和金庸写小龙女练武的文字比较看"镜头式写人"的作用：如见其人、如闻其声。后面用"空镜头"即没有人的镜头和"实镜头"即有人的镜头来补充，完善"镜头式写人"。让学生理解并学会"镜头式写人"：镜头式写人是最常见的写人创新构思之一。它借助电影蒙太奇的表现手法，抓拍若干个表现人物的生活气息浓郁的典型镜头，选用新奇灵动的组合形式，将最曲折动人的情节一目了然地展现在读者面前，恰似一幅幅生动鲜活的画面自然流动，使人仿佛亲见其人、亲闻其声。

　　张　娟：统编教材七上第三单元的作文训练是"写人要抓住特点"，我用"两张偷拍照"作为写作的"种子"进行动作描写的微点训练。我设计了三级挑战：先分别"用一个词、一句话描述老师的特点"，在你说我说过程中，发现"概念化""共性"复述较多，对人物"独特这一个"理解不足；于是，我整合了课文《驿路梨花》《再塑生命的人》里面的经典动作片段和《王君与语文教学情境创设艺术》一书里的学生精彩习作片段，让学生认识动作描写和表现人物特点之间的关系。然后出示第一张照片，取名"三言二拍　考验视觉"。通过当场写作，我发现他们竟没有分辨出这是一张假的"偷拍照"，因而对肢体动作更加细致指导、观察。最后在"段落雕琢、提升能力"阶段，我利用一张真正的偷拍照"候车室里的时光"，再次进行训练，这一环节我整合了拍摄者的视频采访，背景材料十分充分。通过这堂课学生明白了"具体准确有动作，活灵活现形象显；逻辑连贯记心间，画面生动情感现；'涂脂抹粉'化化妆，文章内涵意味见"等动作描写的口诀要领。

　　孙秋备：统编教材八上第三单元是古诗文单元，有四篇写景小品文。研读这些文章，我发现《答谢中书书》和《与朱元思书》在篇章结构、写景方法和句式特点方面有相同之处，可以整合两文，通过看篇、看层、看句，全面学习两文的写作技法。在看层环节，我让学生比读两文写山的句段，异中求同，发现并学用"以声衬静""以动写静"的技法。修影老师更有整合力，她把《三峡》《答谢中书书》《与朱元思书》放在一起，聚焦"动静结合"这一写法进行群文读写教学。她先让学生比读三篇文章写山的句子，发现"以动衬静，用有声写无声；以动写静，用动态写静态"的写作方法，并勾连课外诗词印证这一写法。然后比读写水的句段，发现其共同特点"以静衬动，用静态写动态"。通过探究三篇文章的写法，触摸到作者热爱大自然、沉醉山水的喜悦宁静情感。修影老师的课，对动静结合这一写作知识开掘得更深入，呈现得更集中，提高了教学的效能。

张　敏：以群文阅读聚焦某一写作知识点，针对性地对学生进行专项写作训练，的确高效。部编教材七下第一单元中《邓稼先》和《说和做》两篇作品，谋篇布局时两位作家都选择了"板块式"的写作思路：《邓稼先》是典型的"小标题式"板块构思，《说和做》在结构布局上的"板块"尽管相对隐性，但从标题能得知文章内容紧扣"说"和"做"两个方面来构思行文。进行单元整合教学设计时，我将两文组合起来定为写作型文本，带学生以研讨写作特色为抓手，教给学生"小标题、板块式"构思技巧，专项训练学生谋篇布局的构思立意。要求学生借鉴"小标题、板块式"的构思布局，从萧红的《回忆鲁迅先生》中提取素材，并结合鲁迅其他信息，学拟标题，试写构思提纲，效果良好。近90%的学生当堂列出结构完整、条理清晰的板块式作文提纲，其中一位学生《刚与柔——记鲁迅先生的言行片段》成为优秀习作，刊发在《星星》文学校刊上。

王　君：曹静老师在写作型文本的研究方面确实探索得更多，请她多介绍几个自己的课例吧。

曹　静：好的。《写出人物特点》是七年级上册第三单元的写作训练。如何写出人物特点，我们通常会引导学生关注描写片段。然而，我在教学中发现，只有描写是不够的，学生更需要写作框架。经过反复推敲，我发现《再塑生命的人》中莎莉文老师教我学"doll"、莎莉文老师教我认识"水"，和《从百草园到三味书屋》中"我"问先生"怪哉"等片段，有着相似的结构。三个片段都是先叙述，交代事情的起因，再对老师的言行进行细致的描写，最后写出自己的感受。"叙述+描写+我的感受"的段落结构方式，聚合多种表达方式，有利于突出人物特点。这种框架的提取，贴近学情，即使是写作水平一般的学生，也觉得易懂易学。

《课文里的花儿，何以脉脉含情》是我整合《春》《紫藤萝瀑布》《散步》《秋天的怀念》《一棵小桃树》五篇课文，完成的一篇"花语"大解密。首先，人们往往"以我的情趣移注于物"。同样写花的活泼热闹，朱自清笔下的"春花图"写出了沉寂已久的梦想，宗璞笔下的紫藤萝写出了挣扎之后的生命喜悦。其次，人不但移情于物，还吸纳物的姿态于自我，还会不知不觉地模仿物的形象。莫怀戚笔下金色的油菜花，史铁生眼中的菊花，贾平凹的小桃树枝儿上的花苞，无不给作者、给读者以生命的鼓舞。由此，我引导学生发现了写景状物作文中常见的误区：一是"物"中没有"我"，没有把人的情感融入景物描写中去，只是照片似的写景；二是"我"中没有"物"。只有努力拉近"物"与"我"的距离，才能达到物我同一的境界。

王　君：大家从这些课例中能够发现一些规律性的东西吗？

孙秋备：我发现写作型文本群文教学可以采用"求同"和"比异"两种策略。互文理论认为，每一个文本都是其他文本的镜子，文本之间有关联性和参照性。我们可以把写作方法相同的多个文本放在一起相互支撑印证，也可以选择同一角度不同写法的多个文本，形成互补或对照，让学生发现规律，学用写作技法。

俞春霞：我觉得写作知识与群文之间形成"点"与"面"的关系，是证明和被证明的关系。"点"是对"面"进行分析、综合、比较、抽象和概括，而获得的概念、形成的判断。"面"是检查和验证"点"的必要材料和步骤，二者之间相互映照，相互支撑。

曹　静：无论是词句段篇的学习，还是风格意识的形成，这些写作知识的开发都需要群文阅读来做支撑。尤其是表达技巧的学习和篇章结构特点的把握，更是如此。前文中"镜头式"写人、"动静结合"、多种表达组合写人等多个案例均能突出这一点。

于修影：我觉得课文是我们学习写作的一个很好范例，几乎每一篇都能挖掘出写作的技巧。我们可以在不同篇章中挖掘相同的写作点，然后比较写法、角度、技巧的不同，开发写作知识，探究写作内容，让学生得到更好的训练。

张　敏：通过群文阅读实施读写相长，学生的语文素养更易提升。学习群文共性的篇章结构，积累构思技巧；仿写群文共性的写作手法，积累写作方法；针对群文共性的主题写体会，可以培养学生积极的情感、态度和价值观。

王　君：我一直在想，要把写作型文本的群文教学上得更有境界，更有风格，更让学生享受到这种教学的充实之美、灵动之美、新颖之美，还可能有哪些突破点？我们一定要有这样的追求，否则，仅仅是停留在从若干文本中提取相应的写作知识让学生练习写作上，我觉得思路还太狭窄了。后来我读到了修影老师的两个课例，觉得很有启发，也请大家来欣赏一下。

于修影：好的。我的《小诗妙契语文课，自撰诗文巧复习》教学思路是这样的：以写作为载体，进行整本书的梳理，既复习了课文的内容，又训练了学生写作的能力。仔细琢磨七下课本的诗文，既有大人物的情与志，也有小人物的平凡生活，更有花与树的顽强，还有古代文人身处逆境时，积极乐观的心态。我以哲理劝诫类、状物明理类、体悟情思类划分所学诗歌，让诗歌与文章对应，把相同的内容联结在一起，进行写作训练，读写同时进行，一举两得。具体做法如下：

（一）哲理劝诫。把文中身处逆境的作家、学者、诗人联结在一起，让学生重温他们的事迹，然后学用哲理劝诫类诗歌，用"直接抒情"的方式劝诫逆境中的人，要有不屈的灵魂，写一段小文。

（二）状物明理。把书中的景物——藤萝、小桃树、莲花与逆境明志类诗歌联结，在一草一木、一花一树中寄托己志，托物言志，状物明理。我以《像麦禾那样摇曳》为例，引导学生写作。如"像小桃树那样挺立""像紫藤萝那样流淌"，让学生以全新的视角俯瞰文章，深读文本。

（三）体悟情思。把书中叙事类作品与"体悟情思"类联结起来，通过具体叙事，表达情感，颂扬品格。我以《木兰诗》为例，选择人物来写。如"致邓稼先""致斯科特团队""寻陈子昂"。

下面是我八上整本书写作型的复习课例。

知否？知否？应是绿肥红瘦

——教材八上整本书复习教学实录

执教：于修影

第一部分　导入学习

师："知否？知否？应是绿肥红瘦。"大家知道这是啥意思？

生（笑）：这是电视剧的名字，还是李清照的词？

生：这句诗的意思是：你可知道，你可知道，这个时节应该是绿叶繁茂，红花凋零了。

师：知否？知否？应是八上整本书复习。知否？知否？应是"群"肥"单"瘦。这个阶段要进行群文复习，不能单篇复习啦！

第二部分　梳理内容，建立"群"

师：如果让你梳理出这本书中的"群"，你会建立哪些"群"？

（小组学习，展示）

生：我们组觉得可建"人群"，即以"人"为单位，把书中写"人"的文章归纳到一起。如《藤野先生》《回忆我的母亲》《背影》《列夫托尔斯泰》《美丽的颜色》《愚公移山》《周亚夫军细柳》。

生：我们组觉得可建"景群"，即以"景"为单位，把书中写"景"的文章归纳到一起。如《白杨礼赞》《昆明的雨》《三峡》《答谢中书书》《与朱元思书》《记承天寺夜游》。

生：我们组觉得可建"建筑群"，即以"建筑"为单位，把书中写"建筑"的文章归纳到一起。如《中国石拱桥》《苏州园林》。

第三部分　课文"群"里觅诗魂

师：从"人群"中我们感受了平凡人的伟大，也体悟了科学巨子的严谨，见证了伟大文学家的平凡，形形色色的人，让我们从文中见到了自我，见到了众生，更见到了天地世界。

【屏显】

藤野先生、朱德的母亲、朱自清的父亲、愚公、周亚夫等；列夫托尔斯泰、居里夫人，我们探究这些人有什么共同点或不同点？你可用小诗从不同的角度来表达探究结果。

生：我写的是《平凡又伟大的人》。

藤野先生，您不求回报，
您品质高尚，认真严谨，
您添改讲义，纠正解剖图；
……

师：你是把普通的人物归为一类，从小人物大情怀的角度，颂扬平凡人高贵的品格。

生：我写的是《伟大又平凡的人》。

高山仰止的列夫托尔斯泰啊！
您那像有一百只眼珠的眼睛，
蕴含着您那天才的灵魂。
……

师：你是从大人物的平凡处着眼的，伟大的人也平凡。我们也可以给这些人写一段感谢的话，仍然可以写成小诗。

生：我写的是《感谢我认识的那些人》。

我所认识的人，感谢你们，

你们平凡而伟大。

感谢您，朱德元帅的母亲，

......

师： 这些可歌可泣的人，平凡中显露着伟大，伟大中蕴含着平凡。我们再看看那些美景……

【屏显】

树，雨，山，水，猿，鸟，月，景物中有故事，有思想，有情怀……我们探究这些景物有什么特点，蕴含怎样的思想情怀？你可以用小诗从不同的角度来表达你的探究结果。

生： 我写的是《赏美景，悟人生》。

山川之美，古来共谈，

三峡连山，隐曦月，

高峰生怪柏，水盛水急船儿快，

猿鸣三声，百姓苦；

......

师： 这样的美景令人心驰神往，我们邀请好朋友一起欣赏如何，请你给好朋友写一封邀请函，邀请他与你共赏书中美景。

（生写）

邀请函

亲爱的小明：

我班于下星期三（1月9日）第六节课，在本班教室举办以"共赏八下语文课文中的美景"为主题的班会。请你以"月"为话题，和大家谈谈你所欣赏的月光。届时我们还会以"山水"为话题，共谈祖国山水之美。

敬请光临！

八（2）班小亮

2019 年 1 月 5 日

师：发完邀请函，我们现在把下周发言的内容写出来。

生：我写的是《山之美》。

> 你看，那山之高，
> 高峰入云，重岩叠嶂，隐天蔽日，
> 两岸连山，略无阙处；
> ……

生：我写的是《水之清》。

> 山奇水异，
> 水清处，清澈透明，千丈见底；
> 水急处，急如奔马，好似快箭。

生：我写的是《雨之思》。

> 你看，
> 那昆明的雨啊，
> 让我感受到雨季，
> 下下停停、停停下下，
> 气压不低，人很舒服。
> ……

师：他特别聪明，这首小诗几乎是每段的段首句。下周我们会以"共赏八下语文课文中的美景"为主题进行细致交流。

师：我们认识了善良的人，欣赏了优美的景，我们再领略我国的建筑之美，中国石拱桥中的赵州桥与卢沟桥，苏州园林的图画美……仍用小诗表达你的感受。

【屏显】

桥梁之美，园林之美，美在哪里，你可以用小诗从不同的角度来表达你的探究结果。

生：我写的是《颂中国石拱桥》。

千年屹立的中国石拱桥，
赵州桥、卢沟桥是你的代表，
它们结构坚固，十分优美，形式多样。
……

生：我写的是《园林之美》。

苏州园林之美，
在于自然之趣，
在于图画之意，
……

第四部分　回望全书

师：回望全书，你望到了什么？

生：慈爱的父亲，勤劳的母亲。

生：负责任的师长，不畏艰难的愚公。

生：军纪严明的周亚夫。

生：山水美景，文人情怀。

生：园林建筑，美如图画。

师：我们从课本中望到的是一个个"群"，"人群""景群""建筑群"，我想八上语文课文教给我们见天地于大美之中，见众生于平凡之处，让我们在课文群里修炼一颗好心，走向广大的世界。

![评课沙龙]

王　君：请大家探讨一下修影这两堂课中潜藏的非常可贵的课程意识。

孙秋备：叶圣陶先生说，语文教学的独担之任，就是阅读的训练与写作的训练。修影老师这两节课，立根语文教学之任，以整本书为视野，整合同类文体，以诗解文，以写的方式促进学生对文本的理解和感受，打通了阅读和写作教学，大大提升了教学效益。

曹　静：群文的读写教学，难点不在理念的更新，而在于如何课程化的问题。这就需要教师有强烈的课程意识，尤其是课程资源的开发意识。于修影老师在整本教材复习中，巧妙地融入群文读写元素，为群文阅读视野下的课型创新做出了有益的探索。

张　娟：这些课例，内容聚焦，方法灵动，不管单篇取材、微点整合，还是整本书的资源规划、统筹推进，都像古希腊人的"整块连写""取法古朴"，对于培养学生的内在观察力、想象力和创造力等方面，做出了很好的示范。

俞春霞：窦桂梅老师说：一堂好课应该虚实结合。修影的这两节课既落实了课堂的写作训练又对文本做了深入的复习，可谓一举两得。给了我很大的启发：优秀的语文老师要敢于开发课程，"无中生有"，变僵硬的知识为灵活的运用。

张　敏：课程视野下的群文教学，不是"教教材"，而是"用教材科学地教"。修影老师的这两节课是最好的示范。写作教学以课程目标为训练线索，结合单篇的"点"与群文的"面"，构成写作的"点"与"面"，简直妙不可言！

王　君：在我们工作室进行文本特质与课型创新的持续研究中，我越来越深地感悟到自主开发教材能力的重要性。现在的"备课"和过去的"备课"的意义已经是迥然不同了。好老师，实际上做的都是创造教材的事情。没有什么死知识，迭代更新是大趋势。教材，仅仅是我们走向未来的踏板而已。

老师们，继续努力！我们研究文本特质与群文教学，所追求的却在这些

学科范畴之外。只希望通过这样的思维放飞和思想研磨，我们都能拥有走向
未来的勇气和智慧。

4. 思辨型文本群文课怎么上？

研讨者：王　君　杨晶晶　孙秋备　夏海芹　戴攀峰　石忠冕

王　君：老师们，今天我们研讨的话题是思辨型文本的群文教学。过去我们的研讨侧重于瑕疵文本的"批判式阅读教学"，这一次研讨呢，更侧重于广义的"思辨阅读"。

在准备相关研讨资料的过程中，我感触很多。教语文，其实拼的不过是教师的素养。而思辨型文本的教学，拼的更是"素养中的素养"。所以，我想今天换一个角度。以前我们集体备课，都直接针对的是课型如何划分，某种教学技巧如何应用等等，这次研讨，我们略略站得高一点儿，从教师素养的角度来透视思辨型文本群文教学得以实施的重要原因。我想以杨晶晶老师的若干课例为研究对象，经她的课来研究她的思维方式、她的思辨特色，由此反过来再看一堂优秀的思辨型群文阅读课是如何诞生的。

对于"思辨"，我还是想鼓励鼓励大家。这个词现在实在太热了，被搞得有点儿玄妙高深了。我觉得没有必要自己吓自己。我们说思辨性阅读也好，批判性阅读也好，不过就是强调一种独立的阅读姿态，一种反思质疑的眼光，一个思考论证的过程。当我们把一个文本或者一组文本定位为"思辨型文本"进行教学的时候，我们就肯定了教学过程是倾向于理性思维的培养的。这和各种"知识化""煽情化"的课堂比较起来，整体气质是克制的冷静的。这不是说"不教知识"，也不是说不能"煽情"，而是说在整个教学过程中，"情"控于"理"，"理"统帅着"情"。思辨型文本的教学借力于各种文本，但根本目标不是为了学习这些文本，而是通过文本学习培养更健康的、更高级的思维方式。当然，任何一种文本的学习都会对我们的思维发展产生效能。其不同点在于，思辨型文本对提升思维力的学习目标更直接、更显性。这种学习是一种"超越文本式"的学习。不知道这样说，大家是否理解一些了？

好。那现在我们从杨晶晶老师的一堂课开始讨论。杨晶晶老师是重庆外国语学校的语文教师。她还很年轻，但已经多次获得了市内和全国的课堂教学大赛一等奖，是一位很有才华的女教师。2018 年 12 月，我们青春语文名师工作室赴温岭开展教研活动。那次教研献课的主题还是群文教学。晶晶老师的课带给我极大的惊喜。我看了很多群文教学的课例，但晶晶老师的这一节课，我觉得更符合我心目中的"思辨型文本群文教学"的课堂样式。从这一课中，我明显感觉到晶晶老师有着非常优质的"语文课堂建构思辨力"。大家先研究研究，这样一堂课的诞生需要什么条件？

♥ 课 例 实 践

我 爱 这 土 地
——求同法在群文阅读中的运用

执教：杨晶晶

（一）导入暖场，初识方法

师：孩子们，今天我们来学放牧，牧的不是鸡，也不是鸭，更不是牛和羊，那是什么呢？老师掌握一个特殊的本领，能将文章一群一群地放牧，它有一个好听的名字，叫"群文阅读"。我不远千里从重庆赶来，就是为了把这本事传给你们，把你们训练成一群能放牧群文的优秀牧人，你们愿意吗？其实，群文并不是什么新鲜玩意儿，大家早就见过了，比如这些文章建的一个群。

【屏显】

九年级上册

第六单元　阅读

21 智取生辰纲/施耐庵

22 范进中举/吴敬梓

23 ＊三顾茅庐/罗贯中

24 ＊刘姥姥进大观园/曹雪芹

师：课本的编辑为什么把这些篇目编成一个单元呢？

生：它们都是小说。

师：那这些文章又是因为什么被组成了一个群？

【屏显】

七年级上册

第二单元　阅读

5 秋天的怀念/史铁生

6 散步/莫怀戚

7 ＊散文诗二首

　　金色花/泰戈尔

　　荷叶·母亲/冰心

8《世说新语》二则

　　咏雪

　　陈太丘与友期

生：因为它们都写了亲情。

师：课本编辑就是用了异中求同的方法（简称"求同法"）去挑选不同的文章组合成一个群，构成了一个单元。

（二）一用求同，聚合文本

【屏显】

小组合作探究：用求同法在以下篇目中选择三篇文章组成一个群，并且说明建群的理由。

备选篇目：《沁园春·雪》《我爱这土地》《你是人间的四月天》《我用残损的手掌》《大自然的语言》《敬业与乐业》

师：现在老师请大家来做编辑，用求同法在老师所给的篇目中选择三篇文章组成一个群，并且说明建群的理由。

（小组讨论）

生：《沁园春·雪》《我爱这土地》《我用残损的手掌》可以组成一个单元。时代背景相似，都表现了对国家、土地的挚爱。

生：《我爱这土地》《你是人间的四月天》《我用残损的手掌》也可以组成一个单元。它们都是现代诗歌。

师：刚才我们依据文体、思想情感等有效地进行了组群。请展开联想，课外阅读中，我们还可以依据什么来选择文章建群呢？

生：时代背景、语言风格、人物形象，等等。

师：阅读中，要想用求同法建好一个群，需要注意什么？刚才大家的发言给了我们怎样的启示？哪位同学来给我们小结一下。

生小结：要有具体、明确而合理的标准作为依据去建群。

【屏显】

运用求同法注意事项一：建群需要具体、明确而合理的标准。

（三）二用求同，品情感意蕴

师：现在我们选择刚才所建的一个群：《沁园春·雪》《我爱这土地》《我用残损的手掌》，请从作者所表达的思想情感这个角度为这个群简单命名。

【屏显】

材料一：《沁园春·雪》

材料二：《我爱这土地》

材料三：《我用残损的手掌》

生：爱国诗。

师：请从这三首作品中选个题目，使这个群名称更诗意点。

生齐答：我爱这土地。

（教师展示课题）

师：请结合三首诗词背景资料，以小组合作的方式完成以下任务。

【屏显】

结合三首诗词背景资料，以小组合作的方式完成以下任务：

任务一：勾画出三首作品中突出表现作者对"土地"的爱的句子，品味句子中突出这种情感的字词。

任务二：为你勾画出的句子设计朗读。

（温馨提示：设计朗读时，请在脑海里想象画面，朗读时要注意区分轻读重读、语速缓急、语调升降，应读出感情。）

（学生活动）

生：我选择《我用残损的手掌》中"像恋人的柔发，婴孩手中乳"，这个句子用了比喻的手法，把土地比作"恋人的柔发""手中乳"这些神圣而美好的东西，说明他对土地有深深的热爱之情，把它当成美好的意象来描写。

师：谈得不错，这句话和上句连在一起看，我们会对作者的情感体会更深，上句哪个词透露出作者的情感？

生："轻抚"。

师：你再联系刚才品析的那句，轻抚时的情感是怎样的？

生：依恋，极其的爱恋。

师：是怎样的一只手在依恋地、爱恋地"轻抚"？

生：残损的手。

师：我们结合时代背景联想一下，什么样的手被称为"残损的手掌"？

生：严刑拷打后残缺不全、伤痕累累、血迹斑斑、哆哆嗦嗦的手。

师：这份对土地的爱是不是特别的深刻？

师："轻抚"的力度和下文一个地方抚摸的力度很不一样，你能找找看吗？联系上下文看看表达了作者怎样的情感？

生："运""贴在上面"。之前是小心翼翼的"轻抚"，这里重重地贴在上面，表现了作者对土地充满希冀、寄予厚望。

生：我选择《沁园春·雪》中的"北国风光，千里冰封，万里雪飘"，"千里"和"万里"用了夸张，表现了作者对土地的赞美。

生：我选择《我爱这土地》中的"然后，我死了，连羽毛也腐烂在这土地里面"。"腐烂"这个词让我联想到龚自珍的"落红不是无情物，化作春泥更护花"，表现了作者对土地的炽诚之爱。

师：生于斯，长于斯。

生接：歌于死，葬于斯，至死不渝。这种爱是"深沉"的。

……

（品析全程穿插对学生的朗读指导，学生展示读、师生接力读和齐读交换进行。）

教师小结：运用求同法第二个注意事项是聚焦相同点。通过聚焦相同点——"我爱这土地"这种思想情感，我们感受到《沁园春·雪》中作者对土地的爱是豪迈地赞美；《我爱这土地》中的爱是深沉的、愿意与之融为一体的；《我用残损的手掌》表现的是沉重的忧伤与无比虔诚的期望。同样表达了"我爱这土地"，这种爱可以表现得如此丰富多样。用求同法为"对土地的爱"建群，这份特别的爱会被品读得更具体、更深入。这就是"群文"之妙、求同之妙！

【屏显】

运用求同法注意事项二：聚焦相同点。

（四）三用求同，探文化内核

师：求同法还能怎么运用？它还能给我们的阅读带来什么惊喜？来吧，孩子们！大家的思维奔放起来！我们来三用求同法。

【屏显】

大胆地穿越古今、跨文体、跨国界，根据老师为大家提供的初中语文课本目录为"我爱这土地"这个群再添加一个新成员。一句话说明添加理由。

备选篇目：《邓稼先》《孙权劝学》《黄河颂》《最后一课》《土地的誓言》《木兰诗》《卖油翁》《驿路梨花》《紫藤萝瀑布》《伟大的悲剧》《太空一日》《藤野先生》《回忆我的母亲》《背影》《白杨礼赞》《中国石拱桥》《最后一次讲演》《应有格物致知精神》《壶口瀑布》

生：我添加《土地的誓言》。它用呼告的方式，很直接地倾诉了对土地的爱。

生：可以添加《黄河颂》，因为它们都把对土地的爱放在一个具体的载体上。

生：我添加《木兰诗》，因为它也有着共同的主题。

师：大家能不能打破老师给的篇目，自己想一个内容添加？可以是现代文，也可以是古文、歌曲，等等。

【屏显】

突破备选篇目，展开联想，增加群成员。

生：我想添加叶挺的《囚歌》，这首诗歌表现了作者被关在牢狱里，坚贞不渝地表达着对土地的爱。

生：我想添加成龙的一首歌《国家》，里面有句歌词"国是我的国，家是我的家"，表现了对祖国的爱。

师过渡：老师选择一些篇目里的名段，请大家结合写作背景看以下三则链接材料，除了都表达了"对土地的热爱"这个主题上的相同点以外，你还发现了什么相同点？

【屏显】

链接材料四：忽然教堂的钟敲了十二下。祈祷的钟声也响了。窗外又传来普鲁士士兵的号声——他们已经收操了。韩麦尔先生站起来，脸色惨白，我觉得他从来没有这么高大。

"我的朋友们啊，"他说，"我——我——"

但是他哽住了，他说不下去了。

他转身朝着黑板，拿起一支粉笔，使出全身的力量，写了几个大字：

"法兰西万岁！"

——《最后一课》节选

写作背景：写于1873年。普法战争后法国战败，割让了阿尔萨斯和洛林两地，普鲁士占领后禁教法语，改教德语，爱国的法国师生上了最后一堂法语课，表现法兰西人的爱国情怀。

链接材料五：土地是我的母亲，我的每一寸皮肤，都有着土粒；我的手掌一接近土地，心就变得平静。我是土地的族系，我不能离开她。在故乡的土地上，我印下了无数的脚印。在那田垄里埋葬过我的欢笑，在那稻颗上我捉过蚱蜢，在那沉重的镐头上留着我的手印。我吃过我自己种的白菜。故乡的土壤是香的。

——《土地的誓言》节选

写作背景：此文写于 1941 年 9 月 18 日。作者 19 岁时经历了"九·一八"事变。1941 年，作者 29 岁时，东北三省沦陷近十年，抗日战争正处于十分艰苦的阶段，流亡在关内的东北人依然无家可归，作者怀着难以遏制的感情写下了这篇文章。

链接材料六：

黄河以它英雄的气魄，

出现在亚洲的原野；

它表现出我们民族的精神：

伟大而又坚强！

——《黄河颂》节选

写作背景：1937 年 7 月，抗日战争全面爆发。1938 年 11 月武汉沦陷后，诗人光未然带领抗敌演剧三队，从陕西宜川县壶口附近东渡黄河，转入吕梁山抗日根据地。次年 1 月抵达延安后，酝酿并写出了《黄河大合唱》组诗。

生：写作背景相似，都是在山河破碎、人生坎坷苦痛之时写下的。

师：为什么人们特别爱在"山河破碎"、人生坎坷苦痛的时候用丰富而强烈的情感表达对土地的热爱？

【屏显】

合作探究：为什么人们特别爱在"山河破碎"、人生坎坷苦痛的时候，用丰富而强烈的情感表达对土地的热爱？（温馨提示：可结合链接材料七深化认识。）

链接材料七：

几个世纪以来，那些当年被逼迫得走投无路的破产的中国农民，漂流到海外去谋生的当儿，身上就常常怀着一撮家乡的泥土。那时，闽粤沿海港口上，一艘艘用白粉髹（xiū，把漆涂在器物上）腹，用朱砂油头，头部两旁画上两个鱼眼睛似的小圈的红头船，乘着信风，把一批批失掉了土地的农民送到海外各地。当时离乡背井的人们，都习惯在远行之前，从井里取出一撮泥土，珍重地包藏在身边。他们把这撮泥土叫作"乡井土"。直到现在，海外华侨的床头箱里，还有人藏着这样的乡井土！试想想，在一撮撮看似平凡的泥土里，寄托了人们多少丰富深厚的感情！

——《土地》秦牧

生：土地是一个人安身立命的依赖。

生：材料七中放在床头的"乡井土"的内容描述让人感觉到，土地可以是一个人的心灵慰藉。

师：这种作用有个诗意的说法——土地是"安魂曲"。

师：对于现在的我们来说，"山河破碎"的时代已经离我们远去，是不是对土地的热爱这种情感就可以淡化了呢？（屏显：利比亚撤侨图片及中国护照图片）2011年2月24日，利比亚骚乱，包括港澳台同胞在内的3万多驻利比亚中国人在中国派出的运输机、护卫舰保护下回到故土，下船的那一刻，有人深深的下跪叩拜亲吻着土地！我自己出国旅游的时候，我明白手中的护照对我来说多么珍贵，手上握着它，就像握住了安稳的庇护，握住了一把祖国的泥土。所以，不仅"山河破碎""人生坎坷痛苦"之时，任何时候，土地都值得我们去敬畏、热爱。

孩子们，三用求同法，我们在不同的思维方向——写作背景这个方向进行探究，收获了更丰富的阅读体验。探究不同的思维方向是求同法运用的第三个注意事项。

【屏显】

运用求同法的注意事项：1. 建群需要具体、明确而合理的标准。2. 聚焦相同点。3. 探究不同的思维方向。

（五）总结方法，收束课堂

师：学了这节课，在方法上、思维发展上你有哪些收获？

生：可以在许多文章中找共同点进行学习，这些相同点可以是意象、情感、写作背景等等。

生：用品读法去鉴赏诗词。

生：我们的思维不能只局限在一个方面，要有发现性和拓展性。

生：思维上应该大范围、更广泛地看问题，这样收获更多。

生：不能局限于一种文体，也不能局限于一个国家。研究一个问题，探究对象范围可以扩大到古今中外。

师：在运用求同法的时候，我们还学会了突破。突破老师所给的备选篇目，自己联想新成员；突破老师给的探究方向——"我爱这土地"这个相同点，去发现新的相同点——写作背景。永远记住突破老师所给的界限这种体验，这就是创新思维！学会这些，你们会成为一群优秀的放牧者！谢谢大家！下课！

【屏显】

求同法学习群文；

品读法鉴赏诗词；

质疑和突破！

……

创新思维！

愿你成为优秀的放牧者！

评课沙龙

王　君：这堂课的备课思路和我们以前看到的课是有很大不同的，不知道大家是否有发现？它的特点和优点何在？

孙秋备：晶晶老师的课让人耳目一新。我们平时的课堂往往着眼于文本本身的学习，通过朗读、概括、品析、比较等方法，让学生领悟文本的思想内容，体悟表达方面的特点。而晶晶老师备课时站位更高一些，把课堂目标定位在训练学生的求同思维上。基于这样的目标，她以"对土地的爱"为议题，遴选多样素材，由浅入深地设置学习活动，让学生由认识求同法逐渐提升到运用求同法来阅读、思考。这样的课，不断在挑战学生的已有认知，极大地激发了学生的课堂参与兴趣，在方向性、层级性的训练中发展了学生的思维。

夏海芹：杨晶晶老师以"我爱这土地"为主题，以"求同法"为主线，展示了一节绽放着思辨火花的群文阅读课。课堂聚焦"求同法"，将不同文章组群，在"取"与"舍"的抉择中，训练学生的思辨能力。学生由参与者变为设计者，素材引入从课内走向课外走向生活，形成群文阅读场，各类文章像纵横流淌的小溪，都归入"我爱这土地"的大河，烟波浩渺，气象万千。学生们在课堂上脑洞大开，思维极富张力。奇巧的设计源于杨老师日常勤博览，议论源源有根底。

戴攀峰：当时我就在温岭三中，有幸现场一睹杨晶晶老师的课堂风采。课的亮点，首先在于这堂课的设计重点，是教学生一种阅读策略——求同法。而传统课堂，我们关注更多的是文本内容。其次杨晶晶老师在课堂上给学生足够的空间进行多种形式的学习活动，让学生真正掌握求同法。这堂课对老师的要求很高，不仅需要深厚的知识底蕴，还需要一流的课堂驾驭能力。杨晶晶老师凭借深厚的功力和丰富的经验，为我们演绎了一堂别开生面的群文课。

石忠冕：晶晶老师的群文教学角度非常新颖，教给学生一种审视群文的思维方式方法——求同。这堂课最大的特点是授之以渔，为学生如何阅读多篇文章提供了开阔的思维导向。晶晶老师对学生的思维训练并非是架空的，而是建立在学生已有的认知之上。这好比把一个混沌的世界按照不同板块做出清晰的划分，它的版本可以有多种，取决于你的思维纵横度。这种思维的广度和深度的训练是建立在"群"的思想基础之上。课首课尾"牧"字用得妙，我们应该培养学生的多种思维能力，让他们灵活驾驭自己的思想。

王　君：窥一课见风格，见追求。从温岭回来之后，我又认真拜读了晶晶老师的若干课例。我非常惊喜地发现，她的几乎所有课当中，都有思辨型文本群文教学的影子，或在整体，或在局部。晶晶老师对学生思辨能力培养的意识非常强，她进行"群文组合"的视角前卫新锐，让人脑洞大开，很见功力，也见情怀。我先请晶晶老师介绍一下，她是如何把《白雪歌送武判官归京》和李叔同的《送别》、柳永的《雨霖铃》、电影《兄弟连》等各种"文本"进行"群文"整合，以训练学生的思辨力的。

杨晶晶：教学中，难理解的内容往往需要学生用更高级的思维方法解决。学生学习《白雪歌送武判官归京》最大的障碍在于没有真正的视觉体验、生存体验作为依据，与诗中的阔大空间和生命状态产生共鸣。学生需要老师助推，自主形成一个思考论证的过程，这就是课堂上生成思辨。为了突破这个障碍，我想到了一个助推学生思辨的点子——让学生实践相似构想法。相似构想法，就是用相似的内容来刺激自己产生构想的方法。比如生活中很多东西的发明创造，都是从动物身上找到了灵感。也就是说，通过类似现象来激发各种构想与创意。

为此，我设计了一个群文整合阅读：首先让学生运用群文阅读中常用的比较思维法进行对比：同是送别，这首诗和李叔同的《送别》、柳永的《雨霖铃》有何不同，学生感悟到此诗没有传统送别作品的儿女情长、柔情蜜意、凄切哀伤，而是乐观豪迈多些。然后，教师助推学生发散思维，思考这首边塞送别诗的特质成因。学生参照阅历、阅读积累感悟到：真正的军人见惯生死，送别这种悲伤微不足道，所以课文既不悲伤，也不缠绵。李叔同和柳永更有文人气质，离愁别绪在他们相对安稳的生活中算是比较难受的经历，所以作品会更悲伤些。之后，引入链接材料美剧《兄弟连》中的台词，用相似的内容刺激学生深入感受《白雪歌》的真实之美和军人的现实、乐观、豪迈。

王　君：晶晶老师讲孟子的《鱼我所欲也》也是独辟蹊径。她居然可以把这篇课文和纳粹思想以及王阳明的心学组合成群，真是奇妙。

杨晶晶：王君老师讲到"思辨性文本"教学过程倾向于理性，理性的特点之一就是信赖推理。学生在透彻、辩证地理解孟子的哲学思想上有一定困难。

我们做个推理：1. 孟子的"舍生取义"－"仁""民本思想"＝臭名昭著的"纳粹主义"或"武士道精神"。2. 孟子的"舍生取义"＋"因地制宜""因时而化"＝王阳明的"知行合一"。

《鱼我所欲也》是初中课本中少见的、教学设计可以考虑同时发展创新思维四个基本类型——差异性、探索性、优化式、否定型的篇目。

首先，设置四个关键词——"选择""义""纳粹主义""知行合一"，激起学生兴趣。第一次整合阅读，链接《梅岭三章》《我爱这土地》和《伪装者》中王天风的台词让学生感知"伟大的选择"。第二次整合，链接《孟子·告子上》节选，激发学生丰腴延展"义"的内涵。第三次整合，链接"纳粹主义"和"武士道精神"相关资料，引导学生运用比较思维法，小组合作探究"纳粹主义"和"武士道精神"声称的"舍生取义"和孟子的"舍生取义"有何不同。探究发现，前者所讲的"义"没有"仁""民本思想"，孟子的"义"是建立在"仁""民本思想"的基础上。最后，发展学生逆向思维，探究：是不是任何情况之下都应该"舍生取义"？引导学生辩证认识问题，明白孟子的"舍生取义"加"因地制宜"和"与实际结合"等于王阳明的"知行合一"。

王　君：晶晶老师讲《朝花夕拾》，她居然打通了"鲁迅"和"卡夫卡"，让他们成为一个"群"来带领学生研讨。晶晶老师介绍一下你的想法吧。

杨晶晶：《朝花夕拾》的阅读指导从《小引》开始就充满挑战。学生很难真正理解鲁迅在大变革时期的阵痛、迷茫、困惑、绝望是和愤懑、坚韧等交织起来的。于是，我尝试引入同时期作家卡夫卡和鲁迅做对比，希望激发学生对鲁迅思想情怀的创造性发现。

通过做这个对比小课题，学生发现，卡夫卡是恐惧于反抗的，他一生痛苦纠结于内心的绝望。鲁迅也认识到自然界客观存在冷酷的一面，但是对此他的洞见却和卡夫卡截然不同：既然现实客观存在冷酷，那必须承认它的存在，而不是逃避和一味苦痛，不要相信和祈告任何神圣的东西，它是帮助历史扼杀生命的幌子。鲁迅精神何其现代性地深刻！他的"觉醒"悲凄中有激奋，绝望中有希望，热情中不乏理智。所以，学生可以理解在《朝花夕拾》中，虽然鲁迅说"世事也仍然是螺旋"，现在是"虽生之日，犹死之年"，内心"离奇""芜杂"，但是他日，他也会"仰看流云"内心平静，去幻化"离奇"和"芜杂"。他会写"思乡的蛊惑"，会说"儿时在故乡所吃的蔬果""也许要哄骗我一生，使我时时反顾"。

这样的比较能让我们全面、直观而深入地了解鲁迅独特的情怀。由此及彼、触类旁通的思维在高屋建瓴的认识中，潜移默化在学生的头脑里。

王　君：在晶晶老师那儿，《出师表》和《金蔷薇》也可以组合成群，这个见解不凡的老师又是如何想的呢？

杨晶晶：群文阅读可以是文学对举的形式，对举中创造性地发现细节，以细节作为切入点进行"蝴蝶效应"式的联想和想象，学生的创新思维能得到好的发展。

《出师表》一课正因为中西方文学对举的引入，使师生在情与理的碰撞中，产生了高峰体验。我为这堂课定了一个主题——殚精竭虑只为一朵无果的"金蔷薇"。

第一次对举，我和学生合作讲了一个故事，学生讲的前半截是"三顾茅庐"和"隆中对"。故事的后半截，我讲了苏联作家康·帕乌斯托夫斯基的散文集《金蔷薇》的开篇里"金蔷薇"的故事，并告诉学生，出山后的诸葛亮的故事就是一个"金蔷薇"式的故事。学生不难判断，刘备好似苏珊娜，诸葛亮好似夏米。接下来，就开始了《出师表》中"金蔷薇"的探索。最终，学生探知"兴复汉室，还于旧都"就是"金蔷薇"。但是终未实现。

第二次对举，我请学生探讨《出师表》和"金蔷薇"故事的共同点。学生于动情处感知：诸葛亮自知北伐必然无果，但仍继续执着地做着。这就是"知其不可为而为之"。

第三次对举，我总结：没有人可以拒绝"金蔷薇"式的感动，古代人看来这是"忠"，现代人看来，这是义、是感恩、是责任感、是一诺千金！

群文阅读课的材料选择，可以更大胆。灵动的细节对举可以使课堂无须过多技巧和调动，就能感染学生。

王　君：听了晶晶老师的介绍，大家肯定有进一步的发现吧？思辨型的群文教学的特点，以及这样的教学方式对老师自身的思辨力有些什么要求？

孙秋备：思辨型群文教学要以教给学生思维方法、训练学生思维能力为目标，通过多个文本的聚合、比照、对举等，引发学生的比较、辨析、质疑、评判等思维活动，从而深化学生对文本的理解，帮助学生掌握批判性思维方法，养成高层次的思维品质。这样的教学方式对语文教师提出了更高的要求：多阅读、多思考，面对文本左右勾连，上下求索，不断提高自己的思维锐度，增强自己的创新意识。只有这样才能适应时代的发展，适应新时代对教师的要求。

夏海芹：阅读教学策略有两条：一是基于质疑的教学策略，一是基于感悟的教学策略。质疑偏于理性思维，感悟偏于感性思维。思辨型群文教学，是以冷的理性的"思"为内核，以热的感性的"辨"为形式，相互碰撞，高度融合。晶晶老师的课堂，冲破传统教学的藩篱，将古今对举，把中西相融，构建求真、开放的思维训练场，老师以丰厚的素养滋养学生的素养，让理性思辨的光烛照课堂。不落窠臼的设计，践行了青春语文"崇尚张扬""敢于创新"的主张。

戴攀峰：思辨型群文教学，顾名思义，群文是形式，培养学生的思辨能力才是核心。为了应试，许多同仁在课堂上会灌输式地让学生摘记"标准"

答案。久之，学生会学窄，甚至学死。然而思辨，必须是在正确的价值观层面上的。正如杨晶晶老师，用臭名昭著修饰"纳粹主义"，这是一种正面的暗示、引导，是积极的。当然，思辨型课堂对教师自身来说有相当高的要求。晶晶老师的课都透着博学的气息。我一定要向大家学习，多读书，做一个博学善思的好老师。

石忠冕：老师需要广泛的阅读是毫无疑问的，比如读哲学的书，培养哲学思辨能力。晶晶老师讲《鱼我所欲也》，进行了三次整合，依次聚焦的命题是"伟大的选择""义""舍生取义"，其核心是一个哲学命题，这样的思维层级训练，极大地延伸了文本的外延，是一种课题研究式的学习方法，其中所需的教师的思维广度显而易见。教师大胆打破常规思维方式，学生才会产生真正的思、辨。晶晶老师《出师表》勾连的文本是《金蔷薇》，这样的设计将思辨贯穿全课，师生在情与理中穿梭。走出思维的局限，便会看到另一番天地。

王　君：我们请晶晶老师来做一个总结吧。你对思辨型文本群文教学和教师素养之间的关系感受一定非常深刻。你最有发言权。

杨晶晶：我认同心灵有思维、情感和欲求三个基本功能，通过训导我们自己的思维，我们能够掌控心灵的三大功能。教师应该努力提升自己的思维品质，即在认知一致、认知谦逊、认知正当、认知坚毅、认知公平、信赖推理、认知勇气、换位思考和思维自主等方面提升自己。具备好的思维品质，才能更好地驾驭多个文本架构课堂教学，才能做到王君老师所讲到的"俯视文本"，进而培养学生的思辨能力。

研 讨 总 结

王　君：大家可以再举一个例子说说对这个问题的认识，可以是自己在思辨型文本群文教学方面探索的例子，也可以是其他优秀老师在这一方面的素养给你的启示。

孙秋备：王君老师的《春天会不会生气》是思辨型群文教学的绝好范例。课中三个板块"春天会不会生气""蚂蚁会不会生气""女教师会不会生气"，话题本身就充满思辨色彩。课堂上王老师引领学生品读语言素材，思考各个素材观点的差异。结课环节，王老师呈现了两个版本，一个用杨绛的话语和苏轼的《定风波》，形象化地启发学生要辩证地看待外在世界，坚持自我；另一个引用《思辨与立场》一书的核心观点，理性地告诉学生要培养批判性思维品质，独立思考问题。这样的结课方式，更能引发学生的思考甄别，更具有思辨性。

夏海芹：《狼》是语文教材的保留篇目，不同时期的教材都绘制了课文插图。我选取三幅插图，让学生依文辨图质疑，"插图哪些地方与内容不符，是画错的"？一石激起千层浪，学生很快发现"扁担错了""刀的形状错了""柴草堆的高度错了""屠户的穿衣打扮和发型错了"等问题，以辨图的形式实现了趣译的目的。随后，又将蒲松龄的另外两则《狼》与课文进行群文比读，思辨探究其相同之处，得出"笑狼"和"赞屠"的主题。这是我在群文思辨上的一点尝试。

戴攀峰：感谢王君老师带领的青春语文团队，让我有了更多的学习机会。感谢杨晶晶老师如此精彩的课例，通过本次学习、讨论，我得到很多启发，受益匪浅。以七年级下册第三单元的《卖油翁》为例，除了熟能生巧这一主题，如何对待小人物这个话题也值得思考。康肃公与欧阳修看小人物的眼光，显然是有所不同的。这可以联系两人的生平来比较理解。本单元都是写小人物的文章，名著阅读中的"骆驼祥子"也是小人物。我打算设计一堂围绕小人物展开的群文课。

石忠冕：王君老师的群诗课例《问君能有几多愁》把教材中的五首词以"愁"为主题进行整合教学。让学生用"愁"进行分类，为发散、聚合思维预热；比较谁愁重、愁轻，让思维向纵深发展。我受到启发，对《宿南山下苟媪家》《又呈吴郎》《卖炭翁》《老夫彩玉歌》四首诗进行"苦难只自知?"的课外群诗教学。让学生以"人生之苦"为标准分类，选取了"女人之苦""男人之苦"两个类别进行教学，带领学生比较，哪个女人（男人）更苦，引导学生质疑：为什么写女人之苦的两首诗都没有提到男人？从归纳出发，对比、质疑，经由思维的训练引向理解诗人的仁爱之心。

王　君：谢谢大家的探索和尝试。当然，晶晶老师的课例中的群的组合方式和解读方式，也还有一些待商榷之处，我们可以再进一步做深度的研究。但通过晶晶老师对文本的再组合，再创造，再利用，我们能清晰地看到一个好的语文老师一定自己首先就是一个热爱思辨的老师。这样的老师有显著的思维优势。一是跳脱性。他们着力于文本但不受困于文本，他们有一种利用文本的学习对学生进行思维训练的高度自觉性和强烈的责任担当。二是关联性。汉语中的"维"，本身就是联系、联结、关联的意思。其实，我们完全可以这样认为，"思维"就是发生联结的过程。世界互通，万物关联。关联的广度、深度、灵活度、逻辑性等都是思维品质的重要表现。杨晶晶老师的优势正是在这个地方。我在《更美语文课》的序言中说：各种各样的语言现象，总是在呼唤，在应答。而有字之书和无字之书，更是在互相印证，互相诠释。语文教师，如果眼界开阔，胸怀浩大，那各种语文因素，就会如千军万马，被教师调遣腾挪，排列组合。教材上下，风起云涌，课堂内外，风云际会。语文教学，彻底摆脱了小家子气，而拥有了大格局大气概。显然，杨晶晶老师，就是这样一位有了些大格局大气概的老师。也只有这样的老师，才能够真正担当起"思辨型文本"的教学重任。希望今天的研讨能够给大家一些启发。

5. 诵读型文本群文课怎么上？

研讨者：王 君 陈海亮 郑喜微 孙秋备 张 娟 陈 荔

备 课 沙 龙

王 君：老师们好。我们今天研讨的话题是诵读型文本的群文教学。这个话题让我很激动。因为认真回忆起来，我的所有"语文课堂高峰体验"几乎都和诵读型文本的教学有关。课堂成功之路万千条，但"诵读"之路，绝对是帮助师生获得语文学习高峰体验的一条高速公路。而群文视野下的诵读型文本的教学，更是具有一种加速度。比如，我最难忘的一课，是在 2005年。当年读完人教版教材七年级下册第二单元的几篇充蕴着爱国主义情感的自读课文《黄河颂》《艰难的国运与雄健的国民》《土地的誓言》后，我决定：化繁为简，深挖内蕴，独辟蹊径，上一堂创新的语文课。为这堂课，在资源和情感上我都做了最充分的准备：我把这四个文本的核心段落进行了重组改编，创造了一个具有逻辑力量的、以反思民族命运、激发爱国精神为主题的诵读脚本。我用经典红歌《五月的鲜花》《松花江上》《黄河颂》《救国军歌》为背景音乐，在课堂上"自娱自乐"，组织学生完全用诵读的方式对这个单元进行再学习再体验。这堂课上得慷慨激昂，师生共同进入了语文学习的高潮。

学生谷雨后来这么评价：王老师的课常常很独特，今天这节课就更奇了。一是容量大，几乎跨越了第二单元的每一篇课文；二是教法奇，除了极少数的讨论外，我们几乎都是在朗诵中学习的；三是效果好。老师的串词充满激情，首首爱国歌曲更是撼人心魄，四篇文章的组合完全为我们打开了理解课文的另外一扇窗，我觉得我们每一个人的精神境界都得到了提升。这堂课让我们终生难忘！

十多年前，在家常课中进行这样的设计，靠的是一种教学直觉和语文担当。十多年后再来审视这堂课，恍然明白：其实当初，我的"群文视野下的诵读型文本"的教学思想就已经萌芽了。

我们先复习一下基础知识。什么是"诵读型文本"呢？在去年的研讨中，我们是这样定义的：形象地说，就是以"诵读"为课堂教学的主要手段，甚至是唯一手段来达到教学目标的一种课堂教学形式。这种课堂的教学手段相对简约，其呈现状态也相对简洁——就是各种形式的诵读组合。以"诵读"为抓手，以"诵读"为推进器，"诵读训练"本身就是教学目标或者教学目标之一。总之，这种课堂最显著的特点就是教学目标是在诵读中自然达成的。

孙秋备：记得当时有老师提问：我们日常最喜欢用的讨论法啊、咬文嚼字法啊等方法，在"诵读型文本"中是不是就不提倡了。王老师是这样解释的：不是不提倡，而是当我们把一个文本确立为"诵读型"文本之后，就认可了这个文本在这一次的课堂教学中，"诵读"本身就具有自足性——我们有能力把咬文嚼字，把讨论辩论都以"诵读"的方式自然呈现出来。"诵读"具有了"打通"的功能，它把所有的教学法都打通了，融合了。

王　君：我们还讨论到，诵读型文本的课堂设计一定要高度重视四个方面的问题：一是依据原文本创造性地设计诵读脚本。二是重视诵读的层次性、阶梯性和形式的丰富性。三是巧妙地把诵读和其他教学法相融。四是自始至终关注诵读的向心力——主旨实现。诵读型文本要上得好，关键是"诵读法"和其他方法的融合要自然无痕，要巧妙得体。这里边的技巧就是"渗透"——在诵读中渗透理解，渗透点拨，在诵读中实现自然升华。诵读是"表"，思维的渐进和情感的提升是"里"。当我们要用群文教学的方式来实现诵读型文本的教学目标时，这四点就更加重要。

2019 年 1 月和 4 月，我先后两次赴浙江参加温岭青春语文名师工作室的教研活动。我在现场观摩了陈海亮老师和郑喜微老师的两堂诵读型群文教学课，很受鼓舞，也有非常多的启发。今天我们重点研讨两个问题。一是诵读型文本群文教学"诵读脚本"的设计策略问题。二是诵读型文本群文教学的"诵读策略"问题。第一个问题，我们以陈海亮老师的课为研讨资源。

课 例 实 践

一个任性的孩子
——顾城群诗诵读

执教：陈海亮

（一）诵读想象，入境

【屏显】

星月的由来

顾城

树枝想去撕裂天空

但却只戳了几个微小的窟窿

它透出了天外的光亮

人们把它叫作月亮和星星

师：《星月的由来》是顾城在 12 岁时写的一首诗歌，请自由读两遍，并谈谈朗读体会。

生 1：（有感情地诵读了一遍）这首诗歌很有想象力，视角独特，一个"戳"字，从树底下仰望的星空，让人惊奇。所以我是用惊奇的语气来诵读的。

生 2：我觉得不能单单体现惊奇，还要体现寂寞与孤独的情感，从"撕裂"一词可以看出，这个 12 岁的孩子内心的撕裂与极端的孤独。

师：你试着诵读一下。

（生深情诵读）

生 3：我从"透出"和"把它叫作"读出顾城对自然的亲近和喜爱，所以在读到这两个词语时节奏更慢一点，声音要喜悦些，可能效果更好。

（生诵读后获得掌声）

师：的确，读诗歌要扣准核心词语，发挥想象（屏显：想象），才能入境悟情，让我们再齐诵这首诗。

师：我也想读一首顾城的诗，请大家发挥想象，谈谈你对该诗的理解，并点评老师的诵读。

【屏显】

远和近
顾城

你
一会看我
一会看云

我觉得
你看我时很远
你看云时很近

（师诵读）

生4：我从"你""我""云"三个意象，看出人与人之间有隔膜，人与自然反而亲近，所以刚才老师在诵读第一节时我感觉挺阴冷的。

生5：从"看我时很远""看云时很近"可见作者情感的孤独与寂寞，那是无人理解的孤独，但也隐含着渴望，所以最后一节朗读要读出忧伤中的渴望，我觉得刚才老师的朗读情感变化不是很明显。

师：感谢你的发言，我根据你的理解再诵读这一节。

（生觉得这次诵读符合预期）

生6：我认为文中的意象"你"可以是顾城本人，也可以是每个人，体现了他渴望亲近自然。诗歌上下两节有个空行，暗示了人与人的隔膜与疏远就如一条鸿沟，也希望人与人能沟通。所以读到这里时停顿要适当加长，刚才老师的朗读也注意到了这一点。

师：你抓住了意象（屏显：意象），想象独特，还能依据诗歌结构，提出自己独到的见解，很了不起。让我们齐读，读出情感的"远和近"。

（二）品析意象，融情

【屏显】

在新鲜的泥土墙上
青草开始生长

每扇木门
都是新的
都像洋槐花那样洁净
窗纸一声不吭
像空白的信封

师：请同桌互读，读后结合意象探讨，说说顾城笔下呈现了一个怎样的村庄。

生 7：这是个充满生机却又原始的村庄，"新鲜的泥土墙"充满泥土的芬芳。"青草生长"散发着蓬勃的野性，再加上"新木门"散发的原木气息，都是自然的本色。

生 8：这是一个纯净而自由的村庄，"新木门"像"洋槐花那样洁净"，"窗纸"像"空白的信封"，洁净木门代表村庄中纯净之人，窗可能象征心灵，"空白的信封"表示可以自由交流，随意沟通，这是一个纯美的境界。

师：第二节的两个比喻很新奇，很有感染力，我们一起诵读。（生齐读）这就是诗歌语言陌生化所带来的冲击力（屏显：陌生化）。还有成果展示吗？

生 9：我发现这是顾城内心深处的桃花源，"新鲜""新的"是顾城期待有个好的开始，是他对美好生活的期待与向往，所以开头那句"乌云渐渐稀疏，我跳出月亮的圆窗"其实是半夜醒来的内心想象。

师：你有很强的思维能力，能上下勾连，整合分析。请你把本节诗诵读一遍，读出期待与向往的情感。（生深情诵读）所以接下来作者自然地流泻出一句"不要相信我/也不要相信别人"，那要相信谁呢？

生（齐读）：要相信自己。

【屏显】

不要相信我
也不要相信别人

要相信你自己

村庄就在你心里

师：假如你是游客，你到了这村庄，你会看到哪些景象？

生10：我会看到男人在耕田，女人在织布，他们早出晚归，孩子们在嬉戏玩耍，一片和谐景象。

师：假如你就是村里的孩子，你在一天里会做哪些事情呢？

生11：这一天很美好，我白天看看书，下午可以去田野上放放风筝，晚上醒来可以看星星看月亮。

师：我们都向往这样的村庄，顾城这个孩子已经构造了这样的世界，他是否如我们那样享受生活，请继续往下读（一生范读）。

【屏显】

把还没睡醒的

相思花

插在一对对门环里

让一切故事的开始

都充满芳馨和惊奇

早晨走进了

快爬到树上去

我脱去草帽

脱去习惯的外鞘

变成一个

淡绿色的知了

是的，我要叫了

师：顾城在这一天做了哪些事情？

生12：把相思花插在一对对门环里。

生13：还爬到树上，变成一个淡绿色的知了。

师：根据这些事情，结合诗歌内容，谈谈你心目中的顾城。

生14："把还没睡醒的/相思花/插在一对对门环里""还没睡醒"表示摘

花的时间早，万物宁静，也从侧面体现顾城的胆小。

生15：我补充，我认为"还没睡醒"也体现花的生命力与状态，试想，"把还没睡醒的/相思花/插在一对对门环里"，人们打开门，人与花同时苏醒，多美好的姿态，这也体现了顾城想把最美好的瞬间留给别人，他很善良。

生16：顾城是个顽皮而胆小的人，"早晨走进了/快爬到树上去"，一个"快"写出了他的敏感和胆小。

师：是呀！一个"快"字，多么具有冲击力，我们仿佛看到了敏感而胆小的顾城，让我们用快节奏来读该句。（生齐读）

生17：我从"变成一个/淡绿色的知了"可以看出，顾城极端亲近自然，"是的，我要叫了"他也极端渴望与人沟通，可见这是一个内心矛盾的顾城。这使我想到了爱沙尼亚一位诗人写的《极端的生活》，主人公白天是个设计师，一有时间他就要跑到乡下去跟鸡和猪混在一起，我想顾城可能也类似。

师：多么独特的一个孩子呀，不知大家有没有注意到，全诗只有一个标点，"是的，我要叫了"中的逗号能否改成感叹号？

生18：不能，感叹号情感太强烈，不符合顾城的个性，也打破了全诗原有的氛围。

生19：我也觉得不能，用逗号，表示在顾城心中，变成"淡绿色的知了"是很自然的事情，自然已经融入他的血液。

师：嗯，让我们齐读该句，读出固执与坚定。（生读）刚才很多同学在读"淡绿色"一词时用了重音，不知道大家关注到没有，知了应该是褐色或黑色的，作者怎么用了"淡绿色"一词？

生20：可能知了刚刚蜕皮，这是只新生的知了。

师：这也是诗歌与科学小品文的区别，法布尔笔下的《昆虫记》追求科学与严谨，而顾城诗歌更多追求内心的感觉。我们来看顾城的《感觉》一诗，请你在横线上补填两个词。

【屏显】

感觉

顾城

天是灰色的

路是灰色的

> 楼是灰色的
> 雨是灰色的
>
> 在一片死灰中
> 走过两个孩子
> 一个_____（填词）
> 一个_____（填词）

生21：一个淡绿，一个浅红。淡绿代表生机活力。浅红代表热情。

生22：一个红色，一个白色。红色代表顾城内心的狂野，白色代表内心的纯洁。

师：我们来看诗歌原文："一个鲜红/一个淡绿"鲜红代表热情，淡绿代表生机盎然，色彩浓烈对比，带给我们强烈的"陌生化"冲击。所以"公鸡老了/垂下失色的羽毛"你能读出这陌生化语言的言外之意吗？

生23：我是知了，要代替公鸡叫了。

师：真好，"公鸡老了/垂下失色的羽毛"，"我"要叫了，唱出最美的歌谣。让我们一起来嘹亮地读出顾城的歌谣。（生齐读）

【屏显】

> 所有早起的小女孩
> 都会到田野上去
> 去采春天留下的
> 红樱桃
> 并且微笑

师：我对结尾做了点改动，大家根据改文发表意见。

【屏显】

> 所有早起的孩子
> 都会到田野上去
> 去采春天留下的
> 白蘑菇
> 并且微笑

生 24：小女孩给人感觉甜美，孩子太笼统，不够有冲击力。

生 25：小女孩脸上红扑扑的，和"红樱桃"色彩呼应，感觉很喜气，我想象女孩们肯定穿着大红的棉袄，一派红色，用"白蘑菇"没有这样的效果。

生 26：我感觉在顾城的宣告中其实隐藏了一种颜色，那就是"田野"，春天的田野，一片淡绿，这和老师刚才展示的《感觉》一诗中最后一句"一个鲜红／一个淡绿"相符合，可见顾城对这两种颜色的偏爱。（掌声）

师：本节课希望大家关注顾城诗歌独特的意象及陌生化的语言，发挥自己的想象，这位同学很好地践行了，向他致敬（掌声）。让我们合作朗读全诗，也向顾城致敬。（师生合作诵读）

（三）读写结合，创新

师：能否结合本课所学的诗歌内容写几句《致顾城》的小诗？

生 27：你热爱光明／拥抱幸福／你孩子般纯真的微笑／倒映在宁静的夏夜／在淳朴美好的村庄中／我找到了幸福／有你／真好。

生 28：一个任性的孩子／带着诗意的画笔／却用黑色的眼睛／来寻找光明。

生 29：敏感而又胆小的孩子／是淡绿而又透明的存在／你的歌唱／让雨后的夏夜绽放出七色的彩虹。

生 30：你的诗意／埋在泥土的深处／长在枝叶的顶端／散发在寂静的夏夜／直到让孩子们披上令人留恋的彩霞。

生 31：屋外黑了／天慢慢闭了眼／在打瞌睡／戳一个窟窿／露一点星光／并且微笑／真好。

师：真好！本节课到此结束，下课。

🌿 **评 课 沙 龙**

王　君：我现场听海亮老师的课，感觉非常美好。这堂课起得很平，但渐入佳境，越上越美，课终我简直拍案称奇了。研究顾城，方法很多，群诗诵读，是必由之路，是康庄大道。但如何选择文本，如何组合成"群"，又如何让这个"群"形成优质的"诵读通道"，却大有讲究。大家切合这个问题谈谈自己的发现和感受。

孙秋备：蒋军晶老师认为，群文阅读要强调文本之间的互文性，把能够产生思维张力、便于发现规律的多个文本整合在一起，形成结构化的阅读场。"群"文本的选择考验着老师的阅读视野、品味和教育理念。海亮老师以顾城诗歌的意象和陌生化语言特点为议题，精心选取较为经典的几首小诗，由浅入深，巧妙穿插整合，构建了一个有生成性和沉淀感的阅读场。课堂通过多种形式的朗读有序推进，学生在逐层的诵读体悟中走近顾城，也学到了赏析诗歌的方法。

陈　荔：这节课学生在"诵"的过程中理解了诗意，在"读"的过程中体会了情感，用诵读的方式感受到群诗的意境。海亮老师把顾城诗歌的共同点确定为教学取向，通过诗歌的编组、诗句的朗读体悟、字词的细致品读，在多层次、多角度的诵读活动中，不断深入体会诗人的情感，走进顾城的心灵世界，使学生的体验和诗人的情感交织在一起，学生在诵读的过程中不但读懂了诗歌，读懂了诗人，也读出了自己。

郑喜微：海亮老师这节课，精心设计诵读脚本，以读促悟。开头选用《星月的由来》，浅显又充满童趣，能迅速带领学生进入诗境。最妙的是"填读"和"比读"环节，抠去色彩，置换词语。学生的填写，既是理解，又是生发；"红樱桃"和"白蘑菇"，学生在反复品读中豁然开朗，瞬间打通"任督二脉"，将课堂的所有内容都连贯起来了。最后的"读写结合"，其实是"诵读脚本"的无形延伸，由读顾城的诗到读自己的诗，课堂中跃动的是心灵与心灵碰撞的火花。

张　娟：朱光潜先生说："文学须表现情趣，而情趣就大半要靠声音节奏来表现。"海亮老师的教学，就具有"声音节奏"方面的情趣。其选择的诗歌大多组成意象群，具有平仄、押韵、徐疾错落有致之特点。如"天、路""楼、雨"，一平一仄，曼妙无比；"里、始、奇"是"四支"韵，细腻绵长；"帽、鞘、桃、笑"，韵脚婉转柔和，亲切喜悦，使学生乐读善读。其教学环节，不拘泥于单个词和意象的深挖，而是通过比较词群、句群，层层推进课堂。

王　君：最后我们请陈海亮老师做个总结，也顺便谈谈他进行群诗组合的心路历程和授课过程中对于诵读型文本群文教学的领悟。

陈海亮：在我看来，每个学生都有一颗热爱生活、热爱语文之心，关键是老师如何引导他们进入多彩的语文世界。顾城是一个爱幻想、单纯而任性的孩子，对于八年级的学生来说，若能认识这样一位诗歌王国里的朋友，将是一生的幸事。让顾城的诗歌在学生们心中扎根，群文阅读是最好路径，诵读是不二选择。我对顾城的《初夏》情有独钟，于是就以《初夏》为主干，筛选了《星月的由来》《远和近》为旁枝，由浅入深，由易而难层递推进。在诵读的方式上也相应地由粗而细，先从"想象"切入，粗读《星月的由来》；再以"意象"为抓手，细品《初夏》，感受语言的陌生化；然后在一个"标点"（逗号）上着力，深入顾城的内心深处。这样，多角度、多层次的诵读，让顾城的诗歌逐渐在学生心中生根发芽。《感觉》一诗的词语补填，如一朵小花在他们内心盛开，达到了学习的美好境界。最后的读写结合，是课内与课外的打通、课堂与生活的融通。

王　君：接下来，我们再以郑老师的课为资源，研究一下诵读型文本群文教学的具体"诵读策略"。在现场听郑老师讲这堂课，我们所有听课老师都被她带到了语文课堂的高峰体验之中，那种感觉真是美不胜收。直到今天，孩子们的诵读声依旧绕梁不绝。郑老师是怎么做到的呢？篇幅所限，今天我们展示的仅仅是她的课堂教学设计，但却足以让大家窥见其手法的巧妙和教学的高远追求了。

❤ 课 例 实 践

心中若有桃花源，何处不是水云间

——刘禹锡"豪诗"品评课

执教：郑喜微

（一）导入引刘郎

1. 看图猜"贬"。

【屏显】

会意字。从贝（贝），在古代贝曾用作货币，用作形旁表示
与钱财有关；从乏，乏有缺少之义，表示价值减少为贬。贬简化
为贬。本义是减少。
①降低；减损：~官｜~值。②给予不好的评价，与褒相对：
~词｜褒~。
~斥 ~黜 ~低 ~价 ~损 ~退 ~义 ~抑
~语 ~责 ~谪 ~职 升~

2. 读诗感悲

（1）初读感悲

历史上不乏迁客、逐臣，也因此产生了许多贬谪诗句。我们一起来读
一遍。

【屏显】

念天地之悠悠，独怆然而涕下。——陈子昂《登幽州台歌》

持节云中，何日遣冯唐？——苏轼《江城子·密州出猎》

一封朝奏九重天，夕贬潮阳路八千。——韩愈《左迁蓝关示侄孙湘》

座中泣下谁最多？江州司马青衫湿。——白居易《琵琶行》

悄怆幽邃，凄神寒骨；以其境过清，不可久居。——柳宗元《小石潭记》

（2）再读现悲

这些贬谪诗句，时代不同，诗名不同，作者不同，但它们却有着共通的
情感——贬谪失意的悲楚悲凉。试着将这份悲凉的体会送回到诗的字里行间。
我们再读一遍。

3. 另读感"豪"

（1）初读感"豪"

我们再来看这样一组诗。大家继续放声读。

【屏显】

自古逢秋悲寂寥，我言秋日胜春朝。

沉舟侧畔千帆过，病树前头万木春。

种桃道士归何处，前度刘郎今又来。

千淘万漉虽辛苦，吹尽狂沙始到金。

（2）复沓读"豪"

这一组诗，作者相同，背景相似，也都作于被贬时期，它们的情感也是共通——豪迈乐观。我们尝试用"复沓"朗读的方法，将刘禹锡这份"豪气"体现出来。男生起头，男生读一遍第一句，女生重复读第二遍，由此往下读。

（二）初读识刘郎

我们把这几句诗镶嵌回原诗中，今天要学习的是刘禹锡这四首诗。请大家大声地把诗名读出来。

【屏显】

秋词

自古逢秋悲寂寥，我言秋日胜春朝。
晴空一鹤排云上，便引诗情到碧霄。

酬乐天扬州初逢席上见赠

巴山楚水凄凉地，二十三年弃置身。
怀旧空吟闻笛赋，到乡翻似烂柯人。
沉舟侧畔千帆过，病树前头万木春。
今日听君歌一曲，暂凭杯酒长精神。

再游玄都观

百亩庭中半是苔，桃花净尽菜花开。
种桃道士归何处，前度刘郎今又来。

《浪淘沙九首》其八

莫道谗言如浪深，莫言迁客似沙沉。
千淘万漉虽辛苦，吹尽狂沙始到金。

1. 情境朗读，感知情感

大家看过《朗读者》吗？我想带大家去温岭新天地的朗读亭读诗，就读一读刘禹锡的这几首诗吧。请你选择一首最有感觉最喜欢的诗歌来朗读吧！

让你独特的声音、独特的理解带领大家徜徉在刘禹锡的诗歌中吧!

【屏显】

一个人,一种朗读,一种情怀,今天我为大家朗读_____,送给你一份_____。

(师边聆听边根据生所说的"一份"后的内容,将乐观、豁达、坚定、自信、激越、倔强等词书写在黑板中,形成一个圈。)

2. 解说"诗豪",加深理解

在刘禹锡的诗中品味,在同学们的朗读中徜徉,是一种享受。同学们亦如刘禹锡的好友白居易一样,感受到了他诗中处处尽显的"豪"气。(师在上图的圈中,书写"豪")

【屏显】

"彭城刘梦得,诗豪者也,其锋森然,少敢当者。"——白居易

什么是"豪"?豪气是虽被贬谪,却仍有一份乐观、豁达、坚定、自信、激越、倔强……

(三) 细读知刘郎

1. 紧抓一个字 (词),体会刘郎心

【屏显】

诗格即人格

每一首诗背后都站着一个鲜活的生命。读懂一个人,仰视一种灵魂。我们能否再靠近点,沉入到他诗中的一个字词,体悟刘郎心呢?同学们选择一首你最有感触的诗,找寻一个离刘禹锡最近的字,这个字是只存在于你与诗人之间的心灵感应。可以是一个动词、可以是意象、可以是称呼……我们追随着作者流淌于笔下的文字,试着和诗人对话。

(生讲解,师将该字/词书写到"豪"这个圈的底端,形成一排。)

2. 细读"刘郎""莫",我知刘郎心

【屏显】

93

诗豪之称谓

自古逢秋悲寂寥，我言秋日胜春朝。——《秋词》

玄都观里花千树，尽是刘郎去后栽。——《戏赠看花诸君子》

种桃道士归何处，前度刘郎今又来。——《再游玄都观》

生拍芳丛鹰觜芽，老郎封寄谪仙家。——《尝茶》

愿郎千万寿，长作主人翁。——《纥那曲》

女郎剪下鸳鸯锦，将向中流定晚霞。——《浪淘沙》

花红易衰似郎意，水流无限似侬愁。——《竹枝词》

点拨：一声声刘郎，何尝不是诗人对生活幽默的回应？生活，你可以吹皱我的脸庞，可以吹白我的双鬓，但吹不灭我的一腔热血。我永远是那个不老的"刘郎"。一声声刘郎唱出正气凛然的壮歌！

（师激情朗读一遍，生在谈完对"郎"的理解后，再诵读。）

【屏显】

诗豪之"莫"

莫道谗言如浪深，莫言迁客似沙沉。——《浪淘沙》

莫道恩情无重来，人间荣谢彩相催。——《秋扇词》

莫言一片危基在，犹过无穷来往人。——《故洛城古墙》

莫言堆案无余地，认得诗人在此间。——《秋日题窦员外崇德里新居》

莫道骚人在三楚，文星今向斗牛明。——《白舍人自杭州……》

莫羡三春桃与李，桂花成实向秋荣。——《答乐天所寄咏怀，且释其枯树之叹》

莫道桑榆晚，为霞尚满天。——《酬乐天咏老见示》

点拨：一声声有力的"莫"，是作者对世俗偏见和悲观论调的否定，是对自己的激励，也是诗人不可遏抑的壮志豪情，更是朝气蓬勃的生命之歌。

（男生朗读第一句，生自由读后面句子，师重复读最后一句。）

（四）再读懂刘郎

1. 配乐读"人生"

【屏显】

805 年，他满怀政治理想，因为"永贞革新"失败，被贬朗州。皇帝特别强调，"纵逢恩赦，不在量移之限"。

815 年，召回长安，因看不惯阿谀奉承后来居上的朝廷新贵，提笔写下《元和十年自朗州至京，戏赠看花诸君子》。

又被贬。

821 年，辗转至"少不出川，老不入蜀"的巴蜀之地夔州，创新《竹枝词》，创作《浪淘沙》九首。

824 年，又贬和州，面对当地县令的三番刁难，仍欣然创作《陋室铭》以示其志。

826 年，结束朗、连、夔、和四州贬谪生涯，路遇好友白居易同情其遭遇，送给他《醉赠刘二十八使君》"诗称国手徒为尔，命压人头不奈何"为其鸣不平。

826 年，又路经玄都观，想到朝廷已换八个皇帝，自己的好友柳宗元也已不在，朝廷势力又已换代，不禁又情从中来，不可遏制。

又被贬。

(师配乐李祥霆《长河落日圆》，缓缓说读。)

2. 直抒胸臆

【屏显】

刘禹锡啊刘禹锡，我想说＿＿＿＿＿＿＿＿＿＿＿＿＿＿＿＿＿

面对污浊的社会，有志文人选择了不同的生活态度。陶渊明选择避世退隐，享受一份"采菊东篱下，悠然见南山"的田园之乐；周敦颐选择保有"出淤泥而不染，濯清涟而不妖"的高洁傲岸的情操。也有人活着活着就被世界所同化，活成了千篇一律的空洞，长成了中年油腻的模样。但刘禹锡并没有，他历经磨难，却初心不改，坦然接受了世界给他的所有色彩。朝廷可以贬他的官职，但贬不掉他的才气；可以把他流放几千里，但茫茫长路磨不掉他坚毅高洁的人格。他以诗为伴，以文为友，铸就自己诗豪的品性。

人格亦即诗格。"有第一等襟抱，第一等学识，斯有第一等真诗"，刘禹锡的真性情成就了他的真诗。他说"唯有牡丹真国色，花开时节动京城"，而我要说："唯有刘郎铮铁骨，身处逆境保初心。"

（五）我读赞刘郎

【屏显】

> 自古逢秋悲寂寥，我言秋日胜春朝。（师）
>
> 你不再"悲秋"，唱出意气豪迈的秋歌！（师）
>
> 种桃道士归何处，前度刘郎今又来。（女齐）
>
> 你不畏"贬谪"，唱出正气凛然的壮歌！（班齐）
>
> 沉舟侧畔千帆过，病树前头万木春。（男齐）
>
> 你不服"老迈"，唱出朝气蓬勃的暮歌！（班齐）
>
> 千淘万漉虽辛苦，吹尽狂沙始到金。（男齐）
>
> 你不惧一切，唱出铮铮铁骨的自信之歌！（师）
>
> 你，刘梦得，你的仕途有反抗，你的诗中有真情，你的人生显豪气。（男齐）
>
> 你，刘禹锡。即使二十三年的岁月吹皱了你的脸庞，但是你的心，你的血，依旧炽热！
>
> 你，刘郎。即使出走半生，归来仍是少年！（师、班齐）

（配乐琵琶曲《离人愁》，师生演读，末句师生复沓读。）

（六）诗豪在我心

刘禹锡晚年的时候，各种疾病缠身，在白居易感叹"懒照新磨镜，休看小字书"的时候，他仍然激情满怀地唱出"莫道桑榆晚，为霞尚满天"。他是一个心中一直装满春天的斗士，他激情昂扬，他真正懂得了人生"豪"的哲学。我想，今天我们与刘禹锡相遇，可以从他身上汲取力量。

·诗豪在我心，我手写我情

【屏显】

> 今天我与你相遇，
>
> 明白了纵然生活虐我千百遍，我待生活如初恋！

今天我与你相遇，

明白了苦难对于弱者是绊脚石，对于强者却是垫脚石。

今天我与你相遇，

更明白，一个有豪气的人，走得出困境、斗得过小人、交得了挚友、活得出自我。

今天我与你相遇，

_____！

（生写作和朗读的时候，配乐钢琴曲《First Love》）

豪放诗人很多，李白的豪放近似于狂放，杜牧的豪放有一点放荡，苏轼的豪放是旷达，辛弃疾的豪放带一些悲情，唯有刘禹锡的豪放是坚持自我，做自己。所谓诗豪，不仅是他的诗的风格，也是他人品的高格啊。

评课沙龙

王　君：这堂课，"群"的组合有各种层次，"诵读"的手法也相应有多种形式。大家谈谈自己的发现吧，把重点放在诵读手法的研究上。

陈海亮：课堂造境是诗词学习中不可缺少的艺术性的教学行为。设置情境来诵读，可以增添诗词"沉浸"的情趣，激发学生的思维，增加课堂的维度和厚度。喜微老师巧妙地营造《朗读者》氛围，通过角色代入，让学生迅速进入情境，融入诗情。在品读"诗豪之称谓""诗豪之莫"后，又在背景音乐中缓缓说读"诗豪之人生"，这样的情境创设，真正地让学生沉浸诗境深处，达到了文本之境与课堂之境的联通，文本之情与学生之情的融通。

孙秋备：喜微老师的课对诵读法进行了创造性的开掘，使诵读法和其他教学法有机融合。从读的层次看，先比读，初步体会诗豪之情；再紧扣字词，品读诗豪之心；接着知人论世，评价诗豪之人；最后，在诵读中赞诗人学诗心。从读的形式看，有齐读，有复沓读，有配乐读；有情境朗读，有字词品读，有角色演读。从读的内容看，读类诗，读诗联，读诗名，读整首诗，读改写脚本。多层次多样化的诵读，引领学生逐步走进诗人的心灵世界，体悟诗豪的人格魅力。

陈　荔： 喜微老师在诵读层次的安排上条理分明。一是初读，感受古人被贬谪的悲凉；二是再读，读出刘禹锡贬谪时期的豪迈；三是细读，读出诗格即人格；四是通过配乐诵读、角色演读，让学生读懂刘禹锡，读出自己。诗非诵不能近其意，通过层层深入的诵读品悟感受诗意人情，"豪"是刘禹锡的人生态度，亦是感发后人的精神力量。喜微老师让学生读出了思考，读出了梯度和层次，这样富有创意的教学设计，彰显着青春语文的气质。

张　娟： 读的方式，比如素读、精读、赏读，其意义都与发展语言紧密相关。叶圣陶先生就特别关注传统的读法，反对停留于形式的读。喜微老师这节课按照所读内容分为通读、精读、泛读等，各种读法轮番上阵，每个环节都带着目的任务，讲究整体性层次性，这都是基于对诗意的深入理解，基于悟出文旨文情。只有这样不疾不徐，学生才能感悟诗人为人知命的倔强达观。耕读涵咏，让琅琅读书声重回课堂，古典精华就嵌进学生脑海了。

王　君： 喜微老师作为执教者，显示出了高超的课堂驾驭能力。她自己的感受会更深。"花式诵读"之"花"不是花哨，而是诵读策略和其他教学策略的花样融合，花样呼应。请喜微老师做个总结提升吧。

郑喜微： 此次诵读型文本群文教学尝试，我有以下几点感悟：首先是诵读形式多样，以呈其丰富性。本节课，课堂的朗读者分别是学生、老师、个人、集体；朗读内容有一句话、一首诗、均含有"莫"字的诗歌群等；朗读的情境有朗读亭、对刘禹锡的告白、相遇后的感悟；朗读形式有个人一读到底，有男女生分句朗读、末尾句复沓朗读等。其次是诵读节奏变化，以现其音乐性。一则在大段诗歌朗读的地方，配上适宜的音乐，让音乐迅速调动读者情绪，有利于朗读者情感与作者情感产生共鸣。其次，朗读内容的选择，如最后的"我读赞刘郎"以及"诗豪在我心"，"诵读脚本"首先富有节奏感，诵读起来自然富有音乐性。最后是诵读内容渐进，以求其层次性。王君老师讲到诵读型文本教学要"重视诵读的层次性阶梯性"，所以我尝试设计这样的梯度："初读识刘郎""细读知刘郎""再读懂刘郎""我读赞刘郎"。通过各种读，带领学生渐入佳境，渐悟刘禹锡的"豪"。

研讨总结

王　君： 把文本处理成为诵读型文本，是一种极简省极聚焦的教材处理方法，它要求老师要"舍得"——繁冗删尽，目标纯粹，手法天然，点石成金，大道至简，返璞归真。对诵读有信念的老师才有这样的教学勇气。而设计诵读型文本的群文教学，更需要拥有俯瞰各类文本、鉴别文本特点、提炼文本核心价值、整合文本诵读资源的能力。现在请老师们各自发挥创意，在教材内外去创造能够实现我们的教学抱负的文本群，设计一个诵读型文本群文教学的案例出来。大家聊一聊自己的思路吧。

　　孙秋备：《〈诗经〉两首》是教材内的经典篇目，我用整合诵读法让学生感受其艺术特色。课堂中设计"朗读""说读""比读"三个诵读活动：朗读环节先读准读顺，再创设情境让学生读懂读好。说读环节，引领学生在品词读句中感受《诗经》情感之深挚。比读环节先用外国诗歌与《诗经》比读，体会表达的不同；再用《采葛》《子衿》与课文比较，探求表达的相同。通过多种形式的诵读，逐步加深学生对《诗经》的认知，激发学生阅读《诗经》的兴趣。

　　张　娟：围绕演讲稿文体特点这一议题，我把《最后一次演讲》原稿、标点符号、词、句、十几条相关评论分别建群，进行诵读教学。1. 发现秘密：整合原稿删除部分和课文，比读褒义词贬义词群，让学生领悟演讲稿特点。2. 朗读体检：学生模拟演讲并和影片片段比较，使其明白如何增强讲演感染力；整合标点群，揣摩语气演读，体验语言技巧。3. 群诗升华，引入十条评论，领读、范读、跳读、配乐读，明确态度；整合课文关键句，创造赞美诗，合读收稍，引发共鸣。

　　陈　荔：部编版九年级语文教材中，我把《酬乐天扬州初逢席上见赠》《行路难（其一）》及课外古诗《竹石》进行群文教学，确定诵读教学目标为"诵读挫折　修身正己"。设计三个诵读活动：1. 读出不同境遇；2. 读出共性特点；3. 读出共有精神。通过不同层次多个梯度的诵读，和学生一起感受诗人百折不回的坚强毅力、对理想的执着追求和从苦闷中挣脱出来的强大精神力量。最后反观自我，让学生在诵读中加深对诗歌的体悟，汲取诗人的精神力量。

　　陈海亮：我想通过群诗诵读的方法带领学生学习李清照的词，其词作中高频出现的意象是"花"与"酒"。首先我会选择包含这些意象的句子来粗读，设置情境诵读后谈体会。接着还原全诗，选择李清照不同时期的代表作品，如《如梦令》《醉花阴》《声声慢》等，紧扣"花"与"酒"来品读，让学生们循着"花"与"酒"的通道，逐渐走入李清照的内心。最后我想根据词的格律，特别是《声声慢》这首慢词的特点让学生唱读，在吟诵中与诗人情感产生共鸣。

郑喜微：部编教材九下第五单元的《诗词曲五首》，我尝试以"诵读"为路径，感受战争类诗歌的同和异，思路如下。1. 听读，一字感"情"。听名家朗读，用一个字概括诗歌的情感。2. 演读，一"举"知人。在演读过程中，尝试给每首诗设计一个标志性的动作，悟诗知人。教师补充相关资料。3. 比读，一"题"多写。学生选择其中两首进行比较阅读，理解同是军事题材，在背景、情感、写法等方面的差异。4. 创读，一脉相承。生分别选择五首诗中的一句话，再组合成一首新诗，诠释古代"军事题材"诗。

王　君：我发现群诗的诵读资源被大家挖掘得很充分，而其他文体的文章作为群文的诵读型文本来研究就相对少些。这有点儿遗憾。诗歌之外其他的文体，散文自然不用说了，小说啊、童话啊、通讯啊，甚至是议论文，可作为的空间也很大。做群文诵读的研究，是一条尝试课堂教学简约化的道路，大家不妨眼界更开阔一些，胆子更大一些。重组文本是一件高创造力的工作，而以诵读为主要手段突破教学重难点更是创造中的创造，祝愿大家都在探索研究的过程中收获更纯粹激情的课堂。

6. 积累型群文课怎么上?

研讨者: 王　君　孙秋备　魏志强　纪丽娜　周忠玉　王俊芳　梁海燕

备课沙龙

王　君: 老师们,这个月我们工作室集体备课研讨的主题是"积累型文本的群文教学"。"积累"一旦加上了"群文"的背景,那真应该是"好风凭借力,送我上青云了"。"群文"之"群",意味着它们简直就是一个特色资源库。这资源库越大,实现课堂优质积累的可能性就越大。这个资源库资源的聚焦力、向心力越被破译、被呈现,实现课堂高端积累的可能性就越大。所以,这个话题极具挑战力,也很有诱惑力。去年我们做单篇"积累型文本"研讨的时候,更多地把这种课型作为"家常课"来对待。这一年,我一直在持续地思考这个问题。我觉得,去年我们还是缺乏一种自信力,我们可能低估了"积累"的作用。在潜意识里,我们还是把"积累"当作语文学习的基础层次。这样的定位,对于积累型文本来说,是比较狭隘和短视的。在我的教学理想中,有一个关于积累型文本的梦,那就是虽然只是以"积累"为主要手段,但依旧能够带领学生进入广阔的语文天地。所以,我们这一次的研讨,借助"群文"的东风,看看到底能够在积累型文本上玩出什么花样来。

咱们还是先复习一些关于积累型文本的基础知识。所谓"积累型文本",就是把一个文本当作一个比较纯粹的语言材料素材库来对待,在课堂教学中直接把积累语言材料作为第一层面的教学目标。积累型文本的教学,内容相对简约,目标相对纯粹,不把教学时间和教学精力耗在主题挖掘、语言品味、写作探索等我们习惯的能力培养上,而侧重着力于"积累"。这是一种家常味很浓的"返璞归真"的教学形式。

创造这样一种文本样式,是因为我们认识到:人们掌握一种语言从来都是由积累开始的。语言结构的根基乃是语料,它是维系语言能否发挥其功能的关键，词汇贫乏、语用错漏就很难不闹笑话。俗话说"巧妇难为无米之炊"，离开语料储备和积累也就离开了学习和运用语言的根本。语料储备应该包含语言词汇的积累和认知、语法的理性把握和认知、语用的理性把握和认知，等等。语言积累工作越扎实，学生理解和应用语言就越自如。这就是磨刀不误砍柴工的道理。积累型文本的课堂教学是一种回归语言文字学习最本源的教学。我们说目标下沉并不等于教学期待降低。相反，这种文本类型的教学依旧可以通过各种生动活泼的教学方式，让学生扎扎实实又情趣盎然地学习语言。

谈到积累，谈到课堂教学目标的下沉，谈到对学生积累习惯的培养，绕不开的大师级人物是余映潮老师，他老人家在这方面做得最扎实、最灵动。在他的课堂教学中，自始至终贯穿着"积累"的思想，在实践方面，他也有超越常人的探索。余老师总是能敏锐地发现文本的积累价值，并通过新颖而有趣的活动让学生的语言积累落到实处。余老师有几个方面的特点非常值得我们学习：

第一，巧设角度归类整合。积累角度体现着教师对文本语用特点的敏锐发现。余老师执教《大自然的语言》时，引导学生从常用词语、成语和四字短语、近义词、与气候有关的词语这四个角度梳理整合词语，可谓角度丰富，内容周全，同时教给了学生归类整合的积累方法。在《珍珠鸟》的教学中，余老师要求学生在相关语段里梳理整合带"动"字的词语，可谓是精妙至极，这组"闪动、惊动、活动、摇动、跳动、颤动、扭动"词群，使人感受到字词运用的分寸之美，语言锤炼的精度之美。可见巧妙的词语积累，不仅关注词语的语义特点、形式特点，更是关注词语的表达魅力。

第二，多样手法激活趣味。其方法之一是精巧组合，创设语境积累词语。教师把要积累的词语组合起来，写成与课文内容有关的语段，学生在认读理解字词的同时，又感受到词语的表达运用特点，促进学生语感的形成。方法之二是辨析积累。在《邹忌讽齐王纳谏》教学中，余老师设计了"模仿课后习题，运用词语辨析法编写练习"的活动，引导学生积累"一词多义"现象，学生很快发现"于、若、之、闻"不同的语境义。方法之三是研究汉字特点，设计趣味积累活动。在《邹忌讽齐王纳谏》中，余老师整合了一组近体字"讽、谏、谤、讥"，引导学生关注它们词义的共性，同时拓展积累"诽谤、诬蔑、造谣"这些带言字旁的字。还如余老师在执教《三峡》时，请学生积累偏旁含有三点水的词，即"沿、湍、瀑、漱、涧、沾"，可谓角度奇巧，趣味多多。

第三，"课文集美"扩展积累。余老师说"课文集美，是精心设计有序的语言品析与积累活动"，在执教《敬畏生命》时，他引导学生整合文本美点，积累一个文眼，一组雅词，一组对生命现象进行由衷赞叹的语句，一组表现强烈内心活动的语句，一种富有情感力度的"复说"方式，一组情感充沛的点题句，一个常用的"先略后详"的写段模式，一个意味深长的抒情段，一篇"课文集美"的材料，由词语层面的积累扩展为句段篇层面的积累，既积累了语料又关注了内容和表达特点。

复习了旧知识后，对于"积累"，大家还有什么新鲜的想法吗？请结合平时的教学自由说说。

周忠玉：教学中的积累，不一定在课堂。每天抄一句名言，背一首古诗，读一篇好文，每周整理一节语文课堂实录笔记，都是积累。所谓"聚沙成塔，集腋成裘"，就是将课外学习中的常态积累内化为语文素养，那么，质变早晚会实现。

魏志强：教材内的同类文本，可引导学生从不同角度进行归类整理，以实现文本资源最大限度的开发和利用。如在积累写景美句时，引导学生分别从景物内容、意境、写法等多方面进行归类积累，学生收获会更丰厚。

梁海燕：积累，还可以寻找外援，夯实课内文本的学习，使语文教学更有厚度和深度。面对"外援"文本，我们需要培养学生在课内外文本中"同中寻异，异中求同"的能力，在对比中积累素材，积累阅读方法，积淀语文素养。

王俊芳：面对积累型文本，我们需要"化静为动"的创新能力。"积累"不是对字、词、句、段、篇静止生硬地抄、读、背，而应该是在灵动丰富的教学活动中构建充满魅力的语言"场"，吸引学生在活动中积累语料、提升素养。

纪丽娜：积累是木之本，水之源。方法细分之，更有针对性。分类摘抄，蚕食式积累，积累精美的语言材料；不求甚解，鲸吞式积累，去繁就简，积累句式章法等表达规律；一意求之，牛咀式积累，窄式聚焦，积累不同美点。

孙秋备：总之，语料的积累决定着语文素养的发展，课内外结合能扩大积累的功效。课堂教学中的"积累"，需深挖文本的教学价值，落实知识建构；巧妙勾连整合，打通文本内外的语言信息；创设灵动的实践活动，在动态生成中达成积累目标。

王　君：谢谢大家的头脑风暴。今年我研究了一些积累型文本的群文教学课例，从中看到创意迭出、千姿百态的积累方法，它们无不喷涌着师生创造的激情，实在美不胜收，给人以巨大的启迪。我有一种直觉：利用群文资源实现高质量的积累，一般来说有三个层次：第一，知识打通型的整合积累；第二，能力打通型的高端积累；第三，情怀打通型的创新积累。

我们先看第一种，知识打通型的整合积累。魏志强老师在教八年级下册第三单元复习课第一课的时候，用的就是这样的积累方法。文言文教学实现群文的"知识打通"，是非常合宜的。大家先读读这个课例。

❤ 课 例 实 践

八年级下册第三单元复习课教学实录

执教：魏志强

师：同学们，今天我们一起复习第三单元。这一单元《桃花源记》《小石潭记》以及《关雎》和《蒹葭》都需要我们背诵、默写，所以我们首先复习一下诗文中一些容易写错的字词。

……

师：希望大家把以上方法运用到我们平常的学习中去。下面，我们一起来复习本单元的重点实词、虚词。请大家看屏幕。

【屏显】

缘溪行　　　　　缘木求鱼

落英缤纷　　　　含英咀华

欲穷其林　　　　穷兵黩武

罔不因势象形	因势利导
其两膝相比者	比翼双飞
珠可历历数也	历历在目
其船背稍夷	履险如夷

师：请大家根据左侧文字在课文中的意思，尝试解释右边成语的意思。

（生思考）

生："缘木求鱼"的意思是用不正确的方法去解决事情。

师：成语中的很多词语依旧保持着古义，大家在学习、记忆文言词义的时候，可以尝试着与包含这个词的成语相互关联、相互印证。这样的学习、复习会一举两得。

与实词相比，虚词对大家来说更是一个难点。老师找出了几个重要的虚词，我们一起来看。

【屏显】

欲穷其林	全石以为底	潭西南而望
以其境过清	以其境过清	乃记之而去
其人视端容寂	能以径寸之木	中峨冠而多髯者为东坡
其中往来种作	以钱覆其口	而计其长曾不盈寸
得其船	以我酌油知之	卷石底以出
其两膝相比者	卷石底以出	
其一犬坐于前		
其真无马邪		

师：我们先看第一组，请同学们分别解释每句中"其"的意思。

生：我觉得第一、二、三句中的"其"都是"这"或者"那"的意思。

生："其一犬坐于前"中的"其"是"其中"的意思。

师：我们来看下一组，请同学们说说各句中"以"的用法。

生："以其境过清"中的"以"是因为的意思。

生："卷石底以出"中的"以"，这个不知道。

师：这个"以"可以理解成一个连词，相当于"而"，表示一种修饰关系。

师：我们继续看下一组，考查的是"而"的用法。"而"一般充当连词，要了解它的用法主要分析"而"所连接的两部分之间的关系。请这一行的同学依次回答。

生："潭西南而望"中的"而"是表示修饰关系。

师："卷石底以出"，老师把这个句子放在这里，意在提示大家句子中的"以"相当于"而"的用法，前面我们已经提到。

大家看，老师在带领大家复习重点虚词的时候，采用了"建群"的方法。将本单元内的同一虚词做归纳、比较，在归纳、比较中加深记忆和理解。其实，文章中的很多内容，我们都可以通过"建群"来进行复习。请看屏幕。

【屏显】

芳草鲜美

阡陌交通

率妻子邑人来此绝境

无论魏晋

师：我把这些词语组成了一个群，大家能不能给这个群起一个名字？

生：古今异义群。

师：这里有一个词非常特别，大家看是哪一个？

生："无论"。其他词语拆开后分别解释，再连在一起，就是它们今天的意思。而"无论"不是这样。

师：你是一个很善于发现规律的学生。这种情况，主要是因为文言文以单音节词为主。有时候，两个单音节词放在一起"撞脸"今天的某一个词。而"无论"一词，是文言中很少有的文言复式虚词。

我们来看下一组。

【屏显】

从小丘西行百二十步

下见小潭

潭西南而望

斗折蛇行

其岸势犬牙差互

师：这一组词语有什么规律可循？
生：前三句表示方向的词语都要翻译成"向……"。
生：后面两句的"蛇""犬"都翻译成"像……"。
师：两者合在一起有什么共同点？
生：都是名词作状语。
师：非常好。我们给这个群取一个名字。
生（齐）：名词作状语群。
师：一起看一下老师建的最后一个群。
【屏显】
便得一山
船头坐三人
左手倚一衡木
尝贻余核舟一
又用篆章一
为人五；为窗八
为字共三十有四
吾十有五而志于学

师：给这个群起一个名字。
生（齐）：数字群。
师：通过这个群，你们发现古人在运用数字的时候有什么规律？
生：数字往往会放在名词的后面。
生：只有数词和名词，而没有量词。
师：这一点，与英语很相似。
生：文言文在表示几十个的时候，常常加上一个"有"。
师：用文言如何表示二十六？
生（齐）：二十有六。
师：正确。看，这就是群的功劳，在归纳和总结中，我们能轻松地学会知识。大家考虑一下，本单元你们还可以建一个怎样的群？

生：我还可以建一个"一词多义"群。

生：我想建一个"都"字群。

师：成员有哪些呢？

生：有皆、并、咸、悉、罔不。

生：我想建一个美景群，收录描写美景的句子。

师：这个群建得非常有意义。只要大家认真思考，还可以建出很多既有意思又有意义的群。希望在以后的单元复习中，大家充分运用"建群"思想。

王　君：接下来我们再看第二种，能力打通型的创新积累。我看孙秋备老师上《爱莲说》和《陋室铭》，就完全是群文教学的积累型文本的思路，设计得非常漂亮。

课 例 实 践

当梦得遇见茂叔
——《短文两篇》教学实录

执教：孙秋备

（一）导入新课，积累文体

师：这节课我们一起来学习《短文两篇》。请读两篇文章的题目，注意读出停顿。（生读）

师：应该在哪两个字前面停顿？

生："铭""说"。这两个字是文章的体裁。

师：一起来了解两种文体，请大家做笔记。

（屏显文体介绍）

（二）创编习题，积累词汇

师：齐读两文，注意读准字音，读出节奏。

（生齐读。师正音）

师：注意下面两个句子的朗读节奏。

（师范读）

【屏显】

无/丝竹/之乱耳，无/案牍/之劳形

予/独爱/莲之出淤泥/而不染，濯清涟/而不妖

（生齐读）

师：请大家结合注释疏通文意，看一看两文中哪些词语是同类词汇。

（生自主说译）

师：课后习题五给出的一组同类词汇是文言文中的一词多义现象。请大家先弄清楚前三句中"之"的用法，再找一找两文中其他含"之"的句子，补充在课本上。

（生续编习题，师生对话，辨析各句中"之"的不同用法。）

师：咱们还可以创编习题。比如词类活用或者两文中词义相近的词汇。同桌交流，然后写在课本上。

（生编写习题，师生对话，辨析两文中的词类活用和近义词汇。）

（三）变式说读，积累句式

师：如果刘禹锡和周敦颐穿越时空，相遇了。他们会在朋友圈里发一幅什么图片？配上什么文字？

生：周敦颐会发一朵莲花。配文：莲，花之君子者也。

生：也可以配上"予独爱莲之出淤泥而不染，濯清涟而不妖，中通外直，不蔓不枝，香远益清，亭亭净植，可远观而不可亵玩焉"。

生：刘禹锡会发一张破房子图片。配文：苔痕上阶绿，草色入帘青。

师：也可以配上这段长长的文字，大家读出来。

生（齐读）："斯是陋室……无案牍之劳形"。

师：如果梦得遇见茂叔，他们也许会换这种方式自夸：

【屏显】

刘禹锡：我的陋室有苔痕，有草色，有……，有……，有……

周敦颐：我独爱莲花，不染，不……，不……，不……，不……

生：我的陋室有苔痕，有草色，有鸿儒，有素琴，有金经。

生：我独爱莲花，不染，不妖，不蔓，不枝，不可亵玩。

师：如果你和同桌就是相遇的梦得和茂叔，请分别用文言和白话的方式交流。

（同桌互读互译）

师：当梦得遇见了茂叔，他们也许会用对方的语言模式来表达，比如梦得会说：予独爱陋室之……

生（齐读）：予独爱陋室之苔痕上阶绿，草色入帘青。谈笑有鸿儒，往来无白丁。可以调素琴，阅金经。无丝竹之乱耳，无案牍之劳形。

师：茂叔也不示弱，他会说：群芳鲜妍，予独爱莲……

生（齐读）：出淤泥而不染，濯清涟而不妖。中通外直，不蔓不枝。香远益清，亭亭净植。

师：同学们也试着用这两个句式说一句话。比如，斯是教室……

生：斯是教室，惟吾勤奋。

师：（走到窗台下同学面前）斯是角落……

生：惟吾专心。

师：（走到门口同学面前）斯是门口……

生：惟吾专注。

师：我们转换角色，用周敦颐的方式来说话："予独爱……"

生：予独爱书之故事曲折，文字优美。

师：看到教室外盛开的玉兰，我们会吟出："予独爱玉兰之……"

生：花朵硕大，洁白冰清。

（四）分层悟读，积累章法

师：咱们交替朗读两文。注意思考，为什么要这样轮替？

（师生配合读）

师：如果刘禹锡和周敦颐再发朋友圈，要发多张图片。你觉得会怎么发图怎么配文？

生：我觉得会发一张小花园的图片，花园里有很多花，然后再发一张莲花图。莲花大一些，其他花儿都虚化。

师：为什么呢？

生：突出莲花。

师：这是衬托，用群花衬托莲花。请批注。

生：如果刘禹锡发，他会发山水图片，再发一个房子。

师：文章开篇先写山水，再写到陋室，这既是比兴，又是类比。请批注。

生：我觉得周敦颐会发菊花、牡丹和莲花图。把菊花和牡丹放下边，莲花大一些放到最上边。配上文字：菊，花之隐逸者也；牡丹，花之富贵者也；莲，花之君子者也。

师：用菊花和牡丹来衬托莲花。

生：刘禹锡还会发诸葛亮的草庐和扬子云的屋子图片，然后上面叠加一幅自己的陋室图。配文"南阳诸葛庐，西蜀子云亭"。

师：这也是类比手法。

师：刚才我们交替朗读两文，你发现两文在结构层次上的相同之处了吗？

生：两文都可分为三层。

师：这三层的作用分别是：引出事物，描述事物，寄寓志意。这是托物言志类文章的一般写法。请标注在书上，写文章时也可以采用这种谋篇布局的方法。

（五）知人论世，积淀精神

师：请同学们浏览下面文字，深入认识这位有"诗豪"之称的文学家。

（屏显写作背景和刘禹锡的简介，配乐古筝曲《长河落日圆》）

师：读了这些文字，你觉得刘禹锡是周敦颐笔下那株亭亭的莲吗？

生（齐读）：是！

师：面对这样的刘禹锡，我们不由得想起："出淤泥……"

（生齐诵句子）

师：（在音乐声中简介周敦颐及其资助乡亲的史实）面对这样的周敦颐，我们也会想起刘禹锡那句"斯是……"

生（齐读）：斯是陋室，惟吾德馨。

师：通过这节课的学习，我们发现这两篇短文不仅有同类的词汇、精美的句式、同样的章法，还有相同的人格风范。刘禹锡和周敦颐所处时代不同经历不同，但他们都有豁达淡泊的处事态度、坚定执着的人生信念、兼济天下的生命追求；在污浊的官场中他们不逃避，不沉沦，不堕青云之志。他们是中国知识分子的筋骨和脊梁！让我们再次背诵两文，表达对他们的敬意。

（生齐背两文）

王　君：向很多优秀老师学习之后啊，我最大的感触就是，我们可以重新为"积累"定义。以前总觉得"积累"仅仅是语文学习的基础性工作，但大家的创造不断刷新着我对"积累"的认识。原来，"积累"本身就自带"造血"功能，"生长"功能。由优质的积累带动的训练，更无痕，更自然。秋备老师已经做得很漂亮了，当然，她的创造型积累还主要是立足于群文文本内，我们再来看看纪丽娜老师对《诗经》的积累教学，你会发现，"积累"的天地，真的是宽阔啊！

❤ **课例实践**

春木有情，《诗经》有爱
——《关雎》《蒹葭》教学实录

执教：纪丽娜

【课前准备】

1. 整合《关雎》《蒹葭》《子衿》，补充《木瓜》《野有蔓草》《采葛》《有女同车》《桃夭》《樛木》，布置学生背诵诗歌。

2. 走进春天，收集花草，制作"诗之书签"，送给"爱"人。

【课堂实录】

（一）生活激趣，引用破题式积累

师： 今天老师跟大家分享家中小儿的采春记。

【屏显】

家有小园

彼采艾兮，春之金华，如盛会兮。

彼采艾兮，春之绿园，如乐土兮。

彼采艾兮，春之青浆，如仙露兮。

（配图：和 13 个月大的儿子一起采摘艾草、制作青团的照片）

生： 老师仿用的是《采葛》。

师： 请你背一下这首诗歌。

（生背）

师： 生活本身就是诗歌。诗歌中的艾草，寄托了我们的情。

【屏显】

诗者，吟咏性情也。

生： 阳光、自然、艾草、春天、孩童，老师的小诗里充满了对万物的爱。

师： 爱是我们今天的主题。什么是"爱"？

【屏显】

破题：

爱的定义："从心无声。又亲也，恩也，惠也，怜也，宠也，好乐也，吝惜也，慕也，隐也。"——《康熙字典》

师： 今天，我们就在《诗经》的春木里，积累爱的诗篇，且行且吟，且悟且爱。

（二）吟咏入文，波浪渐进式积累

师： 首先，我们从朱熹对《诗经》的评价，把握诗的读法。

【屏显】

朱熹："凡诗之所谓风者，多出于里巷歌谣之作，所谓男女相与咏歌，各言其情者也。"

师： 上古诗歌多出于街头巷尾，吟之，诵之，歌之。我们用波浪符号画平仄，长短分明，强弱分明，高低分明。从第一首诗歌《关雎》开始歌唱吧。

【屏显】

原则：一二声平，三四声仄。平长仄短，平低仄高。

参差荇菜，左右流之。窈窕淑女，寤寐求之。
~ ~ ^ ^　^ ^ ~ ~　^ ~ ^ ^　^ ^ ~ ~

求之不得，寤寐思服。悠哉悠哉，辗转反侧。
~ ~ ^ ~　^ ^ ~ ~　^ ~ ^ ~　^ ^ ~ ^

（师示范吟读，生鼓掌试读）

师： 你的吟读处理有起伏，是怎么理解？

生： 求之不得，心里苦，慢而沉！

（生描绘相思中女子水中采荇）

师：《蒹葭》《子衿》也描绘了相思之情。"衣带渐宽终不悔，为伊消得人憔悴"，请给这份相思加一个定语。

生：《关雎》是幸福的相思。思之深，梦之切。

生：《蒹葭》是苦涩的相思。一往情深求之不得。

……

（生从两面讨论了"佳人入梦"是否是美梦；"思念成疾"是否要行动追求；"求而不得"是否视为痛苦。）

师： 荇菜随水漂浮，蒹葭随风清扬，水和风，最是不能握紧的。清悠的花，青涩的五味杂陈。我们固然渴求美好的结局，但谁又能断言君子饱尝相思之苦，对一个美梦的守护，不是一种美好的圆满呢？

【屏显】

子曰：《关雎》哀而不伤，乐而不淫。

"后妃之德也。乐得以淑女配君子。"

师：请带上你的定语，在《关雎》《蒹葭》《子衿》中选一首标上节奏，吟出这份相思。

（三）诵咏带文，滚雪球联带式积累

师：爱的风景各不同。与不得的相思相对立的爱是"得之幸也"的甜美。让我们用译文带诗，像滚雪球一样诵起来吧。

【屏显】

木瓜花儿有情谊，有情赠佳人。定情花儿请你懂啊，木瓜有情，桃李有义啊——

春草葳蕤有心，蔓草迎风清扬，请告诉邂逅的佳人，邂逅相遇，与子偕臧啊——

木槿花下车儿飞，佳人翩若惊鸿。朝开暮谢时光易逝，有美如此，德音永不忘啊——

桃花粉红鲜嫩，佳人娇羞幸福。美好祝福托这桃花赠与你啊，娇美新娘幸福和顺啊——

葛藟缠绕樛木，小伙迎娶佳人归。从此琴瑟和鸣，福禄相随，祝愿爱情最美好的样子——

（师读理解性译文，生合诵）

师：爱的种子发芽了，含苞了，绽放了。每一个阶段都清甜动人。木瓜清香，蔓草清扬，木槿清婉，桃夭清丽。花草有心，清清爽爽依时节次第开放。

（四）分享用文，会意迁移式积累

（播放《经典咏流传》金志文改编的《关雎》，屏显歌词）

师：请在小组内展示花草书签，用现代歌词改写书签引用的诗词，注意韵脚。小组推荐一位同学向"爱"人表达情意。

（生交流 10 分钟）

生：（展示书签 1）亲爱的朋友，请你停一停。为何你总如芦苇，在我眼前随风飘迎。学霸如你，学渣如我。我想逆流而上去觅你，奈何拼搏之路漫漫兮，而我愚笨无法触及。

生：（展示书签 2）亲爱的妈妈，藤蔓如你，松木如父。两相萦绕，福禄相依。

……

师：灵感来自诗歌，打油诗、RAP、现代诗、七言诗等多种形式，在读和背的基础上，会意改写，表情达意，迁移到友情、亲情、爱情，积累进入内化阶段，成就精彩的分享，让"爱"走进更广阔的天地。

（五）仿用出文，生活联动式积累

师：所谓积累先得"入"诗有法，才各有得。有"入"应有"出"，有"入"才有"出"。"出"诗学用，用于生活才是积累透脱的高级境界。从手法上比读所积累的诗歌，仿写记录生活。

【屏显】

《毛诗序》：诗者，志之所之也。在心为志，发言为诗。

（生分析了兴的铺垫和渲染作用，重章叠句音韵美、结构美、意境美、含蓄美。）

【屏显】

请以"潮实之春"为题，运用重章叠句的方法，写下春天的爱吧。

师：我们在春天里，沾染一春暖，走进爱的春天。同学们，今天你们的吟诵有情，你们的书签里汇集了爱。愿你们在春天里做一个浪漫的有心人。期待你们的作品！下课！

评 课 沙 龙

王　君：看了三个课例之后，请老师们谈一谈自己的发现和领悟吧。对于群文积累型文本的教学，这三个课例中有太多的"真金白银"了。

周忠玉：群文积累型文本教学既要遵循群文教学一般规律，又要把握积累型文本基本原则。三位老师精心整合，聚焦群文本共同点，积累灵活丰富。志强老师的复习课聚焦文言词汇，重在夯实基础。建群积累虚词，能激发兴趣，且让学生学以致用，扶放自如。秋备老师聚焦两文相似的精神气质，妙设情境，打通文本与生活，积累词汇、句式、章法等。丽娜老师聚焦《诗经》"爱"的主题，吟唱、改写、制书签等，积累重文化熏陶。

魏志强：读了孙秋备老师和纪丽娜老师的课例以后，我充分认识到积累的最终目的不是记忆，而是语言的建构和运用。学生通过归类、整合、积累，发现语言运用的特点与规律，逐步建构个体的语言经验。在这一过程中，创设语用环境显得尤为重要。孙老师巧妙设置了茂叔与梦得相遇的情景，纪老师要求学生制作"诗之书签"，送给"爱"人，这两项活动在激发学生兴趣的同时，更构建出积累和运用的桥梁，实现了由"学"到"用"的转化。

王俊芳：三位老师开展丰富的课堂活动，将知识与能力的积累"化静为动"，搭建起文本间的联系，整合了课内外资源。魏老师通过"建群"，在归类整合中实现了文言知识的积累，可谓扎实；孙老师在抄写、编题、悟读、比较中，不仅实现了词汇、句式、章法的积累，更自然无痕、润物无声地让学生感受了先贤的人格精神，可谓灵动；纪老师打通课内与课外，在吟咏、诵读和创写中，带着学生学用《诗经》，积累内化，入乎诗中又能出乎其外，可谓巧妙。

纪丽娜：孙秋备老师的群文比读式积累，我把它称为交替二重读。创意极巧，积累高效。交替读句式，积累在语言基础；交替读章法，积累在结构规律；交替读精神，积累在人文素养。古今交替，层次分明，环环相扣，引导学生扎实打地基，稳步盖高楼。学生读得活泼，读得酣畅，读得妙趣横生，读得气爽云清。整节课，就像两条游龙撕缠于古今天地，以为处在迷局，又顿悟而云开见日。好一个两仪生万象，好一个中国知识分子的筋骨和脊梁。

梁海燕：三位老师在处理积累型文本时都找准了同类信息：魏志强老师侧重知识的整合，用建群的方法对八年级下册第三单元的文言现象进行分类积累，学会举一反三，对学生来说是终身受益的；孙秋备老师注重句式章法的整合，打通了周敦颐和刘禹锡相通的精神血脉，在反复诵读中体会中国知识分子的相同气质；纪丽娜老师整合《诗经》中"爱"的篇章，从课内到课外，从吟诵到写作，在语言的反复积累中达成能力的提升、情怀的熏染。

孙秋备：群文视野下的积累型文本教学，群文的整合点既是积累的落点，也是课堂教学的焦点。这三节课在内容的选择和形式的设计方面为积累型群文教学提供了范例。就内容来看，三个课在知识、能力、情怀三个层次各有侧重；就教学形式来看，点式聚焦、层式渐进、网状辐射三种方式各具特色。志强老师聚焦"言"的夯实，带领学生取点式汇编同类词汇，积累文言语料，连点成线，织线成面；我的课从文体、词语、句式、章法等角度详略取舍，由"言"到"文"，由易到难，逐层积累；丽娜老师以"情""爱"为抓手，联结课内外《诗经》相关篇目建成阅读场，击节吟唱、情境联诵、会意迁移等活动各美其美又相辅相成，使学生在循环立体的训练中积淀文化浸润情怀。

研 讨 总 结

王　君：最后阶段我们来进行一个挑战。我发现大家更乐意进行文言文方面的群文探索。大概是因为相对而言，文言文篇幅比较短小，各种信息更集中，也就更容易提炼积累内容吧。现代文的群文教学，难度大些，但我们就是要在挑战中锻炼我们"站位更高视野更宽"的习惯。现在请大家再次做做头脑风暴，针对现代文的群文积累型文本教学，各自提出一个设想来。

周忠玉：八下梁衡的《壶口瀑布》和《新读本》中《我从黄土高原走过》两篇散文写的都是作者游览黄河壶口时的所见所闻所感，都细致描写了壶口瀑布磅礴雄壮的气势，歌颂黄河精神。因其意蕴外显，故将其整合在一起处理成积累型教学文本，意在积累词语、词组和句子，体会描写黄河气势词语的多样性和句法的丰富性，感悟黄河蕴含的深邃的历史文化和坚韧不拔的民族精神。预习作业：默读并积累生词。自选角度创意建群，摘抄并阐述理由。教学过程：1. 组织指导朗读，声音要洪亮，语速稍快，语调高昂。2. 交流两文共同点。3. 一起来建群。先自主展示，再集体建群。如"变化多端叠字群""黄河气势四字群""杂糅修辞群""文气群""黄河精神群"等。积累涉及叠词之美，成语之美，偏正结构的句式之美，排比、比喻、拟人的修辞之美等。散文的音美、形美、意美、文气美在建群、朗读、交流中积累丰厚，感悟通透。

魏志强：我想将《叶圣陶先生二三事》与《说和做——记闻一多先生言行片段》组成积累型群文。由本次展示的三个课例中得到启示，我认为可以从三个层次进行积累。第一层次，语言知识的积累，即引导学生积累经典词句。词，主要是文中的四字雅词；句，侧重于文中的名言警句。可积累两类名言警句，一是课文中所引用的《论语》名句，一是文中作者所说的有警示作用的语句。第二层次，能力打通型的积累。两篇文章都是通过数件典型事件表现人物品质的文章，并且这些典型事件都可以概括成两大方面。所以可以引导学生积累此类文章的写作方法。包括积累拟写此类文章题目的方法、过渡句的写法，以及选取典型事件体现人物形象的写法等。其过程可以仿效孙秋备老师的课例。第三层次，情怀打通型的积累。以第二层次积累的方法写作自己敬佩的人物片段，为以后写作积累素材。

王俊芳：我在教学统编版八年级下册第四单元时，根据单元教学目标和建议，将《最后一次讲演》《应有格物致知精神》《我一生中的重要抉择》三篇演讲稿组成群文，整合教学。这三篇演讲稿演讲的对象不同、时代不同，国家和背景都不同，但却具有演讲稿共同的特征——针对特定对象，达到特定目的，语言风格鲜明，佳词妙句频出。因此，我将教学目标确定为：理解演讲目的，积累名言警句；模拟演讲现场，积累演讲方法。首先，通过速读积累字词并梳理出各演讲稿的思路结构，明确三个演讲不同的对象和目的。然后，模拟现场，分小组选择三个演讲中的片段模拟演讲，诵读记背经典语句。并在此过程中异中求同，发现三篇演讲稿所体现的共性特征。接着，创设情境，以"（闻一多/丁肇中/王选）在华校的演讲"为题，运用从课文中积累的语句和方法，尝试向全班演讲，以此实现对所积累语料与方法的运用，带着学生在文本中走一个来回，在实践中实现能力的提升。

梁海燕：王君老师曾说过："教学要有厚度，有宽度，有深度，和课外文本进行'整合'是必由之路。"因此，我将《傅雷家书》两则和翻译家施蛰存的《纪念傅雷》、作家杨绛的《记傅雷：怀念远去的大师》进行整合。我是这样引导学生积累的：1. 书信中哪些语句引发了你的思考？画出词句并写一二句点评。为文本中的名言警句"点赞"并诵读，重点积累语言。2. 阅读书信和两篇补充文本，找出对傅雷的评价文字，为傅雷"点赞"，继而用句式回答：读_____语句，我觉得傅雷是一个_____的父亲/学者/中国人/朋友……在三个文本中寻找类似的词句互相印证，运用课外文本的语言信息强化课内的语料积累。3. 再读家书，勾画傅聪面对重要关口时傅雷对他进行爱国主义教育的语句，引导学生体会父子深情、家国大爱，再从施蛰存和杨绛的文本中积累傅雷家国情怀的文字，印证比照，在诵读中领悟傅雷对儿子、对国家的深情。这是情怀的积累。

孙秋备： 八年级上册的《消息二则》是新闻阅读，王荣生教授说："新闻阅读教学的主要方向应该是培养学生做一名合格的受众。" 基于对这一观点的认同，我把积累新闻的体式特点、语体特征作为教学重点，通过两则消息的整合教学，积累读懂新闻的技能。我设置了以下活动：1. 充当一回编辑。根据教材提供的学习支架和补充的新闻相关知识，结合两文的具体内容，以编辑的身份从新闻的要素、结构、特点等方面审核一下两则消息能否刊发、怎样删减。借助这样的活动，让学生在动态运用中积累新闻的体式特征。2. 做好一次播音。再读两则消息，如果以播音员的身份播报这两条新闻，应该注意读好哪些词句。这个活动目的在于引导学生发现并汇总文本中精准的副词和动词，把握新闻语言表述的准确性及导语和主体之间的层次感，进一步感知新闻特征。3. 积淀一种情怀。整合比较两则消息中反复出现的含"我"语句，在朗读比较中积累新闻的语体特点，体悟作者的情怀，获得能力与情怀的积累。

王　君： 谢谢老师们。集体研讨真是让人脑洞大开！魏志强老师说：积累的最终目的不是记忆，而是语言的建构和运用。这句话真是一语中的。我还想特别提醒大家，既然积累有很多层次，很多方法，那我们就需要根据学生的"语言体质"和"语言基础"选择相应的积累方法。从"基础积累"做到"高端积累"的过程就是一个逐层逐级培养创造性思维的过程。只要"积累"做出高度，我们设计其他文本类型的课，也会触类旁通一通百通。"文本的群"中天然藏着"知识的群""技能的群""思想的群""情怀的群"，就看我们能否有能力去发现万事万物之间的联系了。这就是群文教学的魅力。

7. 跳板型文本群文课怎么上？

研讨者：王　君　孙秋备　俞春霞　陈　荔　李雪兰
　　　　于修影　张　敏　史丽芬　石忠冕　陈净净

备课沙龙

王　君：老师们，欢迎大家来到我们的集体备课现场。大家被邀请，是因为你们前期的投稿，证明你们正在思考"跳板型文本群文教学"的问题。还是由我先做一个微报告，整体地介绍一下今天的研讨内容。跳板型文本，我最初的命名是"拓展型文本"。但随着思考的深入，我发现"拓展"两个字的含义还不足以承载这种文本的特点，也容易在操作上产生误解：让老师们认为传统教学中的"穿插"就是这种文本的处理方法。如此理解太狭隘了。跳板型文本的处理方式的最终旨归是"指向一本书，指向一类文"。在这种文本类型的课堂上，我们带领学生学习某一个文本或某一组文本，目标不仅仅是这个文本，或者这组文本。这些文本只是桥，或者只是一扇门。走上这座桥，推开这扇门，学生就会看到"天光云影共徘徊"，一个阅读的新天地就打开了。所以，我称这种文本的学习为"跳板型文本"。也就是说，我希望能开发出一系列的语文课。这些语文课，是"跳板课"。我们好好建设这个"跳板"，就是为了帮助学生"跳到"甚至"飞跃到"广袤的阅读世界中去。所以，这种文本类型是意义非凡的。或者说，在所有的文本类型中，这种类型，是最接近语文教学的本质的。

以前我们研究"跳板型文本"的上法，初步确定这种课型一般有三种类型。第一种：精读一篇，引出一本或一类。第二种：精读多篇，引出一本或一类。我们强调这种类型和群文教学有某些相似之处。第三种，整本书引读。我们还特别指出，对第三种课型而言，是"引读"而非"阅读"。跳板型文本侧重学生整本书阅读的"开启"研究，不是全息意义上的整本书阅读。经

121

过了一年的思考，我现在觉得，我们进行"整本书引读"也可以大胆一点儿。只要能够激发学生深度阅读一本书的热情，打开他们的智慧之门，那么，教师在引读的阶段，就是深入一点儿，"全息"一点儿，也是可以的。

我们今天研究的是跳板型文本和群文教学联姻的问题。其实，它们二者之间的"血缘关系"是天生的。因为整本书本身就是一个天然的"群"，"群书"更是一个天然的"群"。这个"群"，是"跳板"的弹跳力的保证。所以，当跳板型文本遇上群文教学，简直就是"金风玉露一相逢，便胜却人间无数"了。

但凡事都有两面。"群"意味着联结，意味着课堂教学的素材库异常丰富。但"多"，从来都不直接意味着"成功"。很多时候，就是因为"太多"，我们反而无从下手。跳板型文本的群文教学课的难点在于，要以"一群"而成"一课"，要以"一课"而"覆全本""覆多本"，在学生没有读整本书，或者还没有精读整本书之前，要实现以"一课"而自然辐射"全本"和"多本"的功能，要能窥一斑见全豹，要能"勾引"起学生精读全本多本，激发学生深入研究全本多本的欲望。设计这样的课，老师要有非常好的"全局意识"，要能够抽丝剥茧，让整本书的精华借助于"群文"，自然又深刻地投射于一课之中，其困难的程度，是相当大的。

从这一轮研讨开始，我们要尝试应用以前没有用过的研究方式——"思辨型研讨"，通过为一些待提高的课例诊疗，来达到提炼方法、提升智慧的目的。如果哪位老师的课例，被我用来当作"思辨教材"了，请千万挺住啊！青春语文一向提倡"要敢于死在公开课"中，那同样，也要"敢于死在公开研讨"中。

这一次，我要先"对不起"陈荔老师和李雪兰老师了。我想先请陈荔老师原汁原味地介绍一下她的课例《看童话故事，思人性之美》，也请李雪兰老师原汁原味地介绍一下她的课例《一个人能有什么蹦儿？——〈鲁滨逊漂流记〉〈骆驼祥子〉复习课》，这两个课例的问题非常典型，大家帮助她们诊疗一下。

课例实践一

看童话故事　思人性之美
——从单篇童话阅读到整本童话阅读的探索

执教：陈荔

教学主题：读出安徒生童话的人性之美。

教学步骤：第一步，从《皇帝的新装》看人们虚荣背后的自我深度迷失。第二步，从《丑小鸭》看少年成长过程中的艰难挣扎与磨合。第三步，整合分析，推断《安徒生童话全集》是一部阐述人性的著作，并推荐阅读安徒生的自传《我的一生》《我生命中的童话故事》。

第一步：《皇帝的新装》，人们虚荣背后的自我深度迷失

师：有位作家说，生活就是童话。他爱旅游，也很向往中国，却一生从未到过中国，他的作品《夜莺》的写作背景就在中国，大家猜这位作家是谁？

生：安徒生。我小的时候就是读着他的童话长大的。

师：今天我们学习安徒生的童话《皇帝的新装》。大家看过后，提出你们对这篇童话的疑问。

生：皇帝为什么宁愿相信大臣也不相信自己的眼睛？

生："任何不称职或愚蠢得不可救药的人都看不见这件衣服"这句话很具杀伤力。

师：对，终归是大家愿不愿意承认自己是不称职或是不可救药的人。那骗子成功的骗术是什么？

生：他抓住了人们虚荣的心理。大臣不敢说实话，皇帝害怕别人说自己是个愚蠢的人，民众人云亦云。

师：这么多人没有一个敢说真话？

生：有，一个孩子提出"可是他什么也没有穿啊"。

师：骗术为什么骗不了孩子？

生：因为孩子单纯、天真，实话实说。

生：大人有太多的顾虑，每个人都尽可能收起自己的缺点，尽可能去展示完美的自己。

师：对！所以无论是皇帝、大臣，还是民众，乃至我们都不可避免地要面对人性的弱点。但孩子的单纯和天真提醒了我们，应该看到人性朴素的真实。

第二步：《丑小鸭》，少年成长过程中的艰难挣扎与磨合

师：接下来我们聊一聊《丑小鸭》，先来看看，丑小鸭一出生就要面对什么？

生：面对各种异样的眼光，因为它很丑。

师：这些异样的眼光给丑小鸭的童年带来了什么？

生：排挤、讪笑、孤单。

师：如果你的童年是这样，你会如何改变？

生：想办法离开这个环境。

生：改变自己的外形，提升自己的内在。

师：丑小鸭是离开了，但在物竞天择的大自然里，是什么支撑着丑小鸭生存下去？

生：有一次丑小鸭看见一群美丽的天鹅，丑小鸭特别羡慕它们，希望自己能成为它们。

师：这是丑小鸭的信念吗？

生：算吧，故事的结局已经明确了。

师：信念就是支撑丑小鸭活下去的力量，你们面对苦难的时候会怎么做？

生：我会选择坚持，不向苦难屈服。

师：对啊，安徒生在《我生命的童话故事》里也是这样说的，童年的安徒生被一群少年嘲笑过、追打过，他也哭泣……像丑小鸭一样，他到外面寻找出路，在成长中怀揣着希望，在苦难中追求着梦想。

第三步：整合分析，拓展阅读

师：同学们，无论是《皇帝的新装》还是《丑小鸭》，在《安徒生童话

全集》里有许多童话值得我们仔细推敲，结合安徒生的自传《我的一生》，你们有没有发现，童话集里面的每一篇故事似乎都隐喻着一种人性？大家一起说说看。

生：我觉得《野天鹅》中的艾丽莎公主是一个人格独立、内心强大的人，也看到她面对流言和困惑时表现出的勇气与毅力、希望与信念。

生：《夜莺》里面我看到美不仅仅在外表，也在内心，要宽容，学会为别人考虑。

师：是的，纵观《安徒生童话全集》，几乎每一个故事都隐喻了人性，都阐述了他对生命的热爱、对生命本质的理解，这就是人性的美。我们还可以读安徒生的自传《我的一生》和《我生命中的童话故事》去感受安徒生对人性之美的赞誉。

❀ 课 例 实 践 二

"一个人能有什么蹦儿？"
——中考名著复习之《骆驼祥子》《鲁滨逊漂流记》课堂实录

执教：李雪兰

（板书课题：一个人能有什么蹦儿？）

师：谁能说说标题的意思？

生：一个人能有什么成就？"蹦儿"就是跃得多高的意思。

（齐读《骆驼祥子》的情节）

师：温习了情节，再走进祥子的内心，探究一下他到底是一个怎样的人，还特别要探究一下祥子这个人能有什么蹦儿呢？

【屏显】

他不吃烟，……事儿没个不成。

生：努力赚钱，品性很好，是三好男人。

【屏显】

他不能坐车，从哪方面看也不能坐车……决不服软！

生：倔强，很自信，很自律，很好强。

【屏显】

他觉得自己与他们并不能相提并论，……他只想着自己的钱与将来的成功。

生：要强，不安于卑微的生活。

【屏显】

他觉得自己是头顶着天，……独自一个是顶不住天的。

生：必须要有人跟他一起顶着那个天，跟他一起奋斗。去抗争这个社会，才有蹦儿。

【屏显】

自己的车，……吃饭都得顺脊梁骨下去！

生：祥子想拉车，虎妞想吃车分，两个人的思想不一样。

生：一点尊严都没有，低三下四，不敢光明正大，理直气壮。真窝囊！

【屏显】

老人评断着祥子的话："……一个人能有什么蹦儿？……谁也没法儿治它们！"

师：祥子能有什么蹦儿？

生：没有！

师：祥子根本就没有出路，原因何在呢？老舍主要批判社会，让好人没有出路，当然，他还隐含着对谁的批判？

生：祥子。

师：为什么？

生：他轻易堕落，自私。

师：老舍借老马的口，说出了自己想说的话。在这样的社会独自一个人不可能混好，不可能有蹦儿。一个人真的没有蹦儿吗？请看另一部名著——《鲁滨逊漂流记》。读完作者作品简介，看看鲁滨逊能有什么蹦儿。

生：有。

生：凭着坚韧的意志与不懈的努力，在荒岛上顽强地生存下来，经过28年2个月零19天后得以返回故乡。

师：他为什么有蹦儿呢？

【屏显】

为什么苍天要这样作践他造出的生灵，……以致使人找不出理由对这种生活产生感谢的心情？

生：刚到荒岛上的时候，他非常悲伤绝望，没吃的，没住的，没穿的。

师：是的。在这么绝望的逆境中，他怎么做？请读。

【屏显】

我这样做，……减轻一点心中的苦闷罢了。

生：乐观积极。

师：在不幸的时候看到幸运的地方，这就是逆商。你最大的逆境是什么？

生：没考好。

师：怎么办？

生：痛哭一下，再好好学习。

师：也可以学学鲁滨逊把好处和坏处写下来。

【屏显】

我虽然不说我感谢上帝把我送到这里来，……产生悔过之心。

生：懂得感恩，富有感激之心。

师：你平时经常心怀感激吗？

生：很少。

师：那你现在想想，有没有要感激的人？

生：感谢老师。

生：父母。他们送我到这么好的学校来学习。

生：感谢同桌。帮我解答难题。

师：中考在即，我们每个同学想有蹦儿，可从这两部名著中吸取哪些宝贵的经验和教训呢？

生：要乐观。

生：要有梦想。

生：不能半途而废。

生：感恩。

生：要善良诚实，勤奋刻苦，乐于助人。不能单打独斗，要跟大家一起奋斗。

师：非常好！老师相信——你一定会成为一个有蹦儿的人！

评 课 沙 龙

王　君：现在大家都是跳板型文本群文教学的医生。请大家畅所欲言吧。优点和不足都可以研讨的。

张　敏：两位老师在群文阅读教学中，能积极开展课例创新研究，特别是将教学目标指向学生核心素养的高阶提升，体现出教师的格局与情怀，值得我们借鉴学习。如果课堂能立足学科特质从"语用"出发，更利于学生达成目标。

石忠冕：陈老师课堂第一、二部分的整合点"人性之美"有待选点聚焦，没有语句的琢磨像是架空了文本，可以摘选语段深入研读分析。课堂设计形式偏向单一，教学难度没有体现出阶梯性；不利于学生多元思维的训练。

陈净净：跳板型文本教学是一种蓄势，"力、丰、美"显得尤为重要。雪兰老师聚焦心理活动解读人物的选点好，课堂形式上还可以设置一些小跳板串联课堂；陈荔老师的课如能结合文本谈人性会更有可感性。

史丽芬：跳板型文本要搭建一座桥，唤起阅读兴趣。所选话题要与学生的生活相关联，指导他们成长。陈老师所选话题太大，没有具体文本语言的分析，容易让学生望而生畏，反而与经典名著产生了距离感。

于修影：跳板型文本重在怎样"跳"，选择什么样的"板"。"跳"有安全线才不会乱，"板"要找相契合的材料才不至于繁。陈老师的课中选文之间用怎样的线串联需要推敲；李老师没有找到两本书中相契合的"板"。

俞春霞：要让文本为我们服务而不能被文本牵着走，这就需要我们有提炼、综合文本的能力，要读进去，亦能跳出来。陈老师的课堂主题过大，李老师授课的内容有点散。拳头不紧就不能使出力量，囿于文本生长力就不强。

孙秋备：当群文教学遇上跳板型文本，课堂教学需经营好两点：一是精选群文凝聚合力，二是选准"支点"建设"跳板"。陈老师的课堂"支点"不稳，前两个环节没有立足"人性""美"；李老师的教学整合力度不够，两本书的交集太少。

王　君：陈荔老师和雪兰老师都很有想法，但在这个阶段，她们都还缺少一种非常重要的意识。这种意识是什么呢？我请春霞老师展示她的《骆驼祥子》整本书阅读课例。这种课其实就是一种广义上的跳板型文本的群文阅读课。

课 例 实 践

祥子爱情抉择的背后
——《骆驼祥子》专题研讨课课堂实录

执教：俞春霞

（一）提纲挈领，走进专题

师：同学们，今天我们要走进一个旧时代小人物的生活，他是一位孤儿，他甚至连自己的生日是哪天也不知道。他叫——

生：祥子。

师：他是一位——

生：人力车夫。

师：他对生活的要求不高，只希望有一辆自己的车，读。

（生读）

【屏显】

自己的车，自己的生活，都在自己的手里

（二）分级挑战，走近人物

一级挑战：初识人物，厘清关系

师： 我们今天的小专题是"祥子爱情抉择的背后"，我们通过祥子的感情生活去回溯他不堪回首的过往，然后探究他身不由己的原因。

师： 第一步，热身，填表。

【屏显】

人物	年龄	家庭背景	容貌	外号	性格
虎妞					
小福子					
祥子					

（师生在交流碰撞中填表）

师： 从这个表格看，如果你是祥子你会选择谁？

生： 小福子。

师： 为什么？

生： 她性格好，又长得年轻。（众笑）

二级挑战：朗读传神，还原人物

【屏显】

她上身穿着件浅绿的绸子小夹袄，下面一条青洋绉肥腿的单裤。绿袄在电灯下闪出些柔软而微带凄惨的丝光，因为短小，还露出一点点白裤腰来，使绿色更加明显素净。下面的肥黑裤被小风吹得微动，像一些什么阴森的气儿，想要摆脱开那贼亮的灯光，而与黑夜联成一气。

（生读）

师： 最能传达情感的是哪些关键词？

生：凄惨、阴森。

师：这样的虎妞——

生：很诡异。

【屏显】

圆脸，眉眼长得很匀调，……同时也仿佛有点娇憨。

（生读）

师：表达了对小福子的什么情感啊？

生：祥子很可爱，他很喜欢小福子。

【屏显】

场景还原：

与虎妞的对话：

"我不愿意闲着！"他只说了这么一句，为是省得废话与吵嘴。

"受累的命吗！"她敲着撩着地说，"不爱闲着，作个买卖去。"

"我不会！赚不着钱！我会拉车，我爱拉车！"祥子头上的筋都跳起来。

"告诉你吧，就是不许你拉车！我就不许你混身臭汗，臭烘烘的上我的炕！你有你的主意，我有我的主意，看吧，看谁别扭过谁！你娶老婆，可是我花的钱，你没往外掏一个小钱。想想吧，咱俩是谁该听谁的？"

师：哪些关键词能发现祥子跟虎妞的关系？

生：从"省得废话与吵嘴"看出祥子都不想跟她废话。

师：你很会分析问题。

生：祥子头上的筋都跳起来。

师：虎妞就这么轻飘飘地一说，祥子的筋都跳起来。

师：虎妞非常——

生：霸道。

生：强势。

【屏显】

与小福子的对话：

"这几件衣裳，你留着穿吧！把铺盖存在这一会儿，我先去找好车厂子，再来取。"不敢看小福子,他低着头一气说完这些。她什么也没说,只答应了两声。祥子找好车厂,回来取铺盖,看见她的眼已哭肿。他不会说什么,可是设尽方法想出这么两句:"等着吧!等我混好了,我来!一定来!"

她点了点头,没说什么。

(生读)

生:"低着头一气说完这些"说明在小福子面前祥子愿意说。

生:从"她的眼已哭肿"说明小福子也很爱祥子,不愿意他离开。

生:从"祥子找好车厂,回来取铺盖"说明祥子很信任小福子。

生:"设尽方法"说明祥子很爱小福子。

三级挑战:追根溯源爱情抉择

师:那么祥子为什么那么讨厌虎妞却跟她结婚了,那么喜欢小福子却在虎妞死后没有留在小福子的身边?

生:虎妞用假怀孕来要挟祥子。

生:祥子有钱在虎妞爸爸那儿,靠近虎妞把钱拿过来。

师:最后钱呢?

生:被孙侦探诈走了。

生:他没别的地方可去,只能去人和车厂。

师:生活有一张大网罩着他,他只有一条路——通往虎妞的路。

师:虎妞已经死了,为什么他不留在小福子的身边?

生:被她爸爸搅和了,棒打鸳鸯。

【屏显】

祥子,经过这一场,在她的身上看出许多黑影来。……可是她这一家人都不会挣饭吃也千真万确。

师:祥子是哪个方面出了问题?

生:经济!

师:孩子们,爱情是需要经济基础的,不是有爱就可以。

（三）前后链接，由此及彼

师： 除此，他还在哪些方面丧失了权利？

【屏显】

车，车，车是自己的饭碗。……而空受那些辛苦与委屈。

病过去之后，他几乎变成了另一个人。……唇间叼着支烟卷。

和个老人，小孩，甚至于妇女，他也会去争竞。

孙子！我说你呢，骆驼！你他妈的看齐！

生： 丢了饭碗。

生： 丢了正气。

生： 丢了身体。

生： 丢了道德。

生： 丢了诚信。

生： 丢了尊严。

师： 我们再来看祥子最初的理想是什么，读——

【屏显】

自己的车，自己的生活，都在自己的手里

师： 祥子最终什么也没得到，是谁之过？

生： 黑暗的社会和当时的社会制度。

生： 他自甘堕落。

师： 他一个朋友都没有。

师： 有个词叫"反脆弱"，是说人在挫折和压力下具备的反弹能力，我们如何在祥子身上得到一些启示，来增强我们"反脆弱"的能力呢？

生： 要有一技之长。

生： 要与国家共命运。

生： 要有文化。

生： 要有朋友。

……

师：听听祥子的告白吧！

【屏显】

祥子的告白

谚草

我不叫骆驼

我有最吉祥的名号

如果有一线可能

谁想晃荡成一个没有灵魂的皮囊

白手起家　勤劳俭朴

怎么就连个车都捞不上

寻寻觅觅，跌跌撞撞

寻一个和车夫匹配的本分的乡下姑娘

怎么就是痴心妄想

空长个大个

一个女人就能编织一张网

冷不丁地

谁的线都能套牢我的臂膀

世道不公

我就是个真骆驼

一根稻草也能压得我东倒西晃

大字不识　父母双亡

何处寻求前行的力量

后来的诸君哦

莫笑我的潦倒和凄惶

珍惜好时光

拥抱自我

好好活他一场

评课沙龙

王　君： 请畅所欲言吧！优秀的课当中必然藏着优秀的秘诀。

陈　荔： 俞老师紧紧抓住"是谁把祥子推向灭亡"的主线，通联整本书的关键人物和情节，并引导学生解读分析，展开对书中人物关系的思考。整个教学设计聚焦清晰，立足明确。这正是我的课例中做得不够的地方。

李雪兰： 俞老师的课架构明晰，主线凸显。抓住一个小专题，深挖进去，聚焦得非常好。课末以诗歌小结，打通了名著与生活的关联。整课既很好地调动了学生的阅读兴趣，又非常注意"语用"的训练，这些都是我所欠缺的。

于修影： 春霞老师的课精心修饰却不留痕迹，让人产生迫切想读整本书的愿望。细思量，春霞老师抓住了"爱情"这一线索——两个女人和一个男人的情感关系；找到了契合点——"祥子的抉择"，最妙绝的是由此祥子及彼祥子。

张　敏： 以"专题研究"为切入点的名著导读，是阅读整本书的有效抓手。春霞老师的教学关照学情，独辟蹊径，立足文本咬文嚼字，带领学生从关键片段中提取信息，前后勾连，横向对比，激活了学生思维。

史丽芬： 春霞老师的课切入点是学生感兴趣的"爱情"话题，分析这个问题对学生感情观会有潜移默化的影响。整堂课紧紧围绕"爱情"展开，通过具体的语言分析，对比感知祥子的变化，令人警醒。

孙秋备： 俞老师的课堂支点坚实牢靠，以"爱情抉择"这个小话题打开了整本书的洞天。课中精心选取多个文段构建成"群"，群内比读，群间推进，探究人物关系，进而深入到小说的内核，为学生的深度阅读打开了一扇门。

石忠冕： 整堂课首尾呼应，教学思路清晰且在思维的训练上具有层级性，最后由祥子的爱情升华到祥子的人生，人物形象得到深度挖掘。俞老师很自然地将文本与学生生活联结，"反脆弱"的提出恰到好处。

陈净净： 春霞老师的课张力十足，首先选点精小，整合刻画人物的多个文段，比读探究人物精神世界；其次设置丰富的活动，小专题引读、插图介入、自写诗歌、多形式朗读；最后跳出文本，勾连人生，不断深入。

王　君： 我近期也上了《鲁滨逊漂流记》的整本书阅读课，文本特质是这样定位的：一是主题型文本，二是跳板型文本。因为大部分学生初读后对这本书的评价都不高，甚至有部分学生觉得跟《三体》《流浪地球》比较起来，这本书节奏太慢，冒险元素太少，毫无趣味。针对这样的阅读现状，我设计了两堂跳板型文本的"群文阅读课"来帮助学生感受经典的魅力，其中一节叫《向鲁滨逊学习阳光思维方式》。我的"阳光思维方式"的取点，其实就是一个跳板。请春霞老师帮忙介绍一下。

俞春霞：好的，感谢王老师给我这样的机会。以下是王君老师的课例概貌。

课 例 实 践

向鲁滨逊学习阳光思维方式
——《鲁滨逊漂流记》聊书课（之一）

执教：王君

（一）整体架构，聚焦"阳光思维"

1. 明确：整本书阅读"趣点探究式读书汇报"方法。
2. 确立本课趣点阅读：向鲁滨逊学习阳光思维方式。
3. 整体把握文本：鲁滨逊在 28 年的孤岛生存中面临的最大问题是对消极情绪严防死守。
4. 课堂架构：一个中心：围绕"阳光思维方式"；两个基本点：推介两种优质思维方式；三级趣挑战：朗读发现—联结思辨—学以致用。

（二）逐层推进，思辨"阳光思维"

1. 鲁滨逊的第一次情绪急救：进入荒岛
①初级挑战——进入文本：朗读发现。
朗读进入荒岛，鲁滨逊列出的"祸与害、福与利"的自救清单。

②中级挑战——走出文本：联结思辨。

联结：

改编自《跳楼》的卡通片；史铁生《病隙碎笔》里的文字；毕淑敏的《提醒幸福》。

思辨：

积极情绪的三个工具：把你的单反相机经常对准美好的事物；用苏格拉底的筛子经常筛一筛自己的生活；生命天平上"拥有"永远比"失去"有重量。

认知公平提醒幸福法：

抛弃追求完美的执念，公平地看待自己的所得与所失，不放大所失，不缩小所得，甚至，强化所得，淡化所失。

③高级挑战——回归生活：学以致用。

练习鲁滨逊的认知公平提醒幸福法：

面对"成绩下降、亲人去世、爸妈离婚、妈妈再孕、早恋单恋"……我们应该怎么做？

事实已定、强化所得、淡化所失，保持宁静喜悦热情。

结论：我的情绪我做主——认知公平提醒幸福法。

2. 鲁滨逊的第二次情绪急救：出现野人

①初级挑战——进入文本：朗读发现。

朗读：鲁滨逊发现岛上有野人出没的行迹后，心理发展的六个阶段的文字。

发现：鲁滨逊的情绪管理过程：恐惧沮丧、感恩接纳、思逃想打、反思自辨、理解原谅。

鲁滨逊在巨大的压力与绝境面前，真正做到了理性，获得了身体的安全和心灵的宁静。

结论：

认知升级豁然开朗法：走出自我中心，摆脱文化偏见，重视第三选择，思想行动理性。

遭遇变故，我们的正确做法：事实已定、改变对事实的看法、保持宁静喜悦热情。

②中级挑战——走出文本：联结思辨。

联结：

清澜学子陈昕悦两次参加音乐大赛的成败经历播报

思辨：鲁滨逊的阳光思维方式，三个层次：认知公平提醒幸福法、认知升级豁然开朗法、待发现的超强思辨力。

③高级挑战——回归生活：学以致用。

介绍相关书籍：

《我的情绪为何总被他人左右》《第3选择》《正念的力量》《思辨与立场》《活出生命的意义》。

（三）意义总结——汲取"阳光思维"

流浪与穿越，激情与壮志，需要更多的理性智慧和力量，这是《鲁滨逊漂流记》成为经典的原因之所在。

评 课 沙 龙

王　君：我想特别问问陈荔老师和雪兰老师，看了我的课，你们有进一步的思考吗？

陈　荔：王老师的课以鲁滨逊为原点，聚焦人物心理活动，对情节抽丝剥茧，强化学生思考、辨析能力，实现思辨与读写共生，教会学生在阅读中学会做人。我的课堂中群文"跳板"需要加强。

李雪兰：王老师的课条理清晰，目标明确，有效指导学生由浅入深地思考，激发学生探究的兴趣。联结多种文本，注重思辨能力培养，巧妙地与生活勾连，学以致用。我的课缺少联结和思辨。

于修影：王老师以"阳光思维"为跳板，课堂容量大而有序。始终抓住"阳光思维"这根线，一会跳到整本书里，一会跳到现实生活中，一会又跳到其他学科，自然地穿梭于语文、生活与其他学科领域，游刃有余。

张　敏：王君老师的课从来就是引领创新，践行青春语文的终极目标——打通语文与生活。这一课以《鲁滨逊漂流记》为蓝本进行拓展，以"阳光思维方式"为"跳板"，贯通中西，旁征博引，具备国际大格局。

史丽芬：王君老师的课聚焦"阳光思维"，以解决学生生活面临的困境为目的，立足原文本语段，拓展相关资料，图文视频形成合力，锻炼了学生的思维能力，也激起学生对本书以及拓展阅读的兴趣。

俞春霞：王老师的课"形散而神不散"，有了中心的确立，文本与多个材料自然联结，跳进跳出。学生的思辨力和审美力提升了，内心的抗挫力也得到了增强。这是当下最受学生欢迎的语文课型，因为它关注成长，关注生命。

孙秋备：阳光思维方式是鲁滨逊这一形象的典型特征，也是打动一代代读者的精神力量。选取这个支点来建构课堂，能自然地覆盖全书精华。课中引入大量资料与多个文本片段构成"群"，产生强大的聚合力，"诱"导学生进一步精读、深读。

石忠冕：王老师的课堂打通了名著、心理学、时事、学生的生活。课中提到的"情绪救急""情绪 ABC"及相关书籍，都是在打通。这种打通不只帮学生跳跃到广袤的阅读世界，还经由文本这个桥梁让学生更好地认识自我、认识世界。

陈净净：王老师的课视野宽阔，选取鲁滨逊入荒岛、遇野人等多个文本片段，用心理学的情绪救急为跳板，层层深入，以此解读鲁滨逊的阳光思维，并用大量励志素材丰富学生的认知，既具思辨性与审美性，又打通教法和活法。

王　君：如果我们现在来改造陈荔老师的课和雪兰老师的课，大家想想，可以从哪些方面去努力？

陈　荔：设计"跳板型"群文教学，要立足多篇，着眼一类，选好聚焦点，抓住"跳板"，立足"垫脚"。我的课可以把聚焦点落在"遵循内心的选择"，以《皇帝的新装》《丑小鸭》的阅读为基点，精选并研读"群"文段，自然地"跳"到《安徒生童话集》《我的一生》《我生命中的童话故事》整本书的阅读，这样就能很好地开掘对同类文本的研读力度，更好地训练学生的思维。

李雪兰：我的课首先要搭好课堂构架，学用三级挑战的方式，循序渐进地引导学生深化认知；其次找准文本的联结点，打通文本间的壁垒；最后要变单线结构为网状结构，从"语用"出发，咬文嚼字，找到具有"生发性"和"整合性"的问题，以"解决问题"来引导和推动整本书的理解和思辨。激发学生的兴趣，减轻学生的畏难情绪，唤起学生的情感共鸣，从而达到"带领学生从一棵树走向整片森林"的目的。

于修影：陈荔老师的课可以"骗"为线索，《皇帝的新装》中谁是"骗子"，《丑小鸭》中有"骗子"吗？继而探究"小孩"和"小鸭"的共同点，那么人性的真善美、假恶丑就不言而喻了。雪兰老师的课只要找到名著之间相契合的点，就会眉清目秀，在多部书之间自由穿梭了。比如，鲁滨逊和祥子面对逆境相同或不同的心理，还可联结保尔、简·爱等形象，让学生体悟并汲取名著精华。

张　敏： 建议陈荔老师先有效整合两篇童话的"同类信息"作为群文教学的切入点，带领学生在文本品读中自然生发感悟，再以此为"跳板"，引领学生开启一类文或整本书的阅读；建议雪兰老师的课在聚焦人物形象对比时，能指导学生紧贴文本，从语言构建的角度层层推进，来激活学生的思维，引发他们的深度思考与自我反思，可能目标达成效果更好。

史丽芬： 陈老师的课可以聚焦"坚守本真"这个话题，无论是小孩子面对虚伪的大人们，还是丑小鸭面对异样的眼光，他们都坚守纯真和对美好的追求。然后筛选相关的文本语言让学生分析，既可以加深对主题的理解，也可以指导他们的生活。李老师的课可以着眼"蹦高儿"，祥子和鲁滨逊都在努力蹦高儿，把他们在哪些方面蹦高儿、结果如何、为什么会造成这样的结果以及对学生的启发等问题层层推进，引导学生深入思考。

俞春霞： 陈老师可以从"突破才能更好地前行"这个点去挖掘，突破他人的眼光，突破自身的局限等，再联结《海的女儿》突破自私狭隘的爱恋、《夜莺》突破以貌取人的陈念等，引领学生在自我成长的道路上不断去突破。李老师的主题可以变成"一个人的抗争"，比读两个主人公，一是社会中的"一个人"，一是自然中的"一个人"，成败的根源在于：一个消极颓丧，一个积极阳光。引导学生：重要的不是处境，而是我们的思维。

石忠冕： 陈老师的课可以聚焦"迷失"一词。皇帝和大臣迷失了自我而出丑，丑小鸭在一众的恶评中没有迷失坚持寻找自我，最终成为白天鹅。在此立意下从文本中找出相关语句进行精读细析。李老师的课可以就"有没有蹦儿"这个点进行纵深挖掘，具体分析他们的"蹦儿"是什么，为什么祥子没有而鲁滨逊有，一个人怎样才能有"蹦儿"，课堂设计会更有阶梯性。

陈净净： 雪兰老师的课可多设立一些支架，使聚焦心理的品读活动更丰富。例如《骆》，既可如雪兰老师的纵向梳理，也可设置如"祥子与其他车夫""祥子与老马小马"这样的横向梳理；《鲁》整合"荒岛狼群、疟疾、野人"等篇章句群,让学生比较发现鲁滨逊的阳光思维。最后一部分可以讨论一个人"孤独、落魄"时的心理疗伤法,使两篇融合度更高些,借以跳跃到自己的生活或者其他名著的阅读。

孙秋备:跳板型文本群文教学既要选准切入点,搭建文本之间、文本与整本书之间的通道,也要组建好阅读群,通过对群文的关联阅读、分析比较展露整本书的精华。陈老师的课堂聚焦点可以再小一点,挖掘两文相通的精神内核,选取具体的文段,引导学生贴着语言文字走进安徒生童话。李老师的课需要重新构建阅读"群",引发对照阅读,帮助学生同中辨异、异中求同,发现并探究人物内在精神的差别,从中汲取精神成长的营养。

研 讨 总 结

王 君:下面我们做个练习。请大家根据今日所学,对自己参与本次研讨投稿的跳板型文本群文教学的课例进行再修改再提升。

于修影:如果再教《富贵不能淫》一文,我会以"大丈夫"为线索,探究公孙衍、张仪"大丈夫"的内涵,再以孟子思想的"仁""礼""义"为"板",整合《孟子见梁惠王》《得道多助,失道寡助》《鱼我所欲也》三篇文章,明确什么样的人才是"有作为、有志向、有气节"的人,然后跳到《孟子》整本书中梳理出孟子的"大丈夫"的真正内涵。再勾连现实生活及时代背景让学生思考孟子的"大丈夫"的观点是否全面。

张 敏:指导学生学完《庄子与惠子游于濠梁之上》后,我把《惠子相梁》《庄子送葬》二则小故事与之整合,以"何妨知己且对手"为主题进行群文教学。分五个层级建立"跳板":读懂故事,找相同;读出语气,比性情;读赏细节,辨关系;读后感悟,话友情;老师赠言,送祝福。通过群文阅读探究,组织学生辩论"真正的友情,既是知己也是对手"的主题,引导学生建立正确的交友观,并向学生推荐《庄子》一书的整本书阅读。

史丽芬:我的课例聚焦《三体》和《海底两万里》主人公处理愤怒情绪的办法,通过语言分析解读他们相似的经历和报复性选择的后果,对比书中汪淼和阿罗纳克斯正面处理情绪的方法,明确阳光思维的重要性。最后引入简·爱、斯嘉丽、冉·阿让等名著人物的选择,引导学生学会放下和宽恕,积极面对生活中的负面情绪，也激发学生对同类名著的阅读兴趣。课例还可以设计贴近实际生活的情境引起学生思考，提高名著阅读对学生的指导引领作用。

石忠冕：我将课本上的《静女》与课外的《子衿》《淇奥》就"爱情"展开群文教学。我找到三首诗的藕断丝连处，依次分析了恋爱中的女子、没有被约会的女子、女子喜欢的男子和恋爱中的男子形象，思路顺着一条轨道不断跳跃。这个思路也局限了这堂课——没有一个明确的支点。可以将选点缩小，比如对女生讲"选择什么样的男生"，也就是对男生讲"如何做有魅力的男生"。可以扩大阅读范围，再选择二三首爱情诗，激发学生读出诗歌的兴味。

孙秋备：我的课例《最中国的吟唱》试图通过《关雎》《蒹葭》《子衿》的整合教学，探究《诗经》情感抒发和语言表达的特征，进而激发学生的阅读兴趣，铺展学生品读《诗经》的路径。我用三个环节建设"跳板"：朗读诗歌，异中求同探形式；品读诗句，咀嚼字词悟情感；多重比读，分析思辨知风格。现在再看这个课，各环节相对零散，聚焦度不够。可以"重章叠唱"为抓手，整合诗中语句，在朗读、关联、比较中凸显《诗经》爱情诗的魅力。

陈净净：我以《渔家傲·天接云涛连晓雾》为跳板，通过探读景、事、人初知豪情，细读人物活动感知豪气，然后纵向跳到李清照群诗《如梦令》《醉花阴》《一剪梅》《武陵春》，品悟李清照豪情的修炼历程。接着用意象心理推读法横向阅读其南渡之后的作品，如《添字采桑子》《永遇乐·落日镕金》等诗词，让学生充分认识一个由明丽活泼到思念忧愁、寂寞孤独到最后高洁自处的奇女子。

王　君：谢谢大家！这样的思维碰撞真是让人脑洞大开，精彩纷呈！群文教学不是简单地把很多相关文本放在一起，一篇讲完了，再讲另一篇。高层次的群文教学，其美"在骨不在皮"。如果不能窥见篇与篇之间内在的、深层次的呼应和牵连，就不能提炼出有足够的精神含量的材质，搭建出有足够弹跳力的跳板。一个老师，思维没有整合力穿透力，是不可能设计出好的跳板型文本的群文教学课的。今天的研讨很有意义。以后希望更多的老师的课能够成为我们的"靶子课"。我们的心胸逐渐开阔了，装得下山川日月了，万物之间的联系才可能出现在我们面前。这是一个长期修炼的过程。

8. 群文教学需要变"被文本指挥"为"指挥文本"

研讨者：王　君　周忠玉　陈海亮　罗云斌　孙秋备

杨晶晶　熊　幸　胡金辉　陆　艳

备课沙龙

王　君：老师们，时间真快，一晃，我们的"群文教学视野下的文本特质与课型创新研讨"已经到 9 月了。七种文本特质的群文教学的基础样貌，我们已经给大家描绘出来了。先复习一下，是哪七种呢？

胡金辉：有语用型、主题型、写作型、思辨型、诵读型、积累型及跳板型文本群文教学。

王　君：分门别类的研讨方式，是一种打地基的方式，其好处是渗透一种教学追求的基础理念，展现整体概貌，教会大家使用相关的基础工具。但仅仅停留在这一步是不够的。因为一旦到了教学现场，我们就将面对学生丰富多彩的需求，更将面对复杂多维的各类文本。底层理念的支架一旦取开，很容易就产生教学的迷茫感和眩晕感。从了解基础知识到能够灵活应用，我们还有很长的路要走。从今天开始，我们继续用上一期用过的"思辨型研讨"的方式，聚焦问题课例，借助对这些课例的诊疗升级，来进一步帮助大家真正理解并且创造性地应用我们这一套理论。

今天进入我们的教研诊疗室的有两个课例，一个是陈海亮老师的《〈小石潭记〉〈湖心亭看雪〉对比阅读教学设计》，一个是周忠玉老师的《只有香如故——苏东坡、陆放翁群词课》。我先对这两位老师表达感谢。让自己的课作为"研讨教材"，是需要勇气的。我们用他们的课作为素材来进行辩课，不是说他们的课不好，恰恰是因为他们的课"很好"。我们工作室要转变一种意识，"没有毛病"不算好，"能够激发探索研究的热潮"才是真的好。

我们先从海亮老师的课谈起。海亮是个很有追求很有思想的老师，而且他的教学风格朴素简约，大巧若拙，很有大家风范。如果再往前走一小步，是未来很值得期待的一位"追光教师"。我借用了《中国教师报》"好老师"专栏的一个词语"追光教师"，专门用来形容那种能够在自己的课堂中充分展示自己教学个性的老师。海亮和忠玉都是这样的老师。海亮的这堂课，属于典型的群文教学，其优点和不足都是很明显的。大家如果能够帮助他厘清，对他未来的发展很有好处。请海亮原生态地展示一下自己的课堂设计。

教 学 设 计

《小石潭记》《湖心亭看雪》
对比阅读教学设计

文/陈海亮

【教学准备】

1. 课前请学生诵读课文，借助书下注解及工具书积累常见的文言词汇。
2. 教师分发柳宗元、张岱生平资料。

【教学目标】

1. 通过诵读，理解两文的主要内容。
2. 推敲、揣摩两文景物描写的妙处。
3. 通过"无""独"，感悟作者的孤独心境。

【教学过程】

（一）奇特的小潭/独特的张岱

1. 这是一个奇特的小潭，奇特在哪些方面？

明确：①小潭位置奇特，"从小丘西行百二十步，隔篁竹，闻水声，如鸣佩环"。②小潭构造奇特，"全石以为底，近岸，卷石底以出，为坻，为屿，为嵁，为岩"。③小潭周边环境奇特，"青树翠蔓，蒙络摇缀，参差披拂""四面竹树环合，寂寥无人，凄神寒骨，悄怆幽邃"。④潭水奇特，"潭中鱼可百许头，皆若空游无所依。日光下彻，影布石上，佁然不动；俶尔远逝，往来翕忽。似与游者相乐"。⑤小潭形态奇特，"潭西南而望，斗折蛇行，明灭可见。其岸势犬牙差互，不可知其源"。

2. 这是一个独特的张岱，独特在哪些方面？

明确："大雪三日，湖中人鸟声俱绝"，看出张岱善于等待时机，喜欢独特的安静；"是日更定矣，余拏一小舟""独往湖心亭看雪"可以看出，张岱不合群，是个会享受孤独的人；"拥毳衣炉火"可以看出张岱体弱怕寒冷。同时张岱也是一个痴迷于雪景之人，在他笔下雪景有独特的韵味。

【设计说明】著名特级教师于漪曾打过这样的比喻："在课堂教学中，培养激发学生学习的兴趣，一开课就把学生牢牢地吸引住。课的开始好比提琴家上弦，歌唱家定调，第一个音准了，就为演奏或歌唱奠定了基础。上课也是如此，第一锤就应敲在学生的心灵上，像磁铁一样把学生牢牢吸引住。"这一环节从"特别"角度入手，抓手新奇，利用张力激起学生的阅读期待，让学生不知不觉进入文本。

（二）独特的景物描写

【屏显】

①潭中鱼可百许头，皆若空游无所依。日光下彻，影布石上，佁然不动；俶尔远逝，往来翕忽。似与游者相乐。

②雾凇沆砀，天与云与山与水，上下一白。湖上影子，惟长堤一痕、湖心亭一点、与余舟一芥，舟中人两三粒而已。

1. 两段文字写了哪些景？就景物描写的方法和作者表达的情思做简要的分析。

明确：①段写了小石潭中的鱼、影、日光。柳宗元写潭水，处处写水又处处不见水，水不仅清澈透明而且有生机有活力。"潭中鱼可百许头，皆若空

145

游无所依，日光下彻，影布石上，佁然不动"采用侧面衬托，明着写鱼，暗着写水，更重要的是潭水融入了作者的心境，"似与游者相乐"，其实是作者愉悦放松心态的直接投射。

②段写了西湖上的影子和白茫茫的天空。张岱写雪景，写山而非山，写水而非水，天云山水融为一体，重点突出"湖上的影子"。"一痕""一点""一芥""两三粒"的组合，黑白分明，犹如水墨山水画，将天宇浩荡的阔大境界，与个人渺小的孤独背影，甚至万籁无声的寂静气氛，全都传达了出来，令人拍案叫绝。作者善用对比手法：大与小，黑与白，冷与热，有力抒发了人生渺茫的深沉感叹。

2. 链接：

吴均《与朱元思书》：水皆缥碧，千丈见底。游鱼细石，直视无碍。

郦道元《三峡》：春冬之时，则素湍绿潭，回清倒影。

【设计说明】这是本课设计的重点环节，可以从情、意、构思等角度点拨，使学生认识到要从多个角度深入研读写景段。这两段多用短句，凝练灵动，意境高远，很有风骨；从写作技巧看，动静相称，对比鲜明。字里行间透露着强烈的感情色彩，只有细致咀嚼、玩味，才能入境。

（三）一段孤独的路程

【屏显】

坐潭上，四面竹树环合，寂寥无人，凄神寒骨，悄怆幽邃。以其境过清，不可久居，乃记之而去。

是日更定矣，余拏一小舟，拥毳衣炉火，独往湖心亭看雪。

柳宗元、张岱都是有人陪同出行，为何柳宗元认为"寂寥无人"，张岱是"独往湖心亭看雪"？请结合所给背景探究两人的内心情思。

【屏显】

贞元九年（793 年）21 岁的柳宗元进士及第。

贞元十四年（798 年）柳宗元 26 岁，登博学鸿词科，授集贤殿正字。

贞元十九年（803 年）柳宗元 31 岁，官任监察御史里行。

贞元二十一年（805 年）柳宗元 33 岁，参与王叔文集团的政治革新，迁礼部员外郎。

同年，改革失败，柳宗元被贬为永州司马，成为编外"闲员"。

不久，朝廷申明，即使大赦天下，柳宗元等贬官也不在考虑范围之内，柳宗元成为永不得翻身的政治罪人。

半年后，同去永州的八旬老母病故，柳宗元深受打击。

元和四年（809 年）住处数遭火灾，身体状况急遽恶化，柳宗元开始与山水为伍，创作了大量的山水游记……

【屏显】

少为纨绔子弟，极爱繁华，好精舍，好美婢，好娈童，好鲜衣，好美食，好骏马，好华灯，好烟火，好梨园，好鼓吹，好古董，好花鸟，兼以茶淫橘虐，书蠹诗魔，劳碌半生，皆成梦幻。年至五十，国破家亡，避迹山居。所存者，破床碎几折鼎病琴与残书数帙缺砚一方而已。——张岱《自为墓志铭》

明确：柳宗元被贬到荒僻的永州，人生理想破灭，一系列家庭变故雪上加霜。他的内心有一种无人理解的孤独，我们可以这样揣测："吴武陵、龚古，你们怎么知道我内心的寂寥呀！我的兄弟，你也不能解我心头之忧呀。崔氏二兄弟，你们太年轻，更是无法了解我心头的孤独与苦闷啊！"

张岱"劳碌半生，皆成梦幻。年至五十，国破家亡，避迹山居"，明着看雪，暗着舔舐着故国的情思，舟子自然不懂他的心，以为是位痴迷于雪景之人，亭上的两人也只是"痴景"之人，与张岱心意不通，所以张岱"强饮三大白而别"。

【屏显】

狂欢是一群人的孤单，孤单是一个人的狂欢。——阿桑《叶子》

当你静下来，处于孤独的状态，内心的语言就会浮现。你不是在跟别人沟通，而是与自己沟通。——蒋勋《孤独六讲》

总结：《小石潭记》是"心"和"潭"的故事，这是孤独的"心"和荒僻的"潭"相遇，成就了一篇千古美文；《湖心亭看雪》表面上看的是雪，其实看的是寂寞，是孤独，是对故国的情思。所以对于写景散文，我们要两只眼睛看"世界"，既要欣赏语言之特色，也要领悟情感之深沉。

评 课 沙 龙

王　君：我先不提示，请大家畅所欲言吧。

周忠玉：海亮老师对文本持有敏锐的感知，以"孤独"为议题，将两篇文章整合、比较，文本解读细腻深刻。但从群文教学角度来思考，主问题设计要以整合为思想基础，对所选文章共同发问。且求同存异的思维方式是整合课必要的路径和手段。两篇文章，除了共同表现作者的孤独，还有哪些不同？写景内容、表现手法、诗人境遇不同的背后，又指向什么相同？为了学生的精神成长，我们是否还要引导学生跳出孤独？

罗云斌：海亮老师的课堂三步骤设计巧妙，精练。在两文的比读中，文本与文本给人感觉仍是相对独立的，群文教学的融合性体现不足。如开课时，景奇特与人独特的比较略显生硬，有为对比而对比之嫌；再有第三部分"一段孤独之旅"，很有创意。但在整合探究两人心绪时，可以再稍稍深入一步，异中求同，同中求异，让学生运用比较思维更精准地贴近两个孤独之人的怀抱。

孙秋备：把《小石潭记》和《湖心亭看雪》进行整合教学，可见海亮老师发现了两文相同的语用价值或精神价值。但是在各个教学环节中，两文均以并列的方式呈现，缺少融通和互动。独特的小石潭和独特的张岱有何关联？两文景物描写的方法和作用有何异同？柳宗元的孤独和张岱的孤独境界与内涵是否一样？这些内容从教学设计中看不出来。群文教学中多个文本应该互相支撑、印证、补充或对照，形成"群"力达成教学目标。

杨晶晶：群文阅读是以议题学习、建构为任务驱动的阅读。海亮老师的设计以"独特"为议题飘忽了些，从设计的亮点看，以"体味孤独"为议题较合适。那么第一部分只是激趣和熟悉文本，是否低效且游离议题之外？品析景物描写作为重点环节是否脱离议题？第三部分是精妙的文本交互阅读过程，是实现议题解决和意义建设的直接性探索。群文阅读切忌零敲碎打，没有明确议题"指挥"的课堂会呈现盲目、烦琐状态。

熊　幸：海亮老师抓住了两位作者的独特外在行为和孤独的精神内核这两个共同点，而且同中求异，关注他们之间的差别，这样的对比探究会让学生的理解更深入。环节设计方面，还要斟酌一下对比点的精准度和层次性，比如第一环节设计意图是激趣，所以抓住了两篇文章的"奇"来引入，可一个是"小潭"，一个是"张岱"，物与人很难融合在一起，单篇文章可以这样设计，对比阅读还得关注二者的关联。

胡金辉：海亮老师从景物描写的妙处及作者的孤独心境两个层次来进行整合，抓住了两篇文章最值得研究的地方。其中"独特的景物描写"这一环节立足于文本的语用价值，研究写景的方法及其作用，"一段孤独的旅程"这一环节着眼于文本的精神价值，探讨作者的情思。若引导学生品读写景的段落，理解他们"与天地精神独往来"的孤独状态，打通学生与自然对话的通道，就更好了。

陆　艳：主题型文本的群文阅读要着力于文本的"高端融合"，要贴近学生的心灵，贴近时代的热潮。首先，这节课的收束只是告诉学生柳宗元和张岱的"孤独"是什么，没有触及学生内心的"孤独"，探讨和"孤独"相处的智慧之道。其次，这节课的重点是"语言的建构与运用"，还是"审美鉴赏与创造"？我觉得在第二个板块"独特的景物描写"中还要渗透"孤独"的品味，要达到"教学环节精简而一线贯穿"。

王　君：听了老师们的发言，我很受启发。群文教学的辩课，我想提醒一下大家，有两个角度是非常关键的。第一，教学缘起。我希望我们这群人，不是"被文本指挥"，而是能够"指挥文本"。什么意思呢？就是要从学生的语文素养成长和心灵品质成长的需求角度来确定讲什么文本，组合哪些文本，而不是习惯性地看到教材上有哪些文本，就去讲哪些文本。这种以学生需要确定教学内容的思路非常重要，我们能否"打通教法和活法"，很关键的一步就在这里。也就是说，你创造出来的一个课，不管是哪种文本特质的，都有鲜明的现实意义，你是为学生量身定制的。你的课，是有超越原文本基础内容的精神追求的。第二，文本深度融通。群文教学要上得精彩，其关键就是要"打通""贯通""融通"文本。如果课上完了，文本与文本之间还是两张皮，文本与生活之间还是两张皮，文本与学生心灵之间还是两张皮，那这个课就还不够"通"。

海亮老师，听了大家的发言，特别是我上面的这段总结后，你对自己的课，有了更理性的认识吗？

陈海亮：我的设计还停留在"炫技"的表面，课堂三环节设计，从整体内容的理解到重点景句的赏析，再到对作者情感的领悟，忽视了文本间的深度融合，忽视了与学生生活的融通，文本与学生心灵之间还没有找到契合点，我只是依着文本解文本，缺少了求同存异的整合思维，缺少了打通文本与生活的能力，这也让我懂得了，真正的好课，不是老师的创新与设计，而是依据学情，指挥文本，融通生活。这需要老师有大底蕴、大视野与大情怀。

王　君：那请大家胆子大一点儿，如果还是教授《湖心亭看雪》和《小石潭记》，你如何去实现"指挥文本"和"融通文本"两个目标呢？请各自谈谈对海亮老师这个课的"改造方法"吧。

周忠玉：根据学生的生命状态，可确定"孤独"的议题，对文本中的景与人求同比异：探讨"小石潭"和"雪"景中寄寓的"孤独"；结合背景和关键词句，比较柳宗元和张岱谁更孤独；我们如何对待孤独。训练语文素养，指向生命成长。

罗云斌：在第三部分比读孤独情怀时，可适度引用辅读资料，读出柳的孤独，是迫不得已的，是积极入世不得后"悄怆幽邃"；而张是自己痴恋故国不愿入世，甘心消遣。由此拓展学生的认知深度，学会享受孤独，丰厚学生的生命感受。

孙秋备：我觉得这两篇文章的交融点，一个是寓情于景的写作手法，一个是于大自然中寻找自我、安放自我的精神追求。可挖掘两文景物描写的异同，由景物之独特进一步探究人物之情感，触摸作者的精神世界，启发学生在自然中品味孤独。

杨晶晶：可在前两个部分侧重品味"孤独"的行为和情思，在第三个环节后以探究"假如你是作者，同样环境下，你的行为和他一样还是不一样？"为桥梁进行批判型思考，然后跨越古今，吸纳更多文本，完善"孤独"意义建构。

熊　幸：可按"识奇人—赏奇景—悟奇情"来组织课堂。先知人论世，了解作者经历的不同；再赏奇景，从景物描写感知作者心情；最后从两人共同的孤独玩赏之旅到不同的孤独人生之旅，品悟与孤独的相处之道，引导学生正确面对孤独。

胡金辉：我以"孤独的美"为题目。1. 寻自然之美。沉入文本，细读写景句，比较小石潭与雪的不同审美特质。2. 寻孤独之美。挖掘两位作者与自然相遇时所碰撞出的不同的孤独之美，启发学生，面对孤独，发现孤独的价值。

陆　艳：我会把两位作者面对孤独的不同应对状态进行比对，从看景、看人、看事三方面让学生找寻与孤独相处的智慧之道，最后"看心"，打通如今学生困于孤独不能应对孤独的心灵状态，进而走向享受孤独。

王　君：有了上面的基础，接下来，我们聊忠玉的课。这两年来，忠玉老师在文言文和古诗文教学方面进行了很多探索，已经渐有积累，渐有境界。她的探索精神，值得我们好好学习。她的《只有香如故——苏东坡、陆放翁群词课》也是一稿又一稿，不知改了多少稿。虽然如此，还是有很大的提升空间。我们先请忠玉老师展示一下她最新的一稿。

教 学 设 计

只有香如故
——《卜算子·黄州定慧院寓居作》
《卜算子·咏梅》整合教学设计

文/周忠玉

【文本特质】

语用型文本

【教学目标】

1. 熟读成诵，理解词意，体会词人的情感。
2. 比较两位词人借物抒怀和托物言志写法的妙处。
3. 打通两位词人精神世界，体会古代知识分子共有的家国情怀。

【教学过程】

第一部分：朗读——比异求同

1. 导入：在中国古代文学的园圃里，宋词之花芬芳绚丽，与唐诗争奇，与元曲斗艳。

2. 指导学生多种形式朗读。师生互评。

3. 多角度比较两首词的异同。

预设：

（1）相同点：形式上，词牌名相同，词字数相等，都押仄声韵；情感上，都表现词人寂寞、孤独和苦闷，都有不与世俗同流合污的高洁志向；手法上，都借意象抒发情志，都用拟人修辞，都以意境烘托情感。

（2）不同点：题目不同；咏物对象不同；表现手法不同，苏词借物抒怀，陆词托物言志。

第二部分：比异——物各有性

两首词，所咏之物，各有不同。请找出描写物的词句，体会其各自特点。

自主朗读注释与译诗，思考与交流：

我是_____的鸿，你看_____。

我是_____的梅，你看_____。

预设：

我是孤鸿，独来独往，心事浩茫，孤独寂寞，惶恐悲伤，我身边危机四伏，但不愿栖息寒枝……

我是寒梅，身处荒僻之境，无人栽培，无人关爱，但我傲然开放；哪怕饱受风雨摧残，人为碾压，我有香如故……

第三部分：求同——知人论世

好的咏物词是物我交融的。"物""我"之间有什么相似之处呢？

【屏显】

苏轼，宋代文学家。字子瞻，号东坡居士。嘉祐年间进士。曾任翰林学士，官至礼部尚书。

曾上书力言王安石新法之弊，后因作诗讽刺新法而下御史狱。

他先后经历了自杭州而密州、徐州、湖州、黄州、汝州又杭州、定州、惠州、儋州等十多次贬谪。

【屏显】

这首词为宋神宗元丰五年（1082 年）十二月所作。他因"乌台诗案"被贬黄州。最无稽的指控，针对他写两株老柏的七律诗句："根到九泉无曲处，世间惟有蛰龙知。"

【屏显】

陆游的一生可谓充满坎坷。出生于宋徽宗宣和七年，正值北宋摇摇欲坠、金人虎视眈眈之时。宋高宗绍兴二十三年，赴临安应进士考试，被取为第一，但因秦桧的孙子被排在陆游之后，触怒了秦桧，第二年礼部考试时被黜免。

【屏显】

秦桧死，方步入仕途。他曾到过抗金前线，投身火热的战斗生活。然而南宋小朝廷苟且偷安，并不真正想要恢复。因此，主战派陆游与朝廷主和冲突，曾两次被罢官。乾道二年，因"力说张浚用兵"的罪名，被罢免了官职。在山阴老家寂寞度过了四个年头后，便开始了西行"十年走万里"的远游。晚年退居家乡，收复中原信念至死不渝。他一生写了很多咏梅诗词。这首词约写在他入蜀做官后。

活动：我在孤鸿里看到了＿＿＿＿的苏东坡。我在梅花里看到了＿＿＿＿的陆放翁。

（结合创作背景和词人经历谈感受）

【屏显】

我在孤鸿里看到了孤独寂寞的苏东坡。

我在孤鸿里看到了惊恐悲伤的苏东坡。

我在孤鸿里看到了不愿与世俗同流合污的苏东坡。

我看到了以豪放著称的苏东坡，写婉约之作也是惊心动魄。

【屏显】

我在梅花里看到了身处荒僻之境的陆放翁。

我在梅花里看到了无明君赏识的陆放翁。

我在梅花里看到了连遭打击的陆放翁。

我在梅花里看到了怀才不遇的陆放翁。

我在梅花里看到了孤傲高洁的陆放翁。

活动：重读带有"无"和"不"的词句，体会不同境遇的词人相似的命运或情感。

【屏显】

惊起却回头，有恨无人省。

拣尽寒枝**不肯栖**，寂寞沙洲冷。

驿外断桥边，寂寞开**无主**。

无意苦争春，一任群芳妒。

小结：他们都无人赏识，无人怜惜，怀才不遇，壮志难酬，但都不与世俗同流合污……

【屏显】

夜深人静，有缺月，有疏桐，有孤鸿，还有恨；

寒冬黄昏，有断桥，有风雨，有群芳妒，还有香如故。

小结："此说无时便是有。"他们都愁君主听信谗言，都恨奸佞小人当道，都悲朝廷腐败无能。

苏轼写幽人见孤鸿，写孤鸿亦写自己；陆游写梅花也写自己。物与"我"情志相同，可谓虚实相间，手法高明。

不过，两位词人无论抒情还是言志，都从自然中寻找，并获得心灵的释放，最终达到物我交融、天人合一的至高境界。

第四部分：打通——走近一类人

可是，孤独寂寞不代表苏东坡，失意愁苦不代表陆放翁。

1. 诵读苏轼《定风波》和陆游《梅花绝句》二首。

交流：你又读到了怎样的他们？

小结：苏轼被贬黄州，做老农，能养活全家；做美食家，独创"东坡肉"；游山玩水，写下前后《赤壁赋》等千古文章。他无论面对自然界风雨还是政治风雨，更有一份淡定从容与豁达乐观。

陆游一生渴望统一中原，收复失地，八十五岁临终前，还写下绝笔诗《示儿》明志。

这正是托物抒怀与托物言志的微妙不同。前者在抒发情感时一般只代表一时一境，跟词人的境遇有关。而后者所表达的志向却是长久的，甚至是一生的。

2. 推荐：林语堂《苏东坡传》或朱东润《陆游传》。

【屏显】

林语堂说："苏东坡是一个不可救药的乐天派，一个伟大的人道主义者，一个百姓的朋友……一个月夜徘徊者，一个诗人，一个小丑。但是这还不足以道出苏东坡的全部。"

顾随说："一个人要向上向前，但我们也爱一个忠于自己感情的人。放翁虽志在恢复，有意功名，而有时也颇似小孩子可爱。"

总结：读词也是读人，读人更要全面地看人。

今天这节课才是起点，希望同学们学会选择"有香气"的物，含蓄表达灵魂深处独有的香，并以阅读的方式走进他们，去触摸古代知识分子的伟大心灵。

评课沙龙

王　君：这一稿，跟她最初的以三首诗为素材的第一稿已经有了很大的不同了。我们先请她说个课，谈一谈第一轮的讨论修改过程。

周忠玉：第一稿整合教材内苏、陆《卜算子》两篇和教辅读物中苏轼《水龙吟·次韵章质夫杨花词》，意图学习两位文人三首咏物词，体会其借物抒怀、托物言志写法之妙，并努力将他们精神世界打通，引导学生感受他们在人生失意境况下的胸襟和气度，继而走近他们。

第一稿推送后，师父及姐妹们给予肯定，同时提出建议。艳平说，对词的解读不够细；晓琳说，一节课囊括两个训练点，不现实；望军阐述苏陆悲剧原因有不同；师父说：几个主问题设计提挈性很强，作用巨大。整堂课有学术品味。建议：1. 选三首词，苏两首，陆一首，搭配尴尬，缺乏选材对称和谐之美。数量上重苏轻陆，有失重感和杂糅感。2. 如果选三首不同文人的词，稍微辨析咏物词的不同样态，则更显学术研究水平。3. 最后阶段朗读，可删。4. 如何实现自然地打通教法和活法。重点强调第一点。综合上述建议，我在选材与拓展上做了删减。

第二稿出来，个人觉得咏物词语用知识储备不够，没有讲清楚，故语用型文本也不典型。新稿是第三稿，有进步，但文本价值没有最大化，还在就词讲词，语用训练点和精神成长点融通不够。

王　君：呕心沥血之后，忠玉老师提升很大。但要成就一堂有灵魂的且有青春语文特色鲜明的课，还需要继续往前走几步。请大家结合我的"指挥文本论"和"融通文本论"，发挥自己的创造性，对她现在的这堂课进行望闻问切，提出切实可行的诊疗方法来。

陈海亮：这一课比异求同，大气磅礴。若吹毛求疵，第四部分"走近一类人"有"蜻蜓点水"之嫌，可以再聚焦。借物抒怀和托物言志是教学目标之一，各环节应围绕目标展开，所以这部分可改为"打通——走进一类词"，与目标一脉相承。

罗云斌：忠玉老师用两首词勾连两组词，由两个人引出一类人，拓宽了学生的眼界，拓深了学生的思维。观课中有一丝困扰："大容量"与文本精读细品到底能否完美融合于课堂？应当贴着文本，适度拓展衍生，则精细而不失大气。

杨晶晶：忠玉老师每个环节的问题设置都精妙高效。整体来看，缺乏适当的议题作为任务驱动力，实质上未走出单篇教学的模式。统摄整个设计的是比较思维法，我觉得方法更适合充当工具，以方法为议题很难指挥文本、融通文本。

熊　幸：忠玉老师的设计很大气，钻研文本也很深入，"无中说有"环节让人眼前一亮。教学内容可再聚焦一些，海亮老师的建议是聚焦手法，我觉得也可以聚焦家国情怀，淡化写作手法，保留"一类人"，添加其他人和作品。

胡金辉：忠玉老师的课环环相扣，大家气象。但最后比出两位诗人的家国情怀，有点突兀。两首诗歌表现的是诗人对独立人格的追求，若能结合学生心灵成长的需要，挖掘文本这方面的精神价值，会让文本更契合学生精神发展的需要。

陆　艳：周老师的课有时过"大"过"多"也就过"重"。课堂如要轻灵，删繁就简的同时还要接地气，大气象里要有小气质，比如咏物词的语用价值是否还可以细化；大气象里也有小自我，比如咏物词里的精神价值是否可以更个性化。

王　君：忠玉老师，听了这么多意见，你能提出一个修改方案出来吗？我想为难你一下，你能够用一个"超级简案"把你的思路梳理给大家看吗？我看你画思维导图画得挺好，你用这种方式也可以。

周忠玉：好的。综合大家的建议，我对这两首词的文本特质重新定位，做出如下设计：

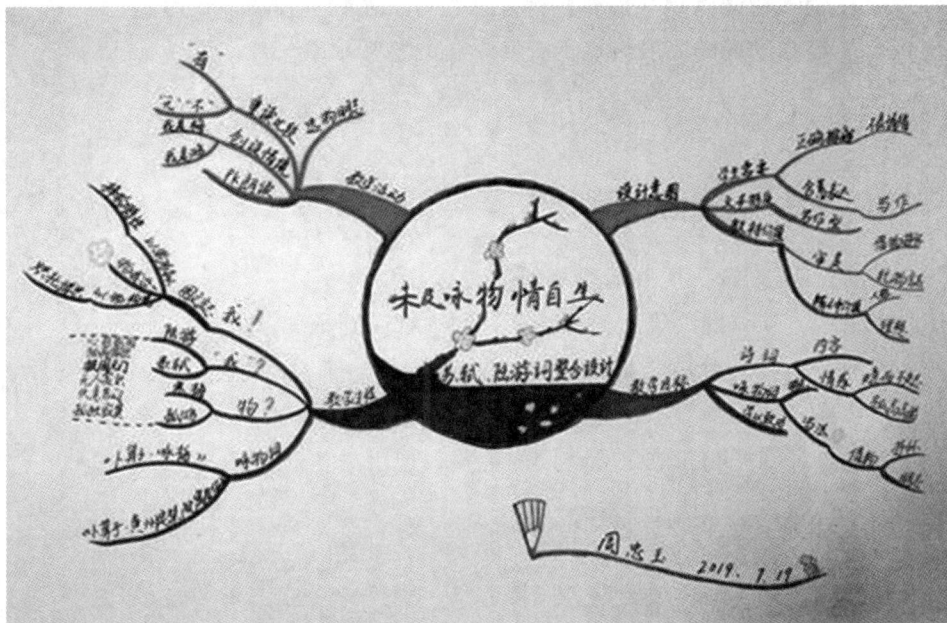

教 学 设 计

未及咏物情自生

——苏轼、陆游词整合课教学设计

【文本特质】

写作型文本

【教学目标】

1. 熟读成诵，体会词人高洁志趣。
2. 比较咏物词借物抒怀、托物言志的写法之妙，并学以致用。
3. 了解咏物词的一般特点，提升学生的鉴赏水平。

【教学过程】

第一部分　咏物词?

活动：PK 朗读，把握情感基调。

我用_____的语气读，我在两首词中都读到了_____。

明确：均是咏物词，同调异题。都写寂寞、孤独、愁苦，却都在写物：孤鸿、寒梅。

借物抒怀和托物言志是咏物词的主要表现手法。

第二部分　孤鸿? 寒梅?

创作咏物词，最重要的是：以物为象，择其特性。

活动：请自主朗读注释与译诗，并以下列句式思考与交流：

我是_____的鸿，你看_____。

我是_____的梅，你看_____。

那么，苏轼陆游在写作时，为什么选择孤鸿和寒梅，而不是他物？

活动：一动物一植物，物性看似不同，但本质上也有相同之处。它们都_____。

小结：都遭遇困境，但都孤傲高洁。

第三部分　"我"？

咏物词创作的最高境界：物我交融，物我统一。那么，词人如何写"物""我"之间的相似呢？

活动：

写孤鸿的_____，正写出了苏东坡的_____。

写寒梅的_____，正写出了陆放翁的_____。

【屏显】

词人经历，创作背景(略)

活动：重读带有"无"和"不"的词句，体会两位不同境遇的词人相似的命运或情感。

> 惊起却回头，有恨无人省。
> 拣尽寒枝不肯栖，寂寞沙洲冷。
> 驿外断桥边，寂寞开无主。
> 无意苦争春，一任群芳妒。

还"有"什么？

> 夜深人静，有缺月，有疏桐，有孤鸿，还有恨；
> 寒冬黄昏，有断桥，有风，有雨，有群芳嫉妒，还有香如故。
> 咏物词还有一个重要的特点：以物构境，烘托情思。

交流："无"和"不"的背后是"有"，他们无_____，有_____。

小结：他们都无人赏识，无人怜惜，怀才不遇，壮志难酬，但，都孤傲高洁，不与世俗同流合污。

否定词"无""不"与"有"对比强烈，但又含蓄深沉。

第四部分　他们?

活动：

诵读王冕《墨梅》、于谦《石灰吟》、郑燮《竹石》、陈毅《青松》等咏物诗，交流：四位诗人都借什么物，抒发什么志向？

小结：咏物词取材丰富，但运用托物言志手法，要做到物与志和谐统一，不能物与志背离。

第五部分　我!

写作练习（二选一）：

如果你借物抒发志向，你将选何物？表达何志向？试拟一条 QQ 说说。如果配题画诗，如何选图写诗？

结语：同学们，未及咏物情自生。在自然中寻找与心灵最契合的物，借以获得心灵的释放与平衡，是我们写作的高远追求，我们慢慢来。

评 课 沙 龙

孙秋备：忠玉老师数易其稿，其学习力和钻研精神令人敬佩。比较修改稿和原稿，可以看出忠玉老师对两首《卜算子》的语用知识进行了更深入的挖掘，课堂教学的聚焦度、融合度都有很大提高。这个设计以"学咏物"为议题，对"借物抒怀（言志）"写作知识进行提炼，并分解、设置有梯度的语言实践活动，从"词中之物""物中之我""词中之境"铺路架梯，引领学生拾级而上，渐行渐深远，探寻写作路径，并当堂操练。我觉得这是很好的写作型群文教学设计。

王　君：通过今天的研讨，我其实特别希望大家能够有意识地去做两件事情。第一是"用需求指挥文本"，为自己的群文课命名——赋予自己的课堂一个鲜明的灵魂。第二是深度融通文本，寻找到文本与文本之间、文本与生活之间、文本与学生心灵之间的内在契合点。就今天的研讨内容，请大家拿出一个教学设计吧。文言文和古诗文的设计已经太多了，大家这次都用现代文来练习吧。请秋备老师整体观察之后做个小结。

周忠玉：我将《阿长与〈山海经〉》与《老王》局部立意聚焦，议题为"人性的光辉"：即使是底层的劳动者，只要自食其力，心存善念，也会被人尊重。1."他们"之卑微：从身份、家庭、外貌等比读"我"眼中的他们。2."他们"之善良：品读阿长为"我"买"三哼经"与老王送"我"大鸡蛋、好香油语段；辨读：如果他们不送"礼物"给"我"呢？3."我们"之高贵，总结写诗：鲁迅愿阿长永安，是_____；杨绛愧怍，是_____；"他们"是_____，"我们"都是_____。

罗云斌：我准备设计主题为"信念与追求"的群文阅读教学。首先从学生习作《青葱岁月的理想》谈起，引出传记《美丽的颜色》与散文《跨越百年的美丽》，然后运用群文教学"同中存异，异中求同"的方法，在对比阅读中明了传记与散文的不同手法及表现出的相同人格魅力。再联读居里夫人《我的信念》及《居里夫人传》中的精彩语段，让学生明晰何为"美丽"，怎样的"美丽"能跨越百年，然后在对比、思辨中树立起正确的人生观。

杨晶晶：议题为"读出戏剧冲突"。一用求异，比读《哈姆雷特》剧本中多个片段，让学生初识戏剧冲突的表现和特点，明白冲突是戏剧的核心。二用求异，学生在《威尼斯商人》《白毛女》《枣儿》中寻找戏剧冲突，求异得出戏剧冲突的三种具体表现形式。三用统整，学生任选一个角色，以"_____的性格或人物形象如果不_____，戏剧冲突就不会发生。"为探究问题，引导学生领悟戏剧冲突为什么是戏剧的核心。最后，学生表演戏剧冲突，师生点评深化理解冲突。

熊　幸：我设计的是"生命中的重要他人"，将七上《秋天的怀念》和《再塑生命的人》整合，让孩子学会感恩，学会成全他人。先补充作者资料，归纳作者共同点：都是身体有缺陷而内心强大的人。再读文本，了解作者经历的共同点：不是生而强大，是生命中的重要他人将他们从厄运中解救出来。分析两文主人公如何成为作者生命中的重要他人。最后观照自身，谈谈谁是你生命中的重要他人，你又是谁生命中的重要他人。

胡金辉：我设计以"与美相遇"为主题的群文课，整合《你是人间的四月天》《我看》两首诗歌。一遇节奏之美，读出《你是人间的四月天》散句的错落与轻灵，《我看》中整句的排比与热烈。二遇意象之美，比较两首诗中通过意象表达诗人感情的异同，读出林徽因对爱与希望的赞美，读出穆旦对生命的热爱，体悟两位诗人热烈奔放的生命状态。三遇心中之美，选取最美好的意象，以合适的节奏创作一首小诗，抒写心中对"美"的赞美。

陆　艳：我设计过一节写作型群文阅读课，整合了《故乡》和《台阶》两篇小说，所选议题为"人在事上磨"。首先比异，发现《故乡》是"一事多人"的写法，《台阶》为"一人多事"的写法；其次求同，发现两篇文章里所写之事都能够表现人物性格和文章主题；然后把考试作文《心事》中的低分和高分作文进行比对，发现获得高分的秘密在于能够做到"人在事上磨"这一方法；最后修改，学生根据所学之法修改自己的考场作文。

陈海亮：我想设计"爱与责任"为主题的群文课，期望孩子们能理性看待爱情。我从学生的一封情书谈起，然后整合苏霍姆林斯基的《致女儿的信》、叶芝的《当你老了》、张翎的《余震》片段。以《致女儿的信》为阵地，用比异求同的思维，探讨爱情是什么。期间穿插影片《山楂树》中老三与静秋的爱、《泰坦尼克号》中杰克与露丝的爱，让学生明白"爱"与"责任"的辩证。最后由文本转向生活，引导学生探讨父辈的"爱与责任"，达到文本与生活的融通。

孙秋备：学习了大家的设计，我受益良多。这些群文教学设计，立足文本特质和课型创新理念，涉及主题型、语用型、诵读型、写作型群文教学范式，指向学生语文素养的提升和心灵品质的成长，做到了"用需求指挥文本"。群文阅读的核心是议题学习和议题建构，议题是整合文本、设置学习活动的指挥棒。教学中要设计多维度、有梯度的问题来学习议题，而不是全息性地学习文本；多个文本要交互作用，通过比较和统整等方法形成合力，让学生在活动中完成议题建构。

王　君：再一次感谢陈海亮老师和忠玉老师为我们这次研讨做出的贡献，特别是忠玉老师在文本特质定位上的多次转换，展现了她的学习力和思考力。大家的研讨非常深入，很有力量。教学设计思辨，本身就是一种"打通教法和活法"的表现。设计课，从来不仅仅是为学生服务的，归根结底，还是在阅读文本和设计文本的过程中，提升我们自己对于文本的认识，对于生命和生活的认识，特别是对于自我的认识。所以，不是研讨的结果才有意义，而是研讨过程本身就有意义。经过多次反思，两位老师的课都有了很大的提升，已经少了"硬伤"，符合"学理"了，实现了青春语文课堂教学设计的基本追求了。但这两堂课，都还不算很有想法的课。要让自己的课真正有"想法"，达到能开人心智，助人幸福的境界，那我们就需要站得更高，摆脱工具性对我们思维的顽固钳制，去发现文本和生命的更巧妙的"融通点"，并且能够调动更丰富的多元信息，形成语文教学的"大生命场"，进入"知识与能力齐飞，思维与情怀一色"的"为幸福而教"的美好境界。群文教学、整本书教学具有天然的锤炼功能，我们继续努力。

9. 群文教学：痛则不通，通则不痛

研讨者：王　君　孙秋备　杨　青　张　敏　罗云斌
　　　　时慧慧　李红玲　温德斌　朱凌鹏　陈海亮

备课沙龙

王　君：比起单篇教学，群文教学的现状绝对可以描绘为"乱花渐欲迷人眼"了，但是，"浅草"确实也仅仅才能"没马蹄"。现阶段，群文教学的误区有很多，空白点也很多。所以，用"思辨型研讨"的方式，聚焦问题课例，借助对这些课例的诊疗升级来进一步帮助大家真正理解并且创造性地应用"文本特质与课型创新"这一套理论，是非常有挑战的。

上一篇，我们聚焦研究了陈海亮老师的《〈小石潭记〉〈湖心亭看雪〉对比阅读教学设计》和周忠玉老师的《只有香如故——苏东坡、陆放翁群词课》。我特别强调了青春语文课堂教学的"指挥文本论"和"融通文本论"。

第一，重新思考你的教学缘起。我希望我们这群人，不是"被文本指挥"，而是能够"指挥文本"。什么意思呢？就是要从学生的语文素养成长和心灵品质成长的需求角度来确定讲什么文本、组合哪些文本，而不是习惯性地看到教材上有哪些文本，就去讲哪些文本。这种以学生需要确定教学内容的思路非常重要，我们能否"打通教法和活法"，很关键的一步就在这里。也就是说，你创造出来的一个课，不管是哪种文本特质的，都有鲜明的现实意义，你是为学生量身定制的。你的课，是有超越原文本基础内容的精神追求的。第二，文本深度融通。群文教学要上得精彩，其关键就是要"打通""贯通""融通"文本。如果课上完了，文本与文本之间还是两张皮，文本与生活之间还是两张皮，文本与学生心灵之间还是两张皮，那这个课就还不够"通"。

　　研讨之后，我希望大家能够有意识地尝试着去做两件事：第一是"用需求指挥文本"，为自己的群文课命名——赋予自己的课堂一个鲜明的灵魂。第二是深度融通文本，寻找到文本与文本之间、文本与生活之间、文本与学生心灵之间的内在契合点。要做到这两点，都是需要深度思考的。

　　中医说，通则不痛，痛则不通。用在群文教学上，非常契合。我们觉得好的群文课，一定"通"得畅快，而我们觉得有问题的群文课，也一定是因为某个地方"不通""半通"甚至是"通歪"了。

　　今天，我为大家带来了三个课例。我希望通过研讨，我们能够进一步提炼出更好的文本特质与课型创新视野下的群文教学设计的规律。

　　我先给大家推荐的是杨青老师的《〈归去来兮辞〉〈故乡〉比较阅读教学设计》。我很佩服杨老师。像这种把文言文和现代文打通的设计我很少看见，所以我觉得杨老师很有想法，很有追求。但是显然，这样做的难度也是很大的。杨老师的课"通"吗？哪些地方不"通"，哪些地方不够"通"？如果要"通"，还需要做些什么工作？请大家畅所欲言。你也可以多给杨老师提提建议。

教 学 设 计

《归去来兮辞》《故乡》对比阅读教学设计

文/杨青

【教学目标】

1. 能从多个角度鉴赏《归去来兮辞》和《故乡》。
2. 体会两个归乡人的心境，学习他们的品格。

【教学过程】

（一）导入新课

　　故乡是让人心心念念的地方，一千七百多年前，陶渊明甘愿离开官场，成为家乡的一棵松、一尾鱼、一只鸟,同时一篇举世佳作《归去来兮辞》也流传了下来。

(二) 初读文本,感知故乡美好

自由朗读,找出最喜欢的句子,说说喜欢的理由。

(三) 再读文本,理解作品中的难句

自选两句,阐释其含义及作用。

【屏显】

倚南窗以寄傲,审容膝之易安。

既自以心为形役,奚惆怅而独悲?

寓形宇内复几时?何不委心任去留?

聊乘化以归尽,乐夫天命复奚疑!

(四) 诵读文本,体味作者归乡之情深

注意读出语调的抑扬、语速的缓急、语气的轻重。

(五) 比较阅读,探究文本之异

1. 请从环境、人物形象、情感中选一个角度分析《归去来兮辞》和《故乡》的不同。

预设:(1)情感上,陶渊明愉悦,而鲁迅孤独悲凉。(2)环境上,《归去来兮辞》清新明丽,《故乡》凄凉萧索。(3)人际关系方面,《归去来兮辞》关系和谐而令人向往,《故乡》里面的人让"我"想逃离。

2. 聚焦《故乡》中的人物,思考"我"想要逃离的原因。

(1)比较阅读,感悟杨二嫂的形象特征。

【屏显】

"真是愈有钱,便愈是一毫不肯放松,愈是一毫不肯放松,便愈有钱",圆规一面愤愤地回转身,一面絮絮地说,慢慢向外走,顺便将我母亲的一副手套塞在裤腰里,出去了。

"真是有钱便一毫不肯放松,一毫不肯放松,便有钱",圆规一面回转身,

166

一面说，向外走，顺便将我母亲的一副手套塞在裤腰里，出去了。

（2）演读关于闰土的文字，感受闰土的性格变化。

【屏显】

闰土又对我说："现在太冷，你夏天到我们这里来。我们日里到海边捡贝壳去，红的绿的都有，鬼见怕也有，观音手也有。晚上我和爹管西瓜去，你也去。"

他站住了，脸上现出欢喜和凄凉的神情；动着嘴唇，却没有作声。他的态度终于恭敬起来了，分明地叫道："老爷！……"

母亲让闰土坐，他迟疑了一回，终于就了坐，将长烟管靠在桌旁，递过纸包来，说："冬天没有什么东西了，这一点干青豆倒是自家晒在那里的，请老爷……"

预设：少年闰土活泼，对生活充满热爱，感觉人与人之间是平等的。中年闰土已经有了尊卑之心，这让作者很失落。

3. 播放歌曲《老街》，在 PPT 上展示歌词。通过音乐与图片让学生感受人找不到曾经的美好的伤感。

（六）比较阅读，感悟文本之同

寻找两篇文章的共同点。

预设：都发生在冬季；两个人都有美好的内在世界；他们对现实都有着清醒的认识；都对故乡有着深深的爱。

（七）课堂小结

愿我们如陶渊明一样，心存傲骨、保持着自己做人的尊严；如鲁迅般努力除去人生毫无意义的苦痛，发愿让人类都享受当下的幸福。

评课沙龙

张 敏：杨老师通过"故乡"这个寓意丰富的意象勾连古今，打开并训练学生的多元思维，很好地践行了君师傅倡导的"文本指挥论"，值得我们好好学习。但是否实现了"融通文本"？在这一点上，杨老师还需深度聚焦、着力打通才能更出彩。

罗云斌：我觉得两文的"融"点——"回归"的定位可深入些。《归去来兮辞》体现陶回归田园、隐居避世的追求，《故乡》除批判现实、怀念昔日故乡，更有对新生活的追求——他"回归"是为了最后"出走"。两文主旨不同，课堂重心应让学生领悟"回归"中的不同情感。

时慧慧：杨老师的课创意非常大胆，但从环境、人物、语言等比异后，是否可以更深入地思考两文的相通之处，即作者"告别"的是什么样的故乡，有什么深层含义，作者的精神世界有何相通之处？这样的探究有助于学生对主题的深入把握。

陈海亮：杨老师的课，比异求同，脉络清晰，但有"两张皮"之嫌。"从表现手法、语言风格、环境、人物形象、情感中选一个角度分析两文不同"一问，感觉"一把抓"。能否通过比较"回乡"之因，"回乡"所见之景、之人，以及"回乡"所感的不同，来带动两文的深度融合？

孙秋备：王荣生教授说，阅读是一种文体思维，不同体式的文章有不同的阅读取向和阅读方法。把辞赋和小说进行整合教学，关键在于寻找两文的相通之处，确立课堂焦点。从中心环节和结课部分来看，杨老师没有找到两个文本的契合点，课堂中的求同比异显得牵强。

李红玲：细读课例之后，发现几点"不通"之处：辞赋和小说之间进行整合跨度太大；两文中的人物不能生硬比较，《归去来兮辞》的人物和作者是亲属关系，《故乡》的人物与"我"是朋友街坊关系；结课有些突兀与牵强，与学生心灵融通不够。

温德斌：我觉得"回归"只是这两个文本的表象，《归去来兮辞》是想通过写回归来表现对黑暗现实的逃离，以及古代文人的精神独立和高洁追求；《故乡》则是通过"回归"来表现一个小知识分子对中国农民出路的思索探求。杨老师的设计如果离开这个大背景去单纯探讨回归和逃离，是不是让课堂显得肤浅了些？

朱凌鹏：虽然这节课以"故乡情"为融合点，切入巧妙，但陶渊明的核心情感是"求隐"，鲁迅的核心情感是"探寻"，二者的归乡之路并不相同，没抓"核心情感"的求同比异显得机械，对主题挖掘的力度不够，聚焦点散乱，引不起学生的共鸣，课堂显得"通而不透"。

王　君：青青老师，你同意大家的意见吗？如果还是以"回故乡"为主题，你觉得可以怎么修改自己的设计呢？你不妨大胆一点儿，来个新的设计。可以"旧屋改造"，也可以推倒重来。

杨　青：谢谢各位老师的建议。如果重新设计的话，我会带着学生进行一场回归之旅。首先，寻找回归之因，一为逃避官场，一为搬家、别它而来。其次，赏析回归所见之景，一清新明丽，一凄凉萧索，但都具有心物交融、情境相生的境界。再次，通过对人际关系的分析和抒发情感语句的琢磨，探究两个人回归后是否抵达了心灵故乡。继而用助读材料，拓展他们面对生命困境的不同选择，最终分别有了怎样的成就。最后，让学生探讨面对生命困境，怎样去做才可以回归心灵故乡。引导学生正确面对困境，把文本和学生的生活打通。

孙秋备：从字形来看，"痛"的原因是"甬"道有毛病，即路径不够畅通。群文教学要打通多文本的语言信息和精神特质，关键是聚焦议题，搭建文本间的相通路径。杨老师的两稿设计，启发我们：面面俱到，可能处处不通；聚焦一点，才能畅通抵达。

王　君：我今天把杨青老师的案例放在前边，是因为这个案例适合用来研讨群文教学的内容创造方面的问题。接下来我推荐给大家的是张敏老师的《唐诗里的"家国情怀"——〈唐诗二首〉整合教学设计》。我相信对《卖炭翁》和《茅屋为秋风所破歌》感兴趣的老师不少，有追求的老师面对这两个经典文本都会产生"整一整"它们的野心。我们先来看张敏老师做得如何。

唐诗里的"家国情怀"

——《唐诗二首》整合教学设计

文/张敏

【教学目标】

1. 朗读诗歌，理解诗歌内容，品味意境，把握感情。
2. 比读诗歌，运用求同法，读懂诗人的家国情怀。

【教学过程】

（一）导入新课，温故知新

听配乐朗诵，思考：这两首诗与以前学过的唐诗在形式上有什么不同？

明确：这两首诗不像格律诗的四句或八句，每句字数不同；押韵不同，韵脚不固定；以前所学的唐诗内容主要是写景抒情，这两首诗主要是叙事。

（二）初读诗歌，整体感知

自读诗歌，分别用一句话概括两首诗歌的内容。

（设计意图：训练学生提炼信息的能力，找出二者共同点，形成整体印象，为后面分析张本。）

（三）比读诗歌，求同探究

这两首诗在内容形式、情感主旨、写法手法等方面有哪些相同之处？请结合具体语句略做阐释。

（设计意图：通过具体导向，经由比较阅读，沉入文本理解诗歌特征，训练学生的多元思维。）

（四）研读诗歌，描摹画面

细读两首诗歌，结合具体诗句，分别以"杜甫"和"卖炭翁"的身份，赏析诗歌中精彩的镜头描写。

（设计意图：用"代入"式细节赏析，引导学生走进诗歌意境，把握诗歌感情。）

（五）知人论世，触摸情感

1. 屏显作者介绍和写作背景。思考：《茅屋为秋风所破歌》中说群童"为盗贼"，《卖炭翁》中是否也有"盗贼"？造成两位老人如此悲苦的原因是这些"盗贼"吗？

2. 请同学们以表演课本剧的形式诠释自己对诗歌主旨的理解。

话题：当杜甫遇见卖炭翁，他们会有一番怎样的对话？

（设计意图：搭建平台，引导学生多元思辨，深入理解诗歌主旨，指向主题探究。）

（六）诵读诗歌，体悟情怀

1. 让我们沉浸在这种悲愤激昂的情绪中，分别诵读两篇诗文的最后一节，来宣泄我们的感动吧！

2. 经历风雨、经历苦难的杜甫，他想到的是什么？身居官位的白居易，他看到的是什么？

（七）以写促读，理解家国情怀

为什么杜甫被称为诗圣、白居易被称为诗王？不仅因为他们创下了诸多妙笔生花的诗歌，更是因为他们藏在唐诗中的"家国情怀"令人动容感怀。千百年来，人们传诵这些经典诗歌，也不仅是要学会吟诗作赋，更是为了让子孙后代继承和发扬这份"道义与担当"。请在课后收集两位诗人的作品，围绕"唐诗里的家国情怀"写一写你的探究发现。

评课沙龙

王　君：大家畅所欲言吧。

杨　青：张老师的课设计精巧，以"代入"的方法赏析诗歌、揣摩"盗贼"的含义，让人收获颇多。值得商榷的是问题设计有些重复。如比读环节探究两篇文章主旨的相同之处与后面知人论世、触摸情感环节相似。我觉得在求同环节，也可以对杜甫、白居易的家国情怀进行一个比较，让人物情感更立体。

罗云斌：张老师的课大气又不失精巧，结尾的诵读设计尤为别致，把课堂推向高潮。我觉得"求同"和"赏析"两个板块合二为一，课堂可能会更流畅、更圆融，既贴近文本，又能感悟内涵，避免"割裂突兀"之感。课本剧是亮点，但白居易的缺席，让"唐诗里的'家国情怀'"略显不完整。

时慧慧：张老师设计巧妙，聚焦"家国情怀"直指诗歌主题，同时也与学生心灵之间有了契合点。但我觉得过程不够精练，是否可以斟酌将"比读"与"研读"的诗句赏析相结合？理解"家国情怀"的关键在于对"谁为盗贼"的理解，是否在文末加以探究才更加深入？

李红玲：张老师的设计活泼灵动，活动充分。用"代入"法赏析诗歌环节尤为动人。但是环节过多，且过渡有些生硬；活动过于散乱，没有紧贴主题推进教学。建议围绕主题设计梯度问题，做好环节小结；大胆删去课本剧，保留激情诵读，以引发情感共鸣。

温德斌："当杜甫遇见卖炭翁"一环"打通"了两个文本，令人耳目一新。这两首诗的感情基调都非常深沉，课本剧的设计也存在很大风险：如果学生体会诗歌情感还不到位，就进行表演，一旦笑场，整节课就有可能功亏一篑，如果将"演"换成写，情感的内化是不是会更"融通"些？

陈海亮：张老师紧扣"求同"，由面而点，逐层深入。"盗贼"之问，设计精巧，举重若轻。但"读"的环节过多，影响了"家国情怀"主题的凸显，若删繁就简，整合活动，则更能体现文本为我所用的目的。比如一开课就表演"杜甫遇到卖炭翁"，然后以此为中心，整合相关"读"的活动，是否能让脉络更通畅？

朱凌鹏：张老师的设计精巧别致，课堂主题提点到位，打通了两首诗歌。

课本剧的设计令人耳目一新，但前提是学生必须深入到文本当中。我觉得放在课堂当中表演有点仓促，时间不宽裕，演的效果可能会不佳。建议放在课后，让有兴趣的学生分小组充分研读，融通文本，做创新性表演。

孙秋备：张老师通过多种形式的诵读，引领学生读懂诗歌读懂诗人，课堂内容丰富，能力训练全面。主题型群文教学的关键是逻辑自证，即让多个文本在互通、互动中产生逻辑张力，打通文本精神内核与学生心灵。这就要求各教学环节应互助互推，形成聚合力。反观这节课，课堂活动不够简明，教学环节的层次性和梯度感也有待改善。

王　君：张敏老师，听了大家的意见，你有什么感想？你自己来做一个教学设计改造如何？

张　敏：非常感谢老师们的帮助，让我如醍醐灌顶。消化大家的建议，本节课的主题型群文教学定位和"唐诗里的家国情怀"这一主题不变，教学过程修改如下。（一）朗读导入，感知形式之异。（二）初读感知，把握诗歌内容。（三）比读描摹，寻求相同之处：结合具体语句赏析，整合两首诗在内容、情感、写法上的相同之处。（四）知人论世，指向主题探究：结合作者简介和写作背景，重点探讨"谁为盗贼"，再顺势请学生以课本剧的形式表达对主题的理解，主题更新为"当杜甫遇见白居易"，以便鲜明关照本节课主题。（五）诵读抒怀，体悟家国情思，引发学生共鸣。（六）推荐阅读同类诗作，以写促读，引向深层阅读。

孙秋备：这个设计层次较为明晰，主题探究活动充实而灵动。"痛则不通"，不"通"的外在表现是肿或胀。如果教学环节臃肿，就说明文本之间的内在气脉没"通"，课的"气血"不畅。好的群文教学要以简明而深入的语用训练及活动，联通文本，打通文本与学生心灵。

王　君：最后我隆重推出的是罗云斌老师的《〈陋室铭〉〈五柳先生传〉对比阅读课堂实录》。我在温岭三中现场听了这个课，感觉亮点挺多的，提升的空间也还有。大家先欣赏一下这堂课。

《陋室铭》《五柳先生传》对比阅读课堂实录

执教：罗云斌

（一）导入

师：今天的学习内容是《陋室铭》《五柳先生传》对比阅读，先了解这两位文人。

（屏显作者介绍）

（二）明确文体：铭、传记

师：《陋室铭》是铭文，《五柳先生传》为传记，我们看铭文与传记的介绍。

（屏显文体介绍，学生默读、笔记）

（三）一读，读出音韵美

师：古文，要美美朗诵。《陋室铭》读时要注意哪些？

生：读准节奏，读出对仗美。

生：押韵美，全文押"ing"韵。

师：嗯，工整美，押韵美。那《五柳先生传》读时要注意哪些？

生：少数句子对仗工整，大多数比较自由随意。

师：富有参差美。

师：我们来有节奏、有感情地朗读两文。

（四）再读文本，异中求同

师：两则短文有哪些相同之处？

生：两文都写出了贫困。《陋室铭》"苔痕上阶绿，草色入帘青"，可读出荒凉、偏僻，居住环境差。

生："素琴"是指不加装饰的琴，说明条件差。

生："性嗜酒，家贫不能常得"，可见贫困。

生："环堵萧然，不蔽风日。短褐穿结，箪瓢屡空。"家徒四壁，茅屋一间，温饱都成问题。

师：是啊，刘禹锡被贬后的生活，陶渊明辞官回归田园后的生活，是贫困的、潦倒的。

师：除了"贫穷"，两文还有相同点吗？

生：乐在其中，安贫乐道。

师：两文中何处能体现"乐在其中"的情怀？

生：《陋室铭》中"有鸿儒""无白丁"，交友高雅。都是一群文人墨客，吟诗赋词，不亦乐乎？

生："无丝竹之乱耳，无案牍之劳形"，能读出自由自在的快乐。

师：怎么理解"丝竹""案牍"？

生："丝竹"指世俗音乐，而"案牍"指官府公文。

师："丝竹""案牍"能改成"素琴""佛经"吗？

生：不能，素琴，是指高雅的琴声，如高山流水，阳春白雪。

师：老师喜欢你说的"高山流水""阳春白雪"。

生："无"既表明内心愉悦，也表现出他不愿与官场同流合污，淡泊名利。

生：从"好读书，不求甚解。每有会意，便欣然忘食"能读出快乐。

生："衔觞赋诗，以乐其志"，也能读到快乐。

【屏显】

安贫乐道　淡泊名利

师：是啊，陶渊明和刘禹锡面对贫困的生活都活得快乐，潇潇洒洒，都能以一颗纯净的心灵面对世俗与功名。

（五）三读两文，同中求异

师：同学们再读屏显中"乐在其中"的语句，能读出两人不同的地方吗？

师："苔痕上阶绿，草色入帘青"中的"帘青"，怎么理解？

师："一切景语皆情语"，经历挫折后常会沮丧，写出的景物怎样？

生：凄凉萧条，如"枯藤老树昏鸦"。

师：但刘禹锡看到的景物却青葱翠绿、充满生机。这说明什么？

生：刘禹锡是积极豪迈的。内心像苔草青葱翠绿，永葆活力。

师："自古逢秋悲寂寥，我言秋日胜春朝。"刘禹锡永远充满"豪气"。

生："衔觞赋诗，以乐其志"，我读出了陶渊明爱喝酒。

师：古来圣贤皆寂寞，惟有饮者留其名。自古很多文人皆爱酒，酒似乎是他们情感的寄托。

【屏显】

对酒当歌，人生几何？——曹操《短歌行》

醉里挑灯看剑，梦回吹角连营。——辛弃疾《破阵子·为陈同甫赋壮词以寄之》

白日放歌须纵酒，青春作伴好还乡。——杜甫《闻官军收河南河北》

师："对酒当歌，人生几何"体现曹操的豪迈乐观。"醉里挑灯看剑，梦回吹角连营"彰显辛弃疾的壮怀激越。"白日放歌须纵酒，青春作伴好还乡"读出杜甫的家国情怀。

师：我们来读陶渊明有关酒的诗句。

【屏显】

既耕亦已种，时还读我书。欢言酌春酒，摘我园中蔬。

山涧清且浅，可以濯吾足。漉我新熟酒，只鸡招近局。

师：同学们读出陶渊明怎样的情怀？

生："耕作，摘菜，喝酒"，我读到诗人的悠闲欢乐。

生：既在山涧边泡脚，又喝酒，不亦乐乎！

师："洗脚"和"泡脚"，哪个更好？

生：泡脚好，更能抒发作者悠闲愉悦之情。

师：嗯，"沧浪之水"既洗去诗人脚上污浊，更愉悦诗人心灵世界。

【屏显】

陶渊明隐居，悠闲快乐地生活。

师：谁背刘禹锡笔下有关"酒"的诗句？

生："沉舟侧畔千帆过，病树牵头万木春。今日听君歌一曲，暂凭杯酒长精神。"

师：你读出刘禹锡怎样的情怀？

生：沉舟边千帆竞发，枯树旁万木争春。借酒增长精神，作者内心豪迈乐观。

师：是啊，即使身处逆境，内心依然豪迈乐观，初心不改。

师：请大家找出两文中以人自比的句子。

生：《陋室铭》中"南阳诸葛庐，西蜀子云亭"，《五柳先生传》中"无怀氏之民欤？葛天氏之民欤"。

师：能读出何种情怀呢？

【屏显】

诸葛亮：三国时蜀国军事家，早期因无人赏识隐居卧龙岗，号称"卧龙"，直至刘备三顾茅庐出山，为蜀国建立，三分天下，鞠躬尽瘁，死而后已。

杨雄：西汉文学家，著名的辞赋家，对后世文学影响巨大。

无怀氏、葛天氏都是上古帝王，传说在他们的治理下，民风淳朴。

师：两处自比，你读出两人有何不同？

生：以诸葛亮比况，暗指即使屡遭贬谪，也希望自己像孔明一样卧龙腾飞，像杨雄一样一展才华。

师：此刻读出的仅是豪迈吗？

生：还有壮志，壮怀激越。

生：陶渊明以上古帝王之民自比，体现出自己也像他们一样过自由闲适的田园生活。此刻，我读出了陶渊明的隐逸情怀。

师：是啊，刘禹锡是豪壮的，陶渊明是向往隐逸的。

师：同学们再圈画出两文中引用的语句。

（1）孔子云：何陋之有？

（2）黔娄之妻有言："不戚戚于贫贱，不汲汲于富贵。"

【屏显】

孔子：儒家创始人，曾游历各国，积极为统治者指出为国之道。在修身、齐家、治国、平天下的思想中，体现出积极的"入世"精神。

黔娄之妻：黔娄出身贫寒，夫人出身贵族，她从贵族家庭的娇女，变成平民庐中的黔娄夫人，躬操井臼，与丈夫一同晨兴理荒秽，带月荷锄归，过着与世无争的幸福生活。

师：我们读出刘禹锡与陶渊明有何不同吗？

生：刘禹锡深受孔子儒家思想影响，"修身，齐家，治国，平天下"积极入世。

生：陶渊明辞官回归田园，喝酒，赏菊，消极避世。

师：刘禹锡身处陋室只是无奈的选择，蓄势以待，如卧龙腾飞，积极入世；陶渊明身处陋室却是主动的选择，恬静悠闲，如菊花淡雅，隐逸出世。

（六）四读，读人读格

（男女生分读）

【屏显】

陶云：少无适俗韵，性本爱丘山。久在樊笼里，复得返自然。（女）

刘曰：自古逢秋悲寂寥，我言秋日胜春朝。晴空一鹤排云上，便引诗情到碧霄。（男）

陶云：采菊东篱下，悠然见南山。山气日夕佳，飞鸟相与还。（女）

刘曰：沉舟侧畔千帆过，病树前头万木春。今日听君歌一曲，暂凭杯酒长精神。（男）

品陶令之文，淡雅如菊，欲辨已忘言。（男女）

品梦得之文，豪气如龙，诗情到碧霄。（男女）

师："淡如菊"的陶令和"豪似龙"的刘梦得，你喜欢哪种生命状态？

生：喜欢陶渊明的生命状态。不计较名利得失，在乎清风明月，修篱赏菊。

生：喜欢刘梦得的生命状态。"不以物喜，不以己悲"，豪气冲天，壮怀激越。

师：一种心声，一种情怀啊！守住内心，守住清明，寻找值得交付的热爱。就像陶渊明，热爱他的菊，热爱他的酒，热爱他的田园，热爱他的隐者情怀。就像刘禹锡，人生百折千回，却豪情依旧，初心依然。希望同学们能在忙碌的学业中寻找到值得自己交付的热爱，并为此风雨兼程。

（七）作业

1. 诵读刘禹锡和陶渊明的相关诗作。
2. 了解陶渊明、刘禹锡的生平，结合他们诗作，写随笔一则。

评 课 沙 龙

王　君：我想先考考罗老师，你来试试给这个课重新命名——赋予自己的课堂一个鲜明的灵魂。以后大家都可以尝试做这件事，好处是用这个思维过程提醒自己进行自我审视：我的课有魂吗？

罗云斌：我为这节课命名为：一样"安贫"，两种"乐道"。《五柳先生传》《陋室铭》，都在传达一种"安贫乐道"的情结。陶、刘一样"安贫"，陶渊明所"乐"之"道"是主动退隐，归隐田园，而刘禹锡是无奈蛰居，蓄势入世。

王　君：妙！请罗老师来做一个自我鉴定：青春语文群文教学讲究"文本与文本之间、文本与生活之间、文本与学生心灵之间的内在契合"，你觉得自己做得如何？

罗云斌：见字如晤，陶、刘文字中都张扬着"安贫乐道"情怀，这应是两文共通的精神内涵。课堂中"求同存异"的探究，通过朗读、资料辅读，让学生领悟他们同样的"安贫"，两样的"乐道"，明晰这份情怀异同时，也丰盈了他们的内心。至于"文本与生活之间"的"融通"，设计的缺陷体现在"'淡如菊'的陶令和'豪似龙'的刘梦得，你更喜欢哪种生命状态？"一问，让课堂无法向学生思维更深处、更宽处漫溯，这是课堂致命的硬伤。

王　君：上面是罗老师的自我评价，大家的评价呢？

温德斌：罗老师的课在层层推进的过程中引入大量的诗文名句，整节课读得美，读得广，读得深。是一堂语文味非常浓的课，既打通了文本，又实现了学生和文本的融通，多几节这样的课，何愁学生不喜欢语文？

朱凌鹏：罗老师的课时而大气流畅，时而曲径通幽，美不胜收。一样的"安贫"，不一样的"乐道"，课堂在高度聚焦中求同比异，层层推进，深入诗人的精神世界。同时整合两位诗人大量诗句，拓展了课的宽度，实在妙极！

时慧慧：司体忠老师曾指出："群文阅读教学议题定点要精准，目标要精确。"罗老师的课堂通过四次比读分析文本，层层递进非常细致，面面俱到的同时却又缺乏聚焦，如果在这个问题上进行改善，教与学会更深入。

杨　青：罗老师的课由表及里，纵深挖掘，使得陶、刘的生命姿态如花般在课堂上摇曳。而课外诗词的拓展丰富了课堂的内容，使整节课如行云流水般浑然天成。如果适时加入背景介绍，会使陶、刘的形象更加深入人心，课堂也会增加一些厚重感。

李红玲：罗老师的课思路清晰，干净漂亮。由美读到比读，由求同到求异，呈现刘、陶不同的生命状态。问题设计由浅入深，曲径通幽，实现文本与文本之间的深度融通。如若吹毛求疵，文本与生活融通不够，对学生的心灵濡染力度还不够。

张　敏：好个《一样"安贫"，两种"乐道"》！环节简约，层层递进；细微切入，深处开凿；聚焦关键，旁征博引。尤其是两种"乐道"的求异，妙不可言。如开头结尾处稍做雕琢，将美不胜收！

陈海亮：此课清秀典雅，若要提升，需要点睛，需要提炼"教什么"的核心。所有读的活动就可以聚焦此点，文章的音韵、语言、情感美的背后都是此"灵魂"的体现。学生也就更能达到与文本之境、作者之情的融通。

孙秋备：中医认为，"经脉"为线，"络脉"为面，穴位是点，经络通畅则不"痛"。好的群文教学应是点线面贯通的阅读场，选好"融合点"，织线成面，互联互通，能引发通透思考。关键环节融通得不够，文本与学生心灵就"隔"了。

王　君：接下来是自由创造时间了。我这次给每个老师的任务不一样。请你根据要求，自由选取统编教材中的文本进行群文教学设计。记住都要给你的课命名啊。

李红玲：我把《记承天诗夜游》与《游兰溪》《记游松风亭》整合做文言文主题型群文教学，课堂主题为"异人"苏东坡的"闲人心境"。（一）初读奇文，知晓其人。朗读文本，结合注释，读懂大意。出示写作背景，知人论世：你如何看待苏轼这个人？学生各抒己见。预设为"闲人""异人""趣人"。（二）求同比异，赏析奇景。贴近文本重点句子，完成赏读活动："闲人"之闲情；"异人"之异景；"趣人"之理趣。之后小结苏文特点。（三）比异求同，体悟"闲"境。先找出文中心理描写的词句，体会作者的"闲人"心境；再联系现实，学会用苏轼的处世态度对抗不公的命运和生命逆境，学做一个达观开朗活泼有趣之人。

朱凌鹏：我将《阿长与〈山海经〉》《老王》《我的叔叔于勒》整合做主题型文本群文教学，主题为"学会善良"。设计如下：（一）寻找善良：梳理故事情节，探究老王、长妈妈、于勒等人物的描写片段，勾画他们的善良之举。（二）细读善良：读《阿长与〈山海经〉》，让学生明白善良是一种淳朴与真诚；读《老王》，让学生明白善良是一种尊重与平等；读《我的叔叔于勒》，让学生明白高贵的善良并不贵，衡量善良的标准不以金钱的多寡。求同比异，总结提高：人与人之间要有真诚淳朴的情意。（三）学会善良：勾连现实，让学生畅谈作为新时代的少年，该如何正确看待善良。

时慧慧：我把《阿长与〈山海经〉》《范爱农》处理成现代文语用型群文教学文本。教学主题是欲扬先抑使文章起波澜。第一步阅读《阿长与〈山海经〉》，勾画作者对阿长情感的句子或词语。读懂人物，思考作者的情感变化，最终表达了对阿长怎样的感情；第二步对比阅读《范爱农》，填表格，方法同上；第三步对比梳理两文写人物的共同点，进一步归纳欲扬先抑的好处，从中读出鲁迅的情感和表达特点，揭示主题：世间许多平凡的人或物，也有让人动情的不平凡之处。

陈海亮：我想整合苏轼的《记承天寺夜游》《念奴娇·赤壁怀古》和《赤壁赋》三种不同文体的文章，处理成文言文语用型群文教学文本，主题命名为《借月抒情表"我"心》。设计如下：（一）看月寻景。寻读描写"夜月"景象之句，明确借月抒情的写法。（二）比月明情。先对借月抒情写法开展求同活动，让学生明白借物抒情的情感表达方式，重点明确借物抒情"借"

之技巧；然后比异三篇文章借月抒情写法的角度与情感表达等方面的不同，让学生在比读中感悟"借"之深情。（三）探月悟理。以三个文本为依据，链接苏轼诗文中另外的借物抒情名篇，由"月"到"物"，进行内在理趣的微探究活动，以达到对借物抒情写法的深度理解，达到借物抒情表"我"心的目的。

孙秋备：我选择七上《散文诗二首》进行现代文积累型文本群文教学。课堂主题是"诗意的爱，献给亲爱的你"。流程如下：（一）勾画，积累常识。此活动目的在于了解并识记文体知识，练习自读课的阅读方法。（二）读"花"，积累句式。这两首散文诗都是借花抒情，要求学生从两文中勾画出写花的句子，整合朗读，发现句子灵动、精练的诗意化和描述性特点。（三）比"花"，积累手法。比读语段，引导学生探究：同样以花抒情，两文的抒情手法有何异同？在求同比异中积累一些抒情手法。（四）写"花"，积累情怀。再读两文首尾段和冰心《致词》片段，让学生分别用"假如我……"改写、仿写，用诗意的语言抒发对父母亲人之爱。

罗云斌：我选择《与朱元思书》《满井游记》进行文言积累型群文教学。主题为"山水寓情怀"。设计如下：（一）初读，圈画注释，积累词义，尤其一词多义、词性活用等。（二）寻美，积累美句。说说山川之美，美在哪里？可借鉴以下形式：①偏正短语式，如"清澈的河水"。②丽句式，如"美在高峰，耸入云天"。③对联式，如"高峰入云，清流见底"。（三）品美，积累手法。通过品析，学习多层次多角度多修辞描写景物的手法。（四）写美，积累写法，学以致用。选择山水之美一个点展开想象，进行描述。（五）细读，积累点睛句。把握主旨，体会情怀。

杨　青：我把《故乡》《祝福》两篇文章整合成思辨型群文教学文本，主题命名为"跟鲁迅学习批判性思维"。设计如下：（一）导入：由流量明星爆火，引起商品热销的现象引出跟鲁迅学批判性思维。（二）从小说的开端、发展、高潮、结局的思路概括《故乡》《祝福》的内容。（三）从两篇文章中找出鲁迅笔下的主要人物，概括他们的思想，以及鲁迅对他们思想的怀疑和否定。（四）用小组合作的方式探究鲁迅在小说中是运用哪些手法来表现自己的批判性思维的。（五）引入资料，鲁迅对《祝福》《故乡》中国民性的批判性思维是从家庭影响还有阅读、生活经历而来。让学生思考怎样学习批判性思维。（六）学以致用。引入一些新闻材料，让学生以批判性思维来看社会现象。

温德斌：我想将《故乡》《范进中举》《变色龙》整合成写作型文本群文教学，主题为"夸张：根植于生活的意外精彩"。设计如下：（一）找出杨二嫂、范进、胡屠户、奥楚蔑洛夫等几个人物的描写片段，品读其中给你印象深刻的细节。（二）探讨这些细节不合常理的地方，借助名人漫画肖像，理解写人物时凸显个性特征的重要性。（三）进一步探讨得出，貌似不合理的夸张写法之所以产生"意外的精彩"，是因为作者长期观察生活并思考总结，才刻画出特定土壤下的典型人物。（四）学习模仿，用夸张手法写一个特定环境下个性人物的生活片段。

张　敏：我整合《庄子与惠子游于濠梁之上》《惠子相梁》《庄子送葬》三则故事，组成跳板型群文教学，命名为"有趣的庄子"。设计如下：（一）读懂大意，讲故事。互评激趣，加深对课外故事理解，为后面活动张本。（二）读出语气，析人物。屏显表现人物性情特征的关键语句，通过模拟情境朗读，感悟庄子的洒脱自在。（三）赏析细节，辨关系。以"庄周与惠施，是朋友还是对手"辩论，对比二人性格之不同。（四）读后拓展，议感悟。以"你愿意和谁做朋友"讨论，引导学生联系实际发表见解，探讨做人的格局，与人相处的智慧。（五）推荐《庄子》，送祝福。人生的大智慧尽在《庄子》一书中，请大家课后读整本书，学庄子，做真人，交好友，享逍遥，得自在。

孙秋备：总结大家的研讨，好的群文教学首先要想清楚"为什么要教"，再确定"教什么"，并由此出发组合文本、指挥文本；然后，确定文本类型，设计"怎样教"，让文本在教学活动中彼此呼应，互动互通，发挥"群"力，让学生学得更轻松更灵动更深入。

王　君：谢谢大家的激烈争论勇敢尝试。文本特质与课型创新，是我们为了解决一线的教学困境创造出来的一个新东西。它还在初生的阶段，并不完善。在这个过程中，我们一定会感叹：惩山北之塞，出入之迂也。文本特质与课型创新视野下的群文教学的"太行王屋二山"，就是文本精神层面灵魂层面的打通，就是文本营养的合理分类和智慧开掘。这些都是非常具有创造性的工作。有"痛"才能去"通"，"通"了之后，我们便不仅学会了教学，也学会了更加懂得生命的意义。此路艰难，但值得去开辟。我们继续努力！

10. 青春语文的集体人格
——课型创新视野下的团队专业发展

研讨者：王　君　孙秋备　杨晶晶　温德斌　俞春霞
　　　　张绪凤　陈海亮　周忠玉　陈海波

备 课 沙 龙

王　君： 兄弟姐妹们，大家好，短短的一两年时间，经由我们的"共生长"，兄弟姐妹们专业提升很快，硕果累累。10 月 26 日，语文湿地第五届年会在清澜山学校成功召开。活动的各个环节都精彩纷呈。而最最动人的，是青春语文名师工作室八位老师的专业成长汇报。他们用自己的亲身经历，讲述了专业探索中的艰难和幸福。我在台下望着他们，百感交集。我想，共同成长沉淀下来的是共同的人格，行走到这个阶段之后，青春语文的集体人格应该是什么样子的呢？

所以，本书的最后一次研讨，借由我们的专业思考，我们把团队发展的深层次问题融合进去。我们要追问：青春语文的集体人格，应该具有一些什么样的元素，应该呈现一种什么样的集体风貌？

为了研究这个问题，我想先向大家推荐杨晶晶老师近期的一次备课经历。对，不仅仅只是推荐一个成功的课，而是因为一个课而诞生的"全部经历"。百转千回的备课挣扎，是跟课一样珍贵的生命体验。通过杨晶晶老师近期为了"戏剧群文教学"而经历的一切，我们去探索青春语文的集体人格之专业人格的要素和社会人格的要素。在看课之前，请晶晶老师简单地讲讲这一次惊心动魄的备课过程。

杨晶晶： 参加由人教社王本华老师主编的《群文阅读初中读本》示范课例开发，我一时冲动选择了九年级下册戏剧单元。王尔德说："再也没有比轻率更像无知的了。"它的难度超出了我的认知：没有现成课例可以学习；没有专门解读戏剧冲突的权威论文能做依据,对"戏剧冲突"相对完整的界定来自百度百科,却又经不起推敲。这堂课最大的难度在于"一切都是空白"!这种被打零分的感觉激起了我的逆反和斗志,没有界定,我就来界定;没有课例,我就来创新!《戏剧艺术十五讲》、黑格尔《美学》等,我一头扎进经典专著提炼、收集有价值信息里;从5月到9月,12个版本的设计陆续在试讲后推翻了又重构……我深感创新之举极其困难,但人之可贵不就在于创造性地思维吗?

王 君: 了解了这堂课的前世今生,我们现在来欣赏这堂课。请大家通过这堂课以及自己平时的备课体验,先思考青春语文集体人格之专业人格方面的内容,然后再思考社会人格方面的内容。

课 例 实 践

戏剧因"冲突"而动人
——《白毛女》《威尼斯商人》《枣儿》剧本群文教学实录

执教:杨晶晶

板块一:走近戏剧冲突,具体感知

(一) 暖场激趣,引入冲突

师: 这个暑假最燃的电影是什么?

生(齐答):《哪吒之魔童降世》!

师: 老师在百度搜索引擎中输入电影名称,往下划拉手机,有实时票房第一,有"《哪吒之魔童降世》虐哭千万成人",哭了的请举手。

(大多数学生举手)

师: 为什么你会哭?

生: 为哪吒舍己为人的精神感动。

师：如果哪吒没有那么调皮，而是平易近人，众人对他没有憎恶和误解，最后他自我牺牲救了百姓。你会哭吗？为什么？

生：不会，不调皮就不能体现魔丸的本性，到后来他大转变的时候，那种转折就没有了！

师：如果哪吒不是魔丸转世，不在自暴自弃和自我牺牲之间徘徊，你还会为这个故事流眼泪吗？

生：不会，他被别人排斥内心徘徊，却拯救了大家，这样的剧情使奉献精神更好地突出了。

师：当我们把哪吒和他人、哪吒心中的冲突去掉，这部电影简直无聊至极！就像希德·菲尔德在《电影剧本写作基础》中说的："所有戏剧都是关于冲突。"

（二）初识冲突，具体感知

【屏显】

议题：认识戏剧冲突

师：现在，我们一起走进《白毛女》剧本节选中最令观众揪心的一个片段。片段中谁让你揪心？

生：杨白劳。

师：用一句话概括，他身上什么样的纠纷和冲突让人揪心？

生：黄世仁逼杨白劳把女儿卖了还债，杨白劳强烈反抗后没有成功，他被强迫按下手印。

生：他身上还有自己和自己的冲突，杨白劳很想还地主的钱，但是他又不舍得他女儿。

师：你在哪里读到他特别想还地主的钱？

（生不好意思地摇头。）

师：请坐，我们感觉到他的内心有冲突，但是说不准确，因为我们没有沉下心来品读剧本。给大家一个提醒：这段话中哪种标点特别好地突出了杨白劳的内心感受？

生：省略号。

师：我和同学演读一段包含几处省略号的内容，大家仔细品味每处省略号背后杨白劳的内心是怎样的。

（教师扮演穆仁智，学生扮演杨白劳进行分角色演读。）

师：第一处省略号表现了杨白劳怎样的内心？

生：他很纠结。一方面是愤怒和激动，觉得自己应该反抗；另一方面，因为恐惧穆仁智，所以说话没有底气，特别㞞。

师：谁来说说第二处省略号表现了杨白劳怎样的内心？

生：是一种无奈、委屈。

师：这些词程度不够，人家都来抢你女儿了，你想到的唯一的办法——去衙门说理被告知此路不通！此时的你内心应该是怎样的？

生（齐答）：绝望！

师：请大家把自己带入到角色中去，接下来，我穆仁智对你的口气开始缓和了，劝说你赶紧把手印按了，此时的你还是吞吞吐吐地对我说"你……你……"，你的内心又是怎样的？

生：我动心了，想把手印按了。

生：不对，舞台提示里有个动作指示"又去拦"，这里表现出我是很焦急的。

师：不错，请用一句话把品读到的几处省略号背后杨白劳的内心情感串联起来，你看出了怎样的纠纷和冲突？

生：杨白劳一方面害怕、懦弱和绝望，却又觉得自己应该反抗。

师：我们找出的《白毛女》剧本节选中的两个冲突有何相同点和不同点？

生：不同点是第一个冲突是人与人之间的，第二个是人物内心的冲突。

生：相同点是杨白劳都处于受压迫状态。

师：也就是说冲突可以有不同的表现，但是都发生在"人"的身上。老师查阅了包括德国美学家黑格尔《美学》在内的不少资料，对"戏剧冲突"做了个诠释，请大家齐读。

【屏显】

戏剧中的"冲突"：冲突是戏剧中矛盾产生、发展、解决的过程，由人物语言、动作体现出来。冲突可以表现为人物的内心矛盾，也可以是人物和旁人的目的发生对立和斗争所产生的。在冲突过程中，人物的语言、动作总要导致纠纷。纠纷的结果，也就是冲突的结果总要导致一种违反人物的原来意愿和意图的结局。

师： 戏剧最精彩之处在于"突出冲突，剧情在纠纷中挣扎着发展"的过程。如果困难落在一个逆来顺受、让卖女儿马上会按手印、都不带纠结的杨白劳身上，那就不是真正的戏剧了。只有戏剧冲突的存在，也就是只有当人物表现出对抗和斗争的时候，戏剧才会抓住我们的心。

（三）寻找冲突，辨识类型

（教师讲解戏剧冲突具体表现分类）

【屏显】

```
                           ┌─── 利益冲突
              ┌── 人与人的冲突 ├─── 性格冲突
              │                └─── 文化认知冲突
戏剧冲突      │
具体表现分类 ├── 人物内心冲突
              │
              │                ┌─── 人与自然的冲突
              └── 人与环境的冲突 └─── 人与社会的冲突
```

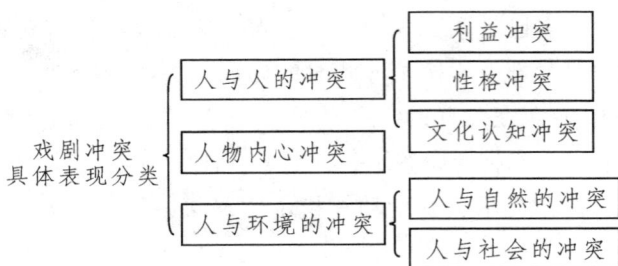

师： 表现形式丰富多样的戏剧冲突成就了许多精彩的戏剧作品，接下来我们走入更多的剧本作品中，尝试寻找和辨识不一样的戏剧冲突。请参照我们寻找《白毛女》中的戏剧冲突的方法，在《威尼斯商人》《枣儿》剧本节选中找出你感兴趣的人物，概括发生在他身上的戏剧冲突，并辨识冲突类型。

【屏显】

探寻戏剧冲突方法支招：

（1）选择你感兴趣的人物。

（2）思考他身上发生了怎样的"纠纷和冲突"。

（3）概括发生在他身上的"纠纷和冲突"，得出戏剧冲突。

（4）辨识戏剧冲突的类型。

生： 前情提要里说，夏洛克嫉妒安东尼奥的生意做得好，节选中他执意要割下安东尼奥身上的一磅肉，这是利益冲突。

师： 夏洛克置安东尼奥于死地纯粹是图钱？两个人之间的冲突，除了利益冲突还有什么冲突？

生： 不光图钱，巴萨尼奥提出加倍还钱他都不同意，执意要"一磅肉"，剧本中说"因为我对于安东尼奥抱着久积的仇恨和深刻的反感"。所以，他们两个人之间的冲突还是人与人性格的冲突。

生： 公爵劝夏洛克善良，夏洛克不愿意。这是性格冲突、文化认知冲突。

生： 巴萨尼奥怒怼了夏洛克无情、残忍，并提出加倍还钱，但是夏洛克拒绝，这也是性格冲突。

师： 有没有哪位同学来说说《枣儿》？

生： 男孩儿想走，但是老人太孤独想让男孩陪，不让他走。这是一种利益冲突。

生： 老人想让儿子枣儿回来，枣儿却不回来；男孩想爸爸回家，但是爸爸已经在城里有了家不回来。这些冲突好像是人与人之间的利益冲突，我拿不太准。

师： 很难辨识出类型是因为我们在阅读的时候，往往缺乏质疑的习惯和释疑的钻研精神，有没有谁在阅读《枣儿》的过程中产生疑问？

生： 我有，老人的儿子、孩子的父亲为什么会离家？

师： 我来给大家介绍下剧本背景，现代化进程促使很多人为了更高的收入背井离乡，去了城市打工，金钱追求让这群人感情淡漠，空巢老人和留守儿童越来越多。那《枣儿》中之前我们拿不准类型的冲突，除了是利益冲突，还可以界定为什么冲突？

生： 人与社会环境的冲突。

板块二：走入戏剧冲突，探寻作用

求异比较，探寻作用

师： 冲突表现形式是多样的，但万变却不离其宗，我们来看这个词的来源：拉丁文"conflitus"，译为分歧、争斗、冲突。哪里有戏剧冲突，哪里就有纠纷、纠结。这种虐人的东西如果去掉好不好？请大家回到《白毛女》剧本节选，这个故事起源于晋察冀边区白毛仙姑的民间传说，有人把传说改编成了戏剧，也有人以简洁的方式把传说记录下来，比如 PPT 上展示的助读资料节选内容。特别注意加点字部分，正好对应我们研读的剧本内容。

【屏显】

佃户杨白劳，早失偶，育有一女，名曰喜儿，许配同村大春。地主黄世仁，为富不仁，以田赋相逼。杨号呼无路，遂自尽。——白毛女（节选）《文言文启蒙读本》

师：少了戏剧冲突有什么影响？

生：情节就没有跌宕起伏了，少了激动人心的感觉。

生：少了人物鲜明的性格、形象。

师：老师把《白毛女》剧本节选中一个冲突的结果改改，让整个冲突显得不那么虐人，你觉得好吗？

【屏显】

穆：（拉住杨的手）按上个手印吧！（正要按手印）

（一队士兵冲进来，用枪指着穆仁智）

士兵：不许动，放开他的手！你们这些恶霸！

穆：啊！不要开枪！（跪下抱头）

杨：天助我也啊！我和喜儿有活路了！

生：不好，这太巧了，很狗血，不真实！没有人通风报信，怎么可能有人来救他们。

师：也就是没有理性、真实地反映生活。

【屏显】

（《枣儿》《威尼斯商人》中几个戏剧冲突）

师：小组合作探究：任选屏显冲突中的一个，结合剧本具体内容，以"如果这个冲突去掉，＿＿＿＿＿＿＿＿就没有了"的方式回答。

生：我选《威尼斯商人》，冲突去掉人物性格就没有了。比如说夏洛克，文中他怼别人的一句台词是："我只能说我欢喜这样，这是不是一个回答？要是我的屋子里有了耗子，我高兴出一万块钱叫人把它们赶掉，谁管得了我？"这里可以看出他的任性、嚣张、刻薄、傲慢。

师：他说这番话之前，谁对他有了什么样的要求？

生：公爵，劝他"显出你的仁慈恻隐来"。

师：公爵越劝他善良，他就越……？

生：越嚣张、越刻薄！

师：冲突没有了，人物鲜明的性格不突出了，艺术感染力当然就没有了。

生：如果《枣儿》里面的戏剧冲突没有了，老人和男孩之间的温情互动就没有了。

师：哪一段温情互动打动了你？能和你的同桌一起倾情演读出来吗？

（学生分角色演读片段，教师朗读舞台说明。）

师：老人和男孩越是温情互动，你越觉得怎样？

生：越觉得他们有相依为命的感觉，越觉得他们可怜，让我心酸。

师：当你觉得他们可怜时，你会产生什么想法？

生：我会深入思考和关注留守儿童、空巢老人问题。

生：我会去思考利益和亲情之间的选择、平衡问题。

师：没有冲突，人物内心世界的刻画就不够深刻，阅读时我们感受到的冲击力、感染力，产生的共鸣感也会没有，我们就不会被戏剧作品触动进而深深地去思索人生、社会。

【屏显】

剧本中"戏剧冲突"的作用：丰富人物性格；凸显人物形象；使情节跌宕起伏；内容充满艺术感染力；理性反映生活……

板块三：走出戏剧冲突，打通生活

师：孩子们！大家的思维奔放起来，打破课堂、书本的界限，结合实际生活联想，如果剧本中的戏剧冲突没有了，你还会看戏剧吗？为什么？

生：不会了，冲突大部分是关于人性、人心，这是在我们成长中不可避免要接触了解的，戏剧可以让我们更加深入地了解。可以说，戏剧的冲突就是戏剧的吸睛之处。如果没有冲突，我就不会再看戏剧了。

师：她说得太棒了！特别是"戏剧可以让我们更加深入地、真实地了解人性、人心"这句话，完全跳出了书本、课堂，达到了一个高度！冲突如果没有了，人性的复杂、社会的复杂就没有了，田园牧歌一样的社会很不真实。

师：你希望人性复杂，社会复杂吗？

生：不希望。

师：虽然不希望，但是你能改变吗？

生：不能。

师：所以，戏剧冲突最大的本质是我们一厢情愿的自由意愿和客观现实之间的矛盾。

师：孩子们，戏剧并不是一种单纯的娱乐或游戏！有句俗语"人生如戏，全靠演技"，也有一首歌唱道："人生如戏，逃不出格局。"认识戏剧冲突的目的是更好地认识世间最大的冲突——一厢情愿的自由意愿和客观现实之间的矛盾，进而，更好地认识自己，认识人性的复杂、社会的复杂，并最终做更好的自己！我相信当你真正认识了戏剧冲突，你会读懂人生百态！顺便也能够品鉴一部经典戏剧，成为一个好的演员。

评 课 沙 龙

王　君：戏剧教学，本就是一个空白。而文本特质课型创新思想背景下的戏剧群文教学，更是绝顶处的攀登。我们先从专业角度来解读这个课。

孙秋备：这节课直接指向"戏剧冲突"这一语用知识的认知学用，深入开掘语用点，层层探究解析，是语用型文本群文教学的范例。课堂中的三个板块就是三个微型课，既互为依存又相对独立，每个板块中都凸显出巧激趣、指方法、搭梯子的教学智慧，不断挑起学生的认知欲求，不断拓宽学生的思维界限，带领学生向戏剧冲突更深处"漫溯"。

温德斌："删繁就简三秋树，领异标新二月花"，杨老师没有打理戏剧教学的枝枝杈杈，而是直奔戏剧冲突这个主线，抓住了戏剧教学的核心所在。教学过程中，她没有拘泥于戏剧理论的生硬讲解，所有教学活动都围绕着学生的认知进行，从激趣导入到初识冲突、寻找冲突，再到体悟冲突的作用，一步步走下来，水到渠成，妥帖自然。

俞春霞： 本课既有一般精品课的特质：由表及里、缓急有致，又抓住了戏剧主要特征——矛盾冲突来进行群文建构，课堂干净凝练。在教学的过程中，教者一直保持着清醒的头脑，知道"为什么教""教什么"和"怎么教"，慢慢引领着学生由熟悉地带向陌生地带攀爬，从而完成由一般感知到理性领悟的过程。最终引领学生反观自我，超越"矛盾"。

张绪凤： 这一课例回避了对群文主题的解读，而是指向于戏剧的体式特征，聚焦于剧本最突出的结构要素——戏剧冲突，在一系列的学习活动中让学生习得鉴赏戏剧艺术的方法，可谓是教到紧要处与需要处了。从议题的确定到内容的整合，再到暖场策略以及"冲突"的学习活动，为学生的思维及审美活动搭建了支架，也把理解教材的方式教给学生。

陈海亮： 杨老师化繁为简，把学习的落点聚焦于冲突，直击戏剧学习的核心。从"初识冲突""辨识冲突"到"探寻作用""走出冲突"，专注于核心，层层开掘。把握分寸，在关键处"探寻作用"环节，以求异比较为方法"重锤击打"，突破了学习难点，让学生在冲突的"辨析与探寻"中达到了豁然开朗之境，抵达了戏剧学习的"桃花源"。

周忠玉： 三部戏剧，一堂课，其展开与落地突出教者的聚焦智慧和王君文本特质课型创新思想的大美与实用。戏剧要素包括戏剧冲突、戏剧语言和舞台说明等。晶晶老师将"戏剧冲突"作为切入点，从冲突导入，到认识冲突，辨识冲突类型，探寻冲突作用，走出冲突，层层深入，突出语用型文本聚焦之力以及其语用价值和精神价值双向情趣呈现之大美。

陈海波： 戏剧是一门融合了多种艺术形式的综合性艺术，但在众多艺术形式中，对于破解戏剧的"人物形象"和"人文主题"来说，戏剧文学极富表现力的语言是最重要的砝码，也是晶晶老师呈现的戏剧教学之道，她把读者最为期待的戏剧性"冲突"作为重要的支点，引导学生体验式地解读个性化的语言，直达戏剧的"内核"，巧妙地打通"戏里剧外"。

王　君： 我之所以特别想向大家推荐这个备课故事，是因为在和晶晶老师交流的过程中，我发现有几个备课节点非常值得研究。请晶晶老师讲一讲。

杨晶晶： 最初试讲我引用百度百科对"戏剧冲突"的界定，我校刘静老师提出质疑：百度百科的界定经不起推敲，整堂课会因此显得浅薄。我顿觉醍醐灌顶，开始尝试自己界定，哪怕做诠释。从无到有的创新更需要认知勇气和逆向思维，这是备课中的最大收获。

我曾坚持师生共建"冲突名片"，重庆市教科院陈家尧老师的指导让我恍然大悟：名片过于繁复，学生很难完成，意义不大。明示冲突分类，学生自主辨识，课堂更具生成性。形式永远大不过"生本"，群文阅读课如若形式新颖、内容深刻却"折磨"学生，就违背了教学创新的初衷。

王君老师高屋建瓴的点拨促使我思考如何打通戏剧与生活，虽有反对意见，我还是坚持引导学生思考认识戏剧冲突的实际意义，学生的感悟惊艳了课堂。

王　君：听了介绍之后，大家再琢磨琢磨，如果从备课过程会促进备课者人格完善的角度去观察，这个课，又带给我们一些什么启示？

孙秋备：一节好课的诞生，必得经过"为伊消得人憔悴"的执着探寻，才会有"柳暗花明又一村"的惊喜发现。备课的过程就是重新建构认知、锤炼理性思维、不断强健自我的过程。为达成课堂的精准、精深和精美，晶晶老师大量阅读专业论著，审慎面对质疑提醒，多次重构教学设计，备课中不仅得到了专业技能的提升，更获得了心理品质的成长。

温德斌："青春语文"从来不闭塞，他们在语文世界里不断求索，不断地向优秀同行学习。在"冰泉冷涩弦凝绝"的时刻，晶晶老师与身边一众行家"如切如琢，如琢如磨"，终于等到了课堂上"银瓶乍破水浆迸"的惊艳时刻。可见，磨课不是磨掉个性，而是磨去不符合教师个性的部分，促进教师形成个性化的课堂，铸就个性化的教学风格。

俞春霞：备课的过程最能体现一位教师的语文素养和精神品质。有人喜欢守成维稳，有人喜欢创新开拓；有人喜欢创新但浅尝辄止，有人却在创新中越挫越勇；有人为备课而备，局限于文本，有人却在备课的过程中始终贴地而行，关注生命。很显然晶晶老师属于后者，不但有开拓创新的"大胆设想"，还有持之以恒的"小心求证"，值得我们学习。

张绪凤：晶晶老师的备课经历，印证了"青春语文人"的求索是执着的，创新更是有理据的。为了上一节有学理的好课，为了更好地界定"戏剧冲突"，晶晶老师细读黑格尔的《美学》，同时又对 12 个不同的教学设计进行质疑和选择，在和他人进行思想碰撞中获得灵感，守正"青春语文"关照学习活动、打通生活的创新理念。这是一种严谨的科研态度。

陈海亮："课格即人格"，一节课境界的大小，格调的高低，都是教师人格的折射。杨老师备课时先大量占有资料，然后合理取舍，挑战极限；出炉后又要与同道反复研讨，辩证分析，取舍意见。这是一个自我学习与交流接纳的成长经历，特别难得的是杨老师在学习与融合中能清醒地审视自己，不迷失，善辨析，自然也就强大了自己。

周忠玉："戏剧冲突"是语用难点，学界权威知识极少。晶晶在质疑、点拨和建议中深入阅读，创新界定，并将文本与文本、文本与生活、文本与生命打通，成功诠释了青春语文的教学追求：教学目标确立要从学生发展需要出发，要让文本为教者服务，要借助课来表达自己的人生理想——认识戏剧冲突，就是认识人性、社会之复杂，并更好地认识自己。

陈海波：每一次备课对于渴望成长的老师来说都是一次"炼狱"的过程，但"炼狱"过后，总会实现成长的"涅　"。为了探寻一条最佳的教学抵达路径，需要反复思考、实践和改进。这个过程会不断地刷新老师的思想，对教材的钻研和驾驭也会不断地走向深入和通透，这种呈螺旋式上升的思维模式，大大地磨砺了教师思考文本和设计教学的能力。

王　君：10月，青春语文名师工作室还开展了一项重要活动，就是统编教材的单元群文教学设计比赛。我在向大家学习的过程当中，也更多地思考了关于青春语文的集体人格的问题。群文教学设计之"群"天然是一种呼唤，呼唤打通，呼唤联结。而文本特质和课型创新，又在呼唤"梳理"，呼唤"厘清"，这里边，"合力"与"独力"自然会产生一种张力，让我们去深刻地思考"我与自然""我与社会""我与自我"的关系。在老师们的九年级上册第三单元的群文设计中，我看到了大家的平衡之力，融通之功。我们以此为抓手，再进一步思考一下在个人无意识和集体无意识中已经自然而然体现出来的青春语文人应该拥有的专业人格和社会人格。

孙秋备：这个单元三篇写山水的文章各美其美，句法与情感相互辉映。我把课堂定位为诵读型兼语用型群文教学，以"万水千山总是情"为主题，聚焦研究文章句法的异同，由此触摸作者情感的异同。课堂活动：（一）比读山水。自由选读文章及语段，说说哪一篇文章的山水更独特。这一活动目的在于感知文意，读准读顺读好，概说文中描绘的图景。（二）比读句式。比较三文景物描写，聚焦句式特点，通过多样诵读、改写比读，探究发现：《岳》美在多用对举句式，大笔勾勒大气象；《醉》美在巧用"者""也"句式，灵动多变又舒缓自如；《湖》美在妙用三个"与"字，简笔白描凸显天地宏阔苍茫。（三）比读情感。先比异。出示写作背景，引导学生比读发现：《岳》于对举的整饬铿锵中彰显博大胸怀，《醉》于整散有致的句式里表达自得之乐，《湖》于天人对比中表现独与天地精神往来。再求同。不同的山水，不一样的情怀，但相同的是他们都在山水中安放自我，在热爱中实现自我。最后以诗证文。

俞春霞：在本单元的三篇文言文中，我发现三位作者的境遇都处于颓势，然他们笔下的景却不尽相同，甚至大相径庭。由此我从"山水是情理的倒影"这一个点聚焦，通过诵读的不同形式读"景"、读"人"、读"背景（社会）"、读"我"，慢慢触摸作者寄寓在景物中的心理诉求，并从中学会如何在"自然"与"社会现实"中找到平衡，找到"我"。具体步骤：（一）导入。三幅图辨别三篇文章所写景点，初步感知三处景物的特点。（二）读景。分别呈现三文中描写景物的句子，分层次读。第一层：理解读，用导游介绍景点的方式；第二层：带入具体情境读；第三层：加入情感读。小结：三处景物描写的异同。（三）读人。找出三文中描写不同人的语段，比较读，结合背景读，加入特定情境读，读出三人不同的生命态势。（四）人景合一。范仲淹：无"我"有人，所观之景"气象万千"；欧阳修：有"我"有人，所观之景"蔚然深秀"；张岱：有"我"无人，所观之景"上下一白"。最后用钱锺书的话总结。

温德斌：在讨论景物与人的关系时，一般到"情景交融，景语皆情语"等就止步了。但情和景的关系涉及人物的气质、思想境界以及人在自然中的归属等各种复杂因素。叔本华《风景中的人类》一书带来备课的灵感，我想和学生一起探讨特定景物中特定的人：（一）导入，引叔本华"人是风景的中心"启发思考。（二）蓄势，读喜欢的写景段落，说喜欢的理由。（三）读中悟，悟中读，探讨三篇中人和景物的关系。第一层，舟子的无趣，人在风景之外；金陵人的雅趣，人在风景之中；山水虽美而醉翁意趣乃在与民同乐；迁客骚人的"意随境迁"，情感与景物互相印证。第二层，深入关键词句，辨悟三篇文章中景与人的关系：烘托，陪衬，还是包含？第三层，再次深入文句，品读句子，从"强饮三大白而别的张岱和金陵人是否同道中人"开始，分别理解人在景物中、人群中、时代中的孤独。（四）再读拓展，三篇互换角色，理解伟大人物各有各的孤独，或因个人志趣，或因家国情怀，或因卓拔思想等。

王　君：大家的处理很有意思，侧重点各有不同，路径也不相同，但是最后的指向都有共同之处。而这个"同"，就是经典文本传递出来的核心价值，就是经典永远充满现代活力的根本原因所在。我们破解了这个密码，就应该明了，青春语文集体人格之核心所在了。

温德斌：窃以为，经典文本经得起无数时代无数人的"指指点点"，可以从无数个角度去开掘，常读常新，因为其视野超越了自己的时代。青春语文人也一样，在见自我、见天地、见众生的磨砺中，视野有了大天地，生命有了大境界。

张绪凤：三位老师"殊途同归"地体现出人类在自然与他人的关系中探寻生命的价值，是青春语文集体人格的彰显——在语文教学中见天地、见众生、见自我，从而坚韧地修行自我，即使身处逆境也要坚守自我，乐观生活，实现生命的价值。

周忠玉：孙绍振先生说，文学文本的生命是不可重复的、唯一性的。但是，我想，我们的创新却是无限丰富的。这正是青春语文人的集体追求：在守正中创新，在创新中突破，在突破中成长，在成长中影响他人，从而影响中国，影响世界。

陈海亮：学习经典，是为了更好地安放自己，我们的学生在文字的摸爬滚打中，在气脉的流转感悟中，逐渐走入了先贤们的"道场"。我想，青春语文最终的目的就是在语文学习中成就更好的自己。

孙秋备：赫尔曼·黑塞说，阅读的目的是与整个人类建立起息息相通的生动联系。青春语文"打通教法与活法"秉承这一理念，把语文课堂视作生命修行的道场，以"挑战自我"的创新精神开掘文本，以"热爱生活"的心态见天地众生，度人亦度己。

陈海波：《道德经》有言："人法地，地法天，天法道，道法自然。"青春语文最大的特色在于将"自我"的成长放入天地、自然之中，与其融通会合，从而释放出博大、通透、昂扬的精神状态，是对天地自然的敬畏，是对生命的敬畏。

杨晶晶：有学者认为《易经》乾卦的"元"代表刚健精神，"亨"代表通达脱透的心态。青春语文集体人格是以刚健精神为基石，通达脱透地"见自我、见天地、见众生"。打通人性桎梏，你就会成为青春语文打通教法与活法的实践者。

俞春霞："青春语文"是"水"，善利万物而不争；"青春语文"是"菊"，凌霜傲雪而不萎；"青春语文"是"荷"，陷身泥淖而不染；"青春语文"是"草"，屡遭践踏而不屈；"青春语文"是"光"，万重阻挠而不畏……这便是我们的集体人格。

王　君：老师们，当我们选择"青春语文的集体人格"这个话题的时候，就已经意味着，语文教学，已经不仅仅是我们的谋生之技，而成为我们真正安身立命的精神栖息所在。这个话题，在2020年的"文本特质和课型创新思想下的整本书阅读研究"中，我们将继续深入。

下篇

大群文网课
教学案例

1. 我们谁不是这样笨拙而努力地在爱

——《阿长与〈山海经〉》新读

授课：王君

一

同学们，老师们，朋友们，晚上好。我们现在开始上课。

今天的课题是《阿长与〈山海经〉》。这也是一个我非常非常珍爱的文本。

我一直固执地认为：每一位母亲，如果想要做好母亲，都应该认真地去研究一下长妈妈。

母爱，是一个永恒的母题。爱自己的孩子，是天性。正常情况下，没有妈妈不爱自己的孩子。但是，在现实生活中，想好好爱，却没有能力好好爱的妈妈，实在太多。

我讲《鲁滨逊漂流记》整本书阅读第一课时，课题就是《我们和爸爸妈妈是否终究有一场大战》。那堂课太重要了，没有听的朋友，一定要去听。但那堂课，还不深入，仅仅只是让我们看到了亲子之间相爱相杀的第一层面。今天，请允许我借助《阿长与〈山海经〉》这篇好课文，带领着大家再向前走一小步。

长妈妈是谁？担心也有朋友不太清楚。我补充说一下。

她是鲁迅儿时的保姆，跟鲁迅完全没有血缘关系。她有一个过继的儿子，是做裁缝的，她有一个女儿，后来招了一个女婿。

其实，这个来自东浦的长妈妈身材矮小，周家原先的保姆个子高大，按周家工友的说法：另外一个"庆太娘"才是真正的长妈妈，只是叫惯了，也把东浦的那位叫作长妈妈。在《阿长与〈山海经〉》中，鲁迅用淘金式的笔法淋漓尽致地刻画了阿长既愚昧迷信又朴实善良的大爱，深情地表达了对她的爱。

长妈妈只是许多旧式女人中的一个,做了一辈子的老妈子(乡下叫作"妈妈"),平时也不回家去,直到临死。长妈妈患有羊癫疯,1899 年四月初六看了一场戏后发病去世。

鲁迅对长妈妈怀有深厚的感情,在《朝花夕拾》中,有好几篇文章回忆到与长妈妈有关的往事。其中《阿长与〈山海经〉》是专门回忆和纪念她的。

这个文本,我们完全可以当作一个亲子故事来读。我的学生余梓琪在做读书汇报的时候主题是"似母非母长妈妈",我觉得,这个评价相当准确。

既然要谈亲子关系,那今天的学习,请让我从张译的新网剧《重生》中的一个故事开始说起。

(视频播放)

大家看宋春丽扮演的这位母亲娄颐,是不是很糟糕?完全不是。娄颐是警局合作定点医院的主任,颇受警察局上下的尊敬,退休后办了一家收容服刑人员子女的公益学校,是大家眼中女神一样的人物。

娄颐在儿子 7 岁的时候,跟前夫离婚了,她独自将儿子抚养长大。离婚的原因可能和娄颐与儿子小凯的关系破裂原因相同:娄颐一生忙于事业,到老都没有停歇下来。

娄颐的孩子小凯,因为父母的忙碌,而疏于陪伴和管教,最后成为一个肩负三条人命的毒贩。

这个孩子,是个让人唾弃的杀人犯,但是,也是个可怜的人。人之将死其言也善。从他向母亲的愤怒的宣泄中,我们是可以看到这一段亲子关系是不健康的,甚至是畸形的。

娄颐是高级知识分子,是社会责任感很强大的人,但是,她并没有能力做好一个母亲。她和儿子的亲子关系,起码有以下几个误区:

第一,在这段关系中,妈妈的感觉和儿子的感觉是不一样的。妈妈觉得自己非常爱孩子,但儿子觉得妈妈不爱她,甚至如果没有他,妈妈会更幸福。

第二,在这段关系中,如果回溯最初的裂缝,乃是因为儿子的需要永远不被妈妈看到和重视。日积月累,母子,终于成为陌生人。

第三，在这段关系中，儿子用毁灭自己的方式报复了母亲。而母亲最后向儿子赎罪的方式，也是毁灭自己。没有谁会将"爱与毁灭"画上等号。但实际情况就是这样。电影是放大了聚焦了的生活真实。我们必须承认，日常生活中的这样惨烈的亲子关系，实在太多了。我在《鲁滨逊漂流记》一课中，已经举了很多例子。制造这些惨烈的母亲，跟学历无关，跟受教育程度无关，而只跟对爱的理解有关，跟"爱无能"有关。

当然，没有能够和母亲建立亲密关系的孩子，不一定都走上犯罪道路，但是，很大一部分，一生都在自我疗愈中，成为心理上永远不健全、不圆满的人。

当我们在这个大背景下再来重读鲁迅的《阿长与〈山海经〉》，就会深深地松一口气，然后，被温暖，被疗愈，被启发。

我喜欢这个文本，乃是因为，在这个文本中，我首先看到了一个非常健康的孩子，一个很像孩子的孩子。而这个孩子，是长妈妈这个特殊的母亲带大的，或者说，受长妈妈的影响，很大。

我为什么说，这个孩子，像个"孩子"呢？

第一，身体健康。第二，心理健康。

先看身体：这个孩子，充满了生命活力，很健康，很活泼。你看他：不仅经常"到处走动""拔草""翻石头"，搞得长妈妈很紧张。鲁迅写小时候的自己，用笔是一种幽默的节制，但我们可以想象，这小家伙绝不是个省油的灯。读这个故事，我们一定要脑补《朝花夕拾》中的若干细节：迅哥儿是如何把"石井栏"玩到了光滑的程度的，是如何迫害百草园中的植物的，是如何"虐待"小动物的……不说了，当过正常孩子的人，养过正常孩子的人，都懂。

再看心理：迅哥儿，高情商，高学力。不是历史的"历"，而是能力的"力"。

1. 迅哥儿观察力了得，不仅细腻精准，而且自带各种"丑颜装置"。成年鲁迅写阿长，活灵活现，不管是外貌、神态，还是动作，都逼真传神入木三分。中年鲁迅要感谢童年鲁迅。因为，这些东西，都是童年鲁迅"看到"的。迅哥儿这个小娃娃，被长妈妈带成了人精。

2. 迅哥儿理解力了得。迅哥儿那双小眼睛，完全能够洞察和理解大人世界的那点儿糟心又可笑的事儿：比如如何处理长妈妈睡觉挤着了自己这件事儿。首先，不能憋屈自己，委屈要让人看到。迅哥儿于是向长妈妈高一级的领导者——母亲，正式投诉，但投诉无用。只能靠自己了！于是，睡觉时绝不退让，使劲儿"推她""叫她"，努力争取。虽然"席位之争"最终以迅哥儿的失败告终，但我是能够从那一句"我实在无法可想了"中感受到小男人甜蜜的妥协的。迅哥儿还能清楚感知大人是如何切切察察搅动起家庭小风波的，能够拉开距离观察老阿姨们的琐屑，而且头脑清楚地判断，这个孩子，比我们这些老阿姨强多了。又比如那些繁文缛节，迅哥儿虽然很讨厌，但也能乖乖地理解大人、配合大人，哪怕是当时受了些"惊吓"，也还是感恩地从小时候记到了中年。关于《山海经》，你看他的观察和判断，"远方的叔祖太疏懒""其他人呢，又不肯""我知道她并非学者，说了也无益处"。一个小孩子，能够准确地感知他人的情绪状态性格状态并且做出推理——应不应该去打扰，这情商，简直超过很多永远长不大的、不会来事儿的中年人啊。愿望没有实现，迅哥儿也不压抑自己，而是"念念不忘"，到处表达，以至于最后连"并非学者的阿长"也知道了，直接促成了阿长的"伟大的行动"。当阿长买回了《山海经》之后，这个小小孩儿的情绪体验也很丰富，"霹雳"般"震悚"，证明了他不仅是个懂得感恩的孩子，而且，幸福有深度，欢乐有深度。我简直不能太羡慕！因为我小时候，对于自己的需求，几乎完全属于克制和压抑一类。而我全国各地到处讲课，遇到的表情僵硬什么都无所谓的早衰型孩子，实在是太多了啊。

迅哥儿，这孩子，从小就能自然地和他人实现联结。非常健康！

中国人喜欢看学习态度学习能力，那我们也看看。长妈妈带大的迅哥儿，学习能力了得。长大之后的杰出成就就不用说了。就在当时，你看他，也已经是小荷已露尖尖角的"学霸型儿童"，而且完全符合现代教育的要求标准：喜欢探险，玩法都是超前的"项目式学习"；喜欢未知世界，虽然没有《三体》没有《哈利·波特》，但是对长毛的故事，对美女蛇的故事，对人面的兽、九头的蛇，对高深的《尔雅音图》等也怀着浓厚的兴趣。甚至，连上课开小差的时候，也很高大上，没有流着口水睡大觉，没有玩游戏玩到死，而是不仅能欣赏老师的"狗窦大开"，而且也主动开始了美术学院的先修课程……这个小家伙，乍一看，不明底细的话，还以为接受的是蒙台梭利的现代教育呢！

总之，从《百草园到三味书屋》和《阿长与〈山海经〉》中可以看出，迅哥儿这个小男生，可是培养得相当不错的，长大了，肯定不会成为娄颐的杀人犯儿子的。

谁的功劳？

军功章里，肯定有长妈妈的一份。

刚才我说，每个妈妈都要研究一下长妈妈，为什么呢？我想讲两点。非常重要的两点：第一，阿长"懂"教育；第二，我们皆阿长。

第一点，我觉得，这个没有文化的女人，挺懂教育的。经验告诉我，有字之书读得多，未必懂教育。但有的人，无字之书读得好，反而天生懂教育。比如我的继母，连自己的名字都不会写，但她把自己的两个女儿都教育得挺好。连我也很佩服她呢。为什么说长妈妈"懂"教育呢？她起码在以下三个方面做得极高明。

第一，虽然是保姆，身份低下，但是，她和迅哥儿，非常亲密。注意，"亲密"这个词语简直不能太重要。我们现在动不动就说"亲密关系"，不是没有道理的。我现在挺大的一个遗憾就是，小时候，好像跟自己的妈妈，跟自己的爸爸，都只有"亲人关系"，没有"亲密关系"。不是不想"亲密"，而是爸爸妈妈的那一套行事风格，让你和他们无法亲密。我相信，所有"70后""80后"，可能都有我的苦恼。但你看，长妈妈做得多好。我很喜欢"那满床摆着个大字，一条臂膊还搁在我的颈子上"的描写，这妈妈和儿子，多亲密啊！《阿长与〈山海经〉》的所有细节，都在证明着一个保姆和小主子之间的亲密无间。并不是所有的保姆都有这个能耐的，能够和小主人亲密如此的长妈妈式保姆，并不多见。

我的朋友们，请记住"亲密关系"这个词语。我们是做老师的，我们是妻子，是母亲，是女儿，是下属，是伙伴……不管哪种身份，都需要在某一个层面上和他人进行联结，让各个维度的"亲密关系"得以实现。问问自己：我重视这个问题吗？我能行吗？

第二，虽然是保姆，身份低下，管理小主人的生活应该是她的职责，而教育，应该不是她的职责。但显然，这位保姆"越位"了，按照大哲学家弗洛姆的说法，她不仅给予了迅哥儿"牛奶"，也给予了迅哥儿"蜂蜜"。她在源源不断地给这个小孩子输送精神营养。不知道大家怎么看，我仔细地研究了一下，如果完全从语言学的角度来审查的话，长妈妈是一个讲故事的高手。这方面，你可以读读我在《从百草园到三味书屋》中的分析。虽然长妈妈的故事都很荒谬，但是，哪一个孩子，不是在爷爷奶奶的如此这般的荒谬但又精彩绝伦的故事中，感受到了世界的神奇，并且被点燃了巨大的生命激情呢？诚实地说，没有被鬼故事吓过的骗过的孩子，一定不是一个幸福的孩子。为什么？因为对于小孩子而言，这些鬼故事背后，都一定有一个愿意把大把的时间浪费在孩子身上并且以此为事业的大人。他们会游戏也愿意和儿童游戏。而这样的大人，真的并不多。一本正经的大人太多，时时刻刻都在对孩子耳提面命的大人太多啊！

第三，其实已经在前面一点说到了。但我想再强调一下，虽然长妈妈是保姆，身份低下，但你觉得她最突出的优点是什么？到底是什么东西，让鲁迅成年之后也对她念念不忘，而且用最深情的语言来赞美她？其实，答案就在鲁迅的文字中，但鲁迅，未必能用现代心理学的知识来阐释。

鲁迅说：别人不肯做，或者不能做的事情，她却能做成功。她确有伟大的神力。

什么是伟大的神力？

这个神力，就是：

认同孩子的感受，理解孩子的感受，接纳孩子的感受，回应孩子的感受。

就这个能力，就秒杀了大部分现代父母。

这个问题，我在第二部分再说。

军功章里有长妈妈的一部分，还有一个原因，我更要提醒大家注意：

为什么鲁迅爱长妈妈，为什么我爱长妈妈，大家都喜欢这个形象，因为，这个形象，有太多缺点。

真的，我觉得，我们自己，就是那个长妈妈。我们爱得认真，也爱得笨拙。我们都不完美。

我们都可能生得黄矮而胖，颈上还有灸疮疤。

我们也都喜欢切切察察，张家长李家短，在背后说人家的怪话。

我们的睡姿也很难看。睡着之后，干的全是傻事儿丑事儿。

我们的规矩也很多，不过也是活在套子里的人，而且，还以为这些规矩和套子都是天经地义。

我们也很愚昧，经常以讹传讹，以谣传谣。我们写的文章，讲的课，也常常不堪入目。

我们也是小人物。虽然比长妈妈强点儿，有名有姓，但是，有几个人知道我们的名和姓呢？

……真的，谁敢说自己不是某一个层面的长妈妈，那我只能说，你太自信了。

但是没有关系啊！这恰恰就是《阿长与〈山海经〉》的美妙和成功所在：

> 我们爱得那么笨拙，但是，也爱得那么努力。
>
> 会爱的人，并不需要自己多么完美。
>
> 不完美的爱，也可以动人心魄，也可以产生巨大的精神魅力。
>
> 我们每一个普通人，都可以拥有我们自己的爱的神力。

二

接下来，你猜得到的，我就要从阿长走出来，讲普通人爱的神力了。

怎么讲呢？我们来个 PK 吧。跟谁 PK？跟阿长 PK 呀！

如果还有人说阿长缺点太多，爱得不够漂亮，那让我们来数数那些比阿长爱得更笨拙的爱，更让我痛心的爱吧。

我就举大家熟悉的中学课本里的人物吧！

笨拙之爱排行第一名：

> 母亲喜欢花，可自从我的腿瘫痪后，她侍弄的那些花都死了。"不，

我不去！"我狠命地捶打这两条可恨的腿，喊着："我活着有什么劲！"母亲扑过来抓住我的手，忍住哭声说："咱娘儿俩在一块儿，好好儿活，好好儿活……"

我却一直都不知道，她的病已经到了那步田地。后来妹妹告诉我，母亲的肝常常疼得她整宿整宿翻来覆去地睡不了觉。

还记得吗？哪篇课文？对，《秋天的怀念》。可能你很不理解，这不是最感天动地的爱吗？怎么排在最后？

是，我每次读这篇文章，都很难过。我既佩服史铁生的妈妈，又心疼这位妈妈，更为这位妈妈着急。有一个声音，在我心里狂呼：为什么你的爱，就"无私"得这么彻底？你全部地委屈了自己，完全地奉献了自己。但是，你知不知道，你的彻底，对儿子，也是一种伤害啊！如果你告诉儿子实情呢？你和他的关系，有没有可能出现另外一种可能？如果能让儿子膝前尽孝，对于他的成长，是不是也有可能更有好的影响呢？

我觉得我对史铁生有把握！如果是我，我也肯定选择：让我知道妈妈的病，让我以最好的状态，陪伴妈妈度过最后的艰难时光。

这么伟大的史铁生，肯定比我强！但他没有了表达爱的机会。妈妈的过度无私，剥夺了史铁生表达爱的机会。

笨拙之爱第二名：

他和我走到车上，将橘子一股脑儿放在我的皮大衣上。于是扑扑衣上的泥土，心里很轻松似的，过一会说，"我走了；到那边来信！"我望着他走出去。他走了几步，回过头看见我，说："进去吧，里边没人。"等他的背影混入来来往往的人里，再找不着了，我便进来坐下，我的眼泪又来了。

你可能说，朱自清是男的，不会表达感情，那我们看看女的吧，比如三毛，她也有一篇《背影》。荷西去世后，三毛完全沉浸在自己的悲伤中，她的父母千里万里地从台湾来奔丧，但三毛，根本看不见他们的痛苦和无助。

　　我坐在车里，车子斜斜地就停在街心，后望镜里，还是看得见母亲的背影，她的双手，被那些东西拖得好似要掉到了地上，可是她仍是一步又一步地在那里走下去。

　　母亲踏着的青石板，是一片又一片碎掉的心，她几乎步伐跟跄了，可是手上的重担却不肯放下来交给我，我知道，只要我活着一天，她便不肯委屈我一秒。

　　回忆到这儿，我突然热泪如倾，爱到底是什么东西，为什么那么辛酸那么苦痛，只要还能握住它，到死还是不肯放弃，到死也是甘心。

　　……

　　守望的天使啊！你们万里迢迢地飞去了北非，原来冥冥中又去保护了我，你们那双老硬的翅膀什么时候才可以休息？

　　……

　　孩子真情流露的时候，好似总是背着你们，你们向我显明最深的爱的时候，也好似恰巧都是一次又一次的背影。什么时候，我们能够面对面地看一眼，不再隐藏彼此，也不只在文章里偷偷地写出来，什么时候我才肯明明白白地将这份真诚在我们有限的生命里向你们交代得清清楚楚呢。

　　成年之后，每次读到这些地方，我都会哭。我想起1990年，我去重庆教育学院读书，爸爸送我到学校后离开。我看着他，一个离了婚的，背负着沉重债务的男人消逝在来来往往的人群里，泪水，就在心里汇成了河流。

　　但是，我跟朱自清一样，像三毛一样，绝没有勇气冲上去，抱着他，告诉他，爸爸，妈妈，我爱你。

　　所以，我在上《背影》的时候，我说，这些故事，不过一直证明着一个惨痛的真理，非常爱，有时候就等于不能爱。想爱，但却双方都爱无能。这，才是人生的真相啊。

　　笨拙之爱第三名：

　　每天天刚亮时，我母亲就把我喊醒，叫我披衣坐起。我从不知道她醒来坐了多久了。她看我清醒了，才对我说昨天我做错了什么事，说错了什么话，要我认错，要我用功读书。有时候她对我说父亲的种种好处，她说："你总要踏上你老子的脚步。我一生只晓得这一个完全的人，你要学他，不要跌他的股。"（股便是丢脸、出丑。）她说到伤心处，往往掉下泪来。

朋友们，请不要骂我。我不是想攻击胡适。对她的母亲，我也怀着深深的敬仰，但是，每一次读到这个地方的时候，我还是会很紧张。因为，我已经发现，我们不少家长，努力地在学习胡适母亲的这个做法。是的，如果我是一个孩子，每天一起床，就看见妈妈在床边等着，只为了告诉我头天又做错了什么，那么，我真的不愿意起床的。

这就是旧式教育的固执。爱，必须要用很紧张、很苛严的形式表现出来，否则，就是不够庄重。

但这种教育方式，在 21 世纪，真的还适用吗？

笨拙之爱第四名：

> ……我笑着跳着，催他们要搬得快。忽然，工人的脸色很谨肃了，我知道有些蹊跷，四面一看，父亲就站在我背后。
>
> "去拿你的书来。"他慢慢地说。
>
> 我忐忑着，拿了书来了。
>
> 他说：——"给我读熟。背不出，就不准去看会。"他说完，便站起来，走进房里去了。我似乎从头上浇了一盆冷水。但是，有什么法子呢？自然是读着，读着，强记着，——而且要背出来。
>
> ……
>
> 应用的物件已经搬完，家中由忙乱转成静肃了。朝阳照着西墙，天气很清朗。母亲、工人、长妈妈即阿长，都无法营救，只默默地静候着我读熟，而且背出来。
>
> 在百静中，我似乎头里要伸出许多铁钳，将什么"生于太荒"之流夹住；也听到自己急急诵读的声音发着抖，仿佛深秋的蟋蟀，在夜中鸣叫似的。

我的天，鲁迅简直太厉害了！寥寥几笔，就画出了让无数少年——哪怕隔着千年万年的时间，和千里万里的距离——都要拍手叫好，觉得吐了一口恶气的场面。这个场面，简直是人类亲子教育史上最经典的对峙场面之一。但是我也知道，鲁迅的父亲也许泉下有知，他还是不会反省，不会理解，不会承认，自己到底做错了什么。

而这样的父亲和母亲，在当下，在此刻，实在太多。

我也不分析其中的教育误区了。实在说多了，也是白说。

因为我年轻的时候当母亲，也一样愚蠢，而且，长久不自知。

三

那么，努力却不笨拙的爱，是什么样子的呢？和长妈妈的爱一样温暖自然的爱，是什么样子的呢？我也用我们教材中的例子告诉你吧。

请允许我举五个例子。

第一个，还是胡适。

我母亲管束我最严，她是慈母兼严父。但她从来不在别人面前骂我一句，打我一下。我做错了事，她只对我一望，我看见了她的严厉眼光，就吓住了。犯的事小，她等到第二天早晨我睡醒时才教训我。犯的事大，她等到晚上人静时，关了房门，先责备我，然后行罚，或罚跪，或拧我的肉，无论怎样重罚，总不许我哭出声音来。她教训儿子不是借此出气叫别人听的。

"她从来不在别人面前骂我一句，打我一下"，一个旧式母亲做到了，我们能做到吗？

我多么希望，大家都学胡适妈妈的这一点，并且理解她的教育核心思想，而不是学习她每天坐在床头等着儿子苏醒，然后教育他的那一幕。

做错事，难道不是孩子最自然的事，且不应该被斥责的事吗？

第二个，是大家熟悉的《散步》。

211

　　但是母亲摸摸孙儿的小脑瓜，变了主意："还是走小路吧。"她的眼随小路望去：那里有金色的菜花，两行整齐的桑树，尽头一口水波粼粼的鱼塘。"我走不过去的地方，你就背着我。"母亲对我说。

　　这样，我们在阳光下，向着那菜花、桑树和鱼塘走去。到了一处，我蹲下来，背起了母亲，妻子也蹲下来，背起了儿子。我的母亲虽然高大，然而很瘦，自然不算重；儿子虽然很胖，毕竟幼小，自然也轻；但我和妻子都是慢慢地，稳稳地，走得很仔细，好像我背上的同她背上的加起来，就是整个世界。

多么美好的细节！在一个以孝为天的国度，一个小孩子的需求，被那么温柔自然地看见了，被尊重了。儿童世界、大人世界、老人世界的呼唤和应答，那么自然，那么舒服啊。所以，《散步》中，才有了经典的"阳光、菜花、桑树和鱼塘"，其实，这些经典意象，不过都是爱，真正的爱。

　　三味书屋后面也有一个园，虽然小，但在那里也可以爬上花坛去折腊梅花，在地上或桂花树上寻蝉蜕。最好的工作是捉了苍蝇喂蚂蚁，静悄悄地没有声音。然而同窗们到园里的太多，太久，可就不行了，先生在书房里便大叫起来：——

　　"人都到哪里去了？"

　　人们便一个一个陆续走回去；一同回去，也不行的。他有一条戒尺，但是不常用，也有罚跪的规矩，但也不常用，普通总不过瞪几眼，大声道：——

　　"读书！"

最妙的是什么？是两个"不"：

　　太久，可就不行了；
　　一同回去，也不行的。

这两个"不"的背后，含着两个"可以"，逃学的时间不太久，可以的；

淘气只要不太嚣张，可以的。

这里，虽然是先生的爱，但师如父母，我也是理解成为亲子之爱的。这爱，体贴，幽默，充满了对孩子世界的理解和宽容，甚至"纵容"。实在不能太温暖啊！

> 从福建菜馆叫的菜，有一碗鱼做的丸子。海婴一吃就说不新鲜，许先生不信，别的人也都不信。因为那丸子有的新鲜，有的不新鲜，别人吃到嘴里的恰好都是没有改味的。
>
> 许先生又给海婴一个，海婴一吃，又不是好的，他又嚷嚷着。别人都不注意，鲁迅先生把海婴碟里的拿来尝尝，果然不是新鲜的。鲁迅先生说："他说不新鲜，一定也有他的道理，不加以查看就抹杀是不对的。"

尊重孩子的感受，说起来容易，做起来难。鲁迅先生，是我们的好榜样！

最让我敬佩的，是《走一步，再走一步》。这篇经典的文字，我自己，还有我的同行，都分析得太多了。但有一个地方，是我的学生孙宇越的发现。

> 爸爸远远地站在悬崖脚下，这样才能看见我，他用手电筒照着我然后喊道："现在，下来。"他用非常正常、安慰的口吻说道，"要吃晚饭了。"
>
> "我不行！我会掉下去的！我会摔死的！"我大哭着说。

请注意，这个地方，父亲和我，都那么可爱。父亲面对着一个"很不争气"的儿子，在"爬悬崖比赛"中输得彻彻底底、名落孙山的儿子，没有一句责备，他的情绪是"正常"的，语气是"安慰"的。但孙宇越发现了更可贵的地方：

我在大哭；我在撒泼；我在彻底否定自己；我在假想可怕的后果……

这个时候，我是一个身陷恐惧的，真实的小孩儿。

但是，我被允许做一个恐惧的小孩儿，我可以释放自己的情绪，我的一切真实的发泄，都被爸爸，稳稳地接住了……

这就是好的爱！

心理学说，借助于任何场景，帮助孩子建立独立完整的自尊体系，就是这个样子了。

结语

同学们，我们从《阿长与〈山海经〉》出发，走得比较远了。现在，请回来。经历了这么多之后，我们再回过来看长妈妈，是不是越来越感动。长妈妈的爱，是一个原生态的平凡女子表现出来的原生态的爱。这种爱，超越了血缘，毫无功利，不经修饰，拙朴，自然、热情，真挚。

这样的爱，是阿长生命的本能呈现。

按照现在的说法，叫初心。我爱我们的孩子，仅仅因为他是我们的孩子，而没有其他的任何原因。只要拥有了这份初心，受过教育的我们，都应该比长妈妈，爱得更高端大气上档次。

但，问题是，要保持爱的初心如长妈妈，又是多么的难啊！

最后让我们再怀着沉重的心情，回顾《重生》中娄颐这位高级知识分子的忏悔。

（播放视频）

最后再和大家分享一个《你的孩子，不是你的孩子》的故事，这就是一个失去了初心的故事。

（播放视频）

我不再评价了，我的朋友们，请自己去看这部剧，去思考吧。

谢谢你，长妈妈，仁厚黑暗的地母啊，请永安您的魂灵。

谢谢您带给我太多的思考。

下课。

课 例 讲 评

揽万物共情，融天光云影

——评王君《阿长与〈山海经〉》新读课例

司艳平

叶嘉莹先生在《叶嘉莹谈词》一书中，谈到意大利接受美学的学者弗兰哥·墨尔加利将读者分成三种类型：第一种是一般读者，能从表面把作品看过去；第二种是透明性的读者，能透过表层，深入本质；第三种是创造性的读者，可以做到作者说的是一，却能够一生二，二生三，三生无穷，进入更自由丰富的万物之境。

观王君老师《阿长与〈山海经〉》新读课例——《我们谁不是这样笨拙而努力地在爱》，强烈感受到王君老师便是创造性的读者，她将读者之境与授课之格天然契合，创造出一生二，二生三，三生无穷的万物共情、天光云影的语文高境、大境、远境。

（一）核心信息的敏锐捕捉

经典文本一经诞生，某种意义上来讲，它的生命力与价值力往往取决于读者的格局与境界。文本核心信息的捕捉，既与作者当时当境的创作意旨有关，也与读者心境经历、面临问题以及所处时代有关。

王君老师新读《阿长与〈山海经〉》，便以其高蹈的读者境界敏锐捕捉到"亲子关系"这个核心信息，长妈妈予以迅哥儿的不是保姆对小主人的爱，而是妈妈对儿子的爱，他们有着非常健康、非常动人的亲密关系。"那满床摆个大字，一条臂膊还搁在我的颈子上。"当我们还在纠结于鲁迅先生在欲扬先抑的时候，王君老师读到的却是无比亲密的亲密关系。跳出三界再读再悟，是不是有柳暗花明之感？王君老师新解长妈妈的神力，说她认同孩子的感受、理解孩子的感受、接纳孩子的感受、回应孩子的感受，这样的神力，令许多现代父母自愧不如。核心信息的敏锐捕捉、独到开掘，让王老师的课别开生面，动人肺腑。

（二）媒体跨界的有序融合

王君老师是语文跨界营销的绝对高手，跨界的本质是融合。在互联网时代背景之下，跨界让供求信息的流通达到空前释放，需求与供应在不断地被丰富、被完善。语文来源于生活，植根于时代，与媒体跨界融合，有助于放大文本的需求价值，提升教师的供应能力。王君老师的跨界融合，有序勾连，令人叹为观止，纵览万物，共情天地。

本课中，她将张译的新网剧《重生》和《我的团长我的团》《辣妈正传》《遥控器》《你的孩子不是你的孩子》等影视剧融入课堂之中。如此丰富繁盛的跨界资源，王君老师胸有成竹、有序呈现，镇定自若指挥文本，指挥课堂。由《重生》之亲子关系的爱与毁灭引到《阿长与〈山海经〉》的亲密关系，由《无常》里父亲叫"我"背书的情节，引出《我的团长我的团》《辣妈正传》《遥控器》笨拙之爱的最高级，旨在明确专制型父母、控制型父母带给孩子的一生伤害。课堂最后以《你的孩子不是你的孩子》收束，振聋发聩，警醒世人。

王君老师将文本资源用到极致，表面上看毫不相干，其实剑锋所指，直抵时代问题。如此强大的勾连、融通，赋予文本以源头活水，文本形象更经久永恒。

（三）亲密关系的思辨之爱

思维的功能是判断趋势，弄懂意义。从这个层面上来讲，优质的语文课应与世界、生活的多元体征息息相关，不但要努力营造公正的思辨型课堂氛围，而且要矫正自我的认知偏差，具备愿意挑战自我的认知勇气。王君老师深谙此理，她的课堂没有答案，有的是思辨、建构与修正。

整节课的主议题有三个：阿长笨拙而努力的爱、那些努力且更笨拙的爱、真爱不笨拙也无须努力。向内而言，每个议题本身就具有极强的思辨力，将笨拙与努力相互关联，在看似矛盾的载体之中推进课堂；向外而言，三个议题之间也具有极强的思辨性，三个维度之间既层层递进，又彼此关联，以阿长笨拙而努力的爱作为支架与铜镜，去支撑映照统编教材以及影视剧之中的那些努力且更笨拙的爱。最后再审视努力却不笨拙的爱，在批判与反思之中建构自然温暖的亲子关系的模样。

只是，作为课堂观察者以及课堂受众者来说，这节课不是认知结束而是认知开始。因此，好的语文课应该以一种未来者的眼光去回答我们人生的变化趋势，王君老师的这节课无疑在回答着亲子教育的变化趋势。

（四）洞悉心理的自我疗愈

青春语文长在创新里，活在改变里。目前，王君老师的青春语文在打通教法与活法的基本原则下，界定文本特质的类型，给课堂以抓手；统筹群文阅读的整合，建课堂以格局；融通各类信息的资源，给课堂以疗愈。青春语文紧扣时代脉搏，直面时代问题，以情怀与实力实现文本与课堂的疗愈功能。

心有所向，情有所依，理有所指。王君老师的文本新读，源于深层反思自身，源于观察审度他人，源于品鉴洞悉大众，源于直面拥抱时代心理。正是这样的情怀与担当，让王君老师打通语文与心理的界限，借助语文场景，帮助孩子建立完整的自尊体系。所以，在《我们谁不是这样笨拙而努力地在爱》里，王君老师以真挚的体察、深切的关怀，反思亲子关系的社会问题，将长妈妈的形象进一步真实化、可感化、榜样化，给无数在教育问题上焦虑的父母们以新的启发与新的思考。如此新读文本，不但没有损伤长妈妈的形象，而且给长妈妈注入了更鲜活的跨越时空的生命力与价值感，因为长妈妈在帮助我们疗愈自我。

揽万物共情，融天光云影。当语文人能站在万事万物的角度思考问题，感知对方情绪的时候，语文课便能在天光云影之中自由漫步。王君老师的这节《阿长与〈山海经〉》便如是。

2. 小人物的职业境界和尊严逆袭

——《卖油翁》新讲

执教：王君

【导入】

同学们好，老师们好，朋友们好，我们现在开始上课。今天的课题，是欧阳修的名篇《卖油翁》，现在是人教版七年级下册第二单元的课文。

这是我非常珍爱的文本——珍爱，是因为我觉得这是能够对我们的心灵幸福产生重要影响的文本。

今天这堂课，先从一个段子说起。这个段子讲的是名牌大学和技校的"互嘲"：

> 技校就是实实在在学本领，咱们不玩虚的，你学习挖掘机就把地挖好，你学厨师就把菜做好，你学裁缝就把衣服做好。咱们技校的学生如果不踏踏实实学本事儿，那跟名牌大学的学生还有什么区别呢？

很有意思吧？表面上看，是体力劳动者叫板脑力劳动者，往深了看，是阶层之间的互嘲。

名牌大学是一种标志，代表着学术地位、社会地位、经济地位，更是心理地位。我们都以为中国人信奉"万般皆下品，唯有读书高"。其实错了，咱中国人并不信奉读书，而只是信奉读书后获得的成功。死掉的孔乙己就是明证，疯掉的范进更是明证。

而技校呢，它也有标签：读书不成功的标签，和高地位高收入高阶层绝缘的标签。

我们在这个背景下来看这种"叫板"，就会发现其中大有深意：它意味着一种平衡正在被打破，"低学历低阶层"在理直气壮地和"高学历高阶层"对话，并且，笑眯眯地和他们竞争，没有精神忌惮，更无心理压力。

不知道大家怎么看这个场面？

我，非常开心，非常骄傲！

因为我从中，看到了社会的反思，时代的进步，人才观的松动，阶层对峙的松动。

而以上，就是我这两年重读《卖油翁》，头脑中出现的第一个场面。

这也就是我今天《卖油翁》教学的切入点：

小人物的职业境界和尊严逆袭

这堂课，分为三个部分。

第一部分

《卖油翁》是一个经典文本，一般着力点都在"熟能生巧"上。我们先看一个视频吧，复习一下基本内容。

（播放《卖油翁》视频）

接下来，我就要请大家和我一起深度思考了。

卖油翁的故事，一直打动我，而且，越来越打动我，根本的奥妙在哪里？

每个人的感觉，肯定不一样。于我而言，最美好的部分乃是：在这个故事中，我也看到了分属于两个文化阶层和两个社会阶层的人，在平等地对话，在认真地探讨，在"一笑泯阶层"。

这个故事的结尾，非常漂亮，卖油翁踌躇满志滔滔不绝秀了一通之后，陈尧咨"笑而遣之"。

让我们好好体会结尾的这个"笑"，真的简直妙不可言。

卖油翁对陈尧咨的不以为然，是显而易见的。读到这里，我很为卖油翁捏了一把汗。为什么呢？

我们先来了解一下陈尧咨是一个什么样的人。

陈尧咨，他是我们四川人，祖籍四川阆中，这地儿挺偏僻，我还去讲过学，但它是闻名遐迩的状元之城。这个地方，很适合旅游。关于陈尧咨，有三点，大家需要注意：

1. 陈尧咨是典型"高富帅"，他爸爸就很了不起。他们三兄弟，更是出了俩状元一进士。他们家，比苏东坡一家还厉害。

2. 陈尧咨善射。还自称为"小由基"，自封神箭手。但他并不是武状元，而是宋真宗咸平三年进士的魁首，是文状元，这个人，文武全才，世间少有。

3. 陈尧咨很骄傲，也是个典型的暴脾气。但是，爹娘对他的家教相当严格。所以，这个人，虽然脾气坏，但懂是非：有底线的。

陈尧咨著名的故事，有两个：

> 陈尧咨为翰林院学士时，家里有一匹烈马，人不能骑。陈尧咨将它卖与商人，父亲发现后，斥责儿子："你身为朝廷命官，尚不能制服这匹烈马，将它卖与他人，这不是嫁祸于人吗？"陈尧咨吓坏了，于是原价赎回了马匹。你看，他爹教他尊重人呢。

> 陈尧咨回家，她的母亲问：你对国家有什么突出贡献呀？陈尧咨回答说，我呀，把大把的时间都花在了官员的迎来送往上，功劳不是很多，不过，好在大家都还喜欢我在宴会上的射箭表演，对我的射术交口称赞。
>
> 她娘听后勃然大怒，痛斥他不务正业，辜负父亲所托。这位妈妈很猛，顺手将所持拐杖砸向陈尧咨，恰好砸碎了儿子佩戴的金鱼配饰——那可是朝廷三品以上官员才有资格佩戴的呀。

你看，这妈妈，教他不要骄傲，要心怀国事。

虽然父母严厉管教，但陈尧咨依然"性刚烈，以气节自任"。所以，原生家庭这个事儿，是很复杂的。

第二部分

好，了解了这些背景后，我们头脑中的卖油翁和陈尧咨的关系，按照常理，是不是应该是这个样子的：

【屏显】

（图片略）

陈尧咨高高在上，盛气凌人，卖油翁低低在下，卑躬屈膝。一个无限膨胀，一个渺小如尘。

但实际情况，乃是这样的：

【屏显】

（图片略）

有趣吗？原因何在？

现在我们回到文本中。再从另外一个角度探索一下这个秘密。看看陈尧咨"笑"的意义。

《卖油翁》有两个版本，一个是《归田录》中的老版本，一个是欧阳修要上呈宋真宗时候的版本。为了让皇帝高兴，欧阳修这个大文豪对《卖油翁》的修改非常精细。两个版本的对比资料很多，我早年就用过。我觉得最棒的一篇，作者是陈友兵。陈老师的文章于 2013 年 9 月 9 日发表在"国学网"。

关于结尾，《归田录》中是这样写的：陈笑而释之。

欧阳修是这样修改的：康肃笑而遣之。

对文章精雕细刻之后，欧阳修没有动这个"笑"，欧阳修没有改，可见"笑"的重要性。

但"释之"和"遣之"有什么区别呢？

"笑着释放了卖油翁"？"笑着打发了卖油翁"？

确实不一样。"打发走了"更轻松，更释然，内心对卖油翁并无芥蒂。

在"古诗文网"上，有人干脆直接翻译成了"陈尧咨笑着将他送走了"。

此翻译甚合我心。

陈尧咨学问不小，官做得也很大，而且是文武双全，从不屈居人下，可这一回，却不得不在卖油翁面前认输，因为卖油翁指出的道理实在是真理，所以，只得"笑而遣之"。陈尧咨没有责备"犯上"的小百姓，这对于"用刑惨急，数有杖死"的陈尧咨确实不大容易。他"笑"，既是有所领悟，也是自我解嘲，真的是欧阳修的"传神之笔"。

此时此刻的陈尧咨，我觉得，真的非常可爱。

也只有这样的陈尧咨，才配得上我心目中的"状元"的样子。

当然，最可爱的，还是我们的卖油翁。

卖油翁可爱，是因为欧阳修可爱。大文豪在修改中，刻意强化了卖油翁这个"小民"，在权贵面前的"放松"。你看：

"有一卖油翁释担而看，射多中"，修改后成为"有卖油翁释担而立，睨之，久而不去，见其发矢十中八九，但微颔之"，多了些可爱的表情动作"睨之""微颔"，还多了个时间交代"久而不去"……

睨之，是眼睛微睁且斜视，一种不经意之状。微颔，则是轻轻点点头，表示赞许。"微颔"与"睨之"联系起来，就是一种不温不火的平常状态，其中还包含着对陈尧咨"自矜"的不以为然。

当陈尧咨"忿然"时，初稿中，卖油翁的回答是"不然，以吾酌油可知也"。而在修改稿中，欧阳修去掉了"不然"二字。

我觉得欧阳公修改得妙啊！有了"不然"这个急凶凶的否定，卖油翁反而显得急躁了。没有这个"不然"，其淡定，其自信，其面对权贵高人的云淡风轻，更加跃然纸上。

朋友们，请脑补一下这个画面：

一个老翁，站在一个青年才俊面前，而且这个人脾气还很不好，自带攻击性……但老翁呢？斜着眼睛看，轻轻点头，慢慢欣赏，漫不经心地点评，漫不经心地解释，漫不经心地示范，再漫不经心地画龙点睛……最后，青年才俊被这老翁云淡风轻的气度彻底征服了，于是，骄傲全无，客客气气恭恭敬敬把老人送走了！

朋友们，什么叫历史的高光时刻，这就是！

所谓高光时刻，一定是因为我们的剧中人，突破了固有的社会角色、个体角色、文化角色、经济角色、政治角色的束缚，而实现了人与人、人与社会之间关系的创新。

这个时刻，是陈尧咨和卖油翁共同创造的。这个时刻的伟大意义在于，它让我们看到了：

第一，平民和贵族是可以"好好说话""好好切磋"的，贵族也可以向平民表达"理解"和"尊重"。伟大吗？伟大！这个时刻，是等级森严的封建社会中阶层关系创新的时刻。虽然卖油翁和陈尧咨本人未必有感觉，但我们这些围观者，却是欢欣喜悦啊。

第二，"大学"和"小学"不是完全对峙的。大家都知道，中国儒学，对"小学"——六艺之类，也重视，但是，比之于"大学"，那简直不在一个层面上。中国读书人，层次越高，越爱天天叨念着：大学之道，在明明德，在亲民，在止于至善。

但，此刻，陈尧咨正在练习和炫耀的东西，显然属于"小学"，他跟卖油翁比画的，也依旧是"小学"，最后让他心服口服笑而送之的，也是"小学"。这个故事里，我们看到了"艺"的魅力，"术"的魅力，看到了经由"艺"和"术"，不同阶层的学习者的互相欣赏、互相理解、互相融合。

我对陈尧咨这个状元非常佩服，他对"术"的痴迷，他因为痴迷而带来的对底层手工业高手的认同，超越了当时文化的局限。这个时刻，未必"至善"，但绝对"亲民"。

我觉得，陈尧咨和卖油翁共同创造的这个高光场面，给本来就熠熠生辉的北宋王朝，更加了分。

我读到这个地方，就一直问：卖油翁内心如此强大，他的胆儿，谁给的？他的底气，从哪儿来的？

我很好奇，于是研究了一下，发现，卖油翁的胆儿，是强大的北宋给的呀。

起码有以下的原因：

第一，当时国家富裕，重文轻武。于是，像陈尧咨这样文勇双全的人的内在心态会比较放松。他们是被真正"富养"的人，物质和文化都充裕。只有这样的人，对底层，对弱者，才反而会不计较。

第二，当时城市经济发达，手工业者的社会地位和经济地位都相对比较好，他们的心态也很放松。我查到了三则资料，鲜活反映了宋朝商业文明厉害的地方。

第一个，武大郎作为宋朝的一个卖馒头的小贩，过的是小康生活：租得起临街两层小楼，平时酒肉不愁。这样的生活不过是由武大每日挑两筐馒头沿街贩卖挣来的。如若不是登徒子西门庆，恐怕这一家人也能安乐祥和地把小日子过下去。

第二个，冯梦龙《醒世恒言》第三回《卖油郎独占花魁》同样讲到一位南宋临安城里的卖油小贩秦重，说他靠卖油竟能在一年多的时间里，把三两银子的本钱变成十六两银子。

第三个，南宋人洪迈的《夷坚志》中还讲述了一位小贩的发家史："吴十郎者，新安人，淳熙初，避荒，挈家渡江，居于舒州宿松县，初以织草履自给，渐至卖油，才数岁，资业顿起，殆且巨万。"这个小贩靠织草鞋和卖油，才几年时间，就家财巨万，令人瞠目。

《夷坚志》中还有这样的记载："忠训郎王良佐，居临安观桥下。初为细民，负担贩油，后家道小康，启肆于门，称王五郎。"

这位叫王五郎的小贩竟靠着卖油使一家人过上了小康生活，还进入官场，位列三班。这在宋代以前是不可想象的。

甚至南宋初期，社会上流行着这样一句谚语："欲得富，赶著行在卖酒醋。"这里的"行在"就是临安（杭州）。由于开酒店最赚钱，所以临安酒店林立，其中不乏小贩经营的小酒店。

我们看《清明上河图》，最能看到底层百姓欣欣向荣的生活。

我们的那位酷酷的卖油翁，就生活在这样一个社会中。

再往前一步，这种让人欢喜的经济面貌出现，原因何在？

第一，宋朝城市管理相当人性化。宋太祖曾专门降旨："令京城夜市至三鼓以来不得禁止。"由于朝廷的保护，城市小贩更加活跃，"大街买卖昼夜不绝"。你知道为什么卖油翁那么"闲"了吧？

第二，宋代小贩利润很高。很多人研究了宋人笔记发现，宋代商业的平均利润率为10%左右。高的，达到50%。

第三，宋朝商税很低。比如：宋朝法律明确规定，不得无故在离城五里外向过往商人收税，违者杖责八十。所以，小贩所能承担的税微乎其微。

第四，宋代政府通过立法保护商贩合法权益。

小贩经济和社会地位的提高也使一些自命清高的文人对他们刮目相看。比如苏轼不仅提出了农商并重的主张，他还身体力行，专门为一位卖油馓子的老妇人写诗打起了广告。诗很美啊："纤手搓来玉色均，碧油煎出嫩黄深。

夜来春睡知轻重，压匾佳人缠臂金。"

也就是说，在宋代，政府从政策层面上，给了走街串巷的小贩们很宽松的商业环境。

知道了这个背景之后，我们就知道为什么卖油翁那么悠闲和神气了！

让一个底层手工业者，底层小商贩光明正大地教育一个状元，一个高官，一个世俗认定的成功者，其意义，已经超越了故事本身。

卖油翁的故事，是一位一流读书人对"技"的痴迷，一位普通劳动者因为"精其艺"，而获得了高自尊话语权。贵族与平民因为对"技"的共同欣赏，而相逢一笑泯"阶层"。

第三部分

欧阳修的《卖油翁》，最后还有一句话，语文老师都知道的，被删掉了。其实很可惜。这句话是：

此与庄生所谓解牛、斫轮者何异。

我们来稍微复习一下这两个故事：

（播放视频之《庖丁解牛》和《轮扁斫轮》的故事）

这两个故事和卖油翁的故事一打通，我们看到的场景是激动人心的：

普通的劳动者经由劳动不仅获得了生命的自信，而且把劳动上升到了哲学的境界。他们用劳动带来的通透影响了知识分子，影响了贵族阶层，甚至君王。这充分体现了劳动的美，劳动的神圣！

而能够认识到劳动之美，普通劳动者之美的知识分子，才称得上伟大的文学家、思想家。

而《卖油翁》的作者欧阳修，就是这样一个伟大的人。

让我们重温欧阳修的《醉翁亭记》：

至于负者歌于途，行者休于树，前者呼，后者应，伛偻提携，往来而不绝者，滁人游也。

前呼后拥，熙熙攘攘，跟谁在一起？跟滁州的老百姓在一起。为什么在一起？因为彼此喜欢，因为在一起，很舒服，很自在。

大家都知道，我们今天去欣赏《醉翁亭记》，最核心的思想是什么？"与民同乐"。对，就这四个字。这也是欧阳修的执政思想，为政理念：没事，不要给老百姓去找麻烦，同时要跟老百姓一起欢喜，要欣赏要享受老百姓的创造力。

欧阳修《醉翁亭记》写好了之后，一时洛阳纸贵，疯到什么程度？流行到什么程度？大家争相传抄，做小生意的小商小贩只要能够拿到一张欧阳修《醉翁亭记》的拓片，去贿赂一下当时的税务人员，就可以免税了。也因为欧阳修太火了，于是被皇帝贬官到了扬州。欧阳修调至扬州之后，修建了一座平山堂，干啥的？还是"与民同乐"。由于他平易近人，老百姓都喜欢跟着他玩，所以平山堂在历史上的知名度非常高。

是的，越伟大的人物，就越能生活在普通劳动者之中，越能欣赏普通劳动者的优秀。欧阳修如此，苏轼，也是如此啊！

第四部分

这样的人，这样的场景，在当今的社会，还有吗？有的！

2019 年，最红的，是这位农村姑娘——李子柒了。

【屏显】

李子柒是一个初中毕业，进城打工的农村女孩儿。2016 年年初，她开始拍摄手作视频。前期视频从编导、摄像、出演、剪辑都由自己完成。作品题材来源于中国人古朴的传统生活，以中华民族引以为傲的美食文化为主线，围绕衣食住行四个方面展开。

央视新闻这样评价她："没有一个字夸中国好，但她讲好了中国文化，讲好了中国故事。"

我认为，这，也是劳动者的辉煌胜利！

这样的人，现在，越来越被国家重视，他们被称为：大国工匠。老师很喜欢这个节目。

（播放视频）

同学们，这四个字，让老师非常自豪，因为当"大国工匠"四个字出现的时候，我们看到了什么？

第一，普通劳动者走上了时代的舞台，成了时代的象征。

第二，普通劳动者的才华深深地影响了时代，他们被尊重，被热爱，并且，劳动，成为热血时代的光荣标签。

而在互联网时代，更多的普通劳动者因为卓越的劳动才华而被看见。

激动人心的有：

2020年2月25日，中国人力资源社会保障部把网约配送员（连同另外15个职业）列为国家官方认定职业。这是中国自2015年以来首次修订职业清单，这意味着外卖这一职业未来将有更好的培训资源、工作条件、就业机会以及职业发展。

最后，回到欧阳修的老故事《卖油翁》。朋友们，我为什么要借由欧阳修的故事发这些感慨？因为，我们，我们的孩子，孩子的孩子，都不大可能成为陈尧咨，但是，成为卖油翁的可能性，却非常大。我发自内心地希望，我们也能够帮助每一个普通劳动者进入职业的最高境界，并且因此而拥有专业的尊严和生命的尊严。

如果有一天，无论哪一个职业，哪一个阶层，都不再有轻视和敌视，那么，我们就读懂了欧阳修，读懂了卖油翁，读懂了千年前的那个高光时刻。

同学们，最后，让我们怀着轻松愉悦的心情重温几千年前的那一幕，感受文字深处传递出来的温暖和力量。

（播放视频）

下课。

多媒介视野下单篇文本教学
"群文化"的有效路径
——王君老师《卖油翁》课例鉴赏

夏海芹

随着智能终端和移动网络的普及，社会已经进入以互联网为基础的数字化时代。我们的学生是在数字媒介下成长起来的"新生代"，除了纸质媒介，在非学校环境或非正式学习时间，"读屏""刷屏"是他们阅读和交流的日常行为。时代的日新月异，对语文教学提出了新的要求。如何利用浩瀚的媒介资源？如何让语文课堂顺应时代顺势而变？青春语文掌门人王君老师的《卖油翁》一课是很好的范式。

（一）广泛勾连，打通生活，建构宏阔阅读场

现今的语文教学，有一种怪现象：谈音频视频而色变，视多媒体教学为洪水猛兽，唯恐避之不及。究其原因，与前几年多媒体声色陆离的泛滥有关，更与因循守旧不愿创新的思想有关。作为新时代的语文老师，面对数字化、多媒介，不能回避或无视，而应该疏导、引领，使其为我所用，利我所教。

《卖油翁》是一篇简短的文言文，全文加上标点不过 170 字，传统的教学往往在"朗读感知+分析人物+赏析语言"三个狭小的空间里打转。王君老师冲破传统壁垒，打开课堂大门，大张旗鼓地将多种信息请进课堂，为"小文本"开疆拓土，建构出生动多元、立体鲜活的阅读场。细数这节课，共选用文字材料 12 个、视频材料 5 个、图画材料 1 个。这些材料勾连古今，贯通中西，打通生活，有"百川东入海"的气概，可谓"海量信息"。学生经由《卖炭翁》这一棵树、这一朵花，见到了一片树林、一座花园。

（二）画一条线，串三颗珠，人物赏析立体化

《卖油翁》作为经典文本，从字词到译文到主题，"前人之述备矣"。王君老师的这节课紧紧抓住"陈尧咨笑而遣之"一句，在"笑"字上大做文章，由"一笑泯阶层"这一条线，串联出三颗珠。

其一，串出陈尧咨这颗珠。第一部分追根溯源，对陈尧咨的家世家底来个刨根问底。通过陈尧咨的经历，还有父母对他教育的小故事，立体还原了这个人物：状元出身，文武双全，家境优渥，家教严格，性情刚烈。

其二，串出卖油翁这颗珠。通过《卖油翁》两个版本的对比，辨别文字的调换删减，再次聚焦"笑而遣之"，通过对"睨之""微颔""久之"等神情动作的赏析，看出卖油翁的风轻云淡、不以为然。卖油翁作为一介"小民"的平常之举，因为对象是状元郎就显得极不寻常。王君老师适时抛出"卖油翁的胆儿是谁给的"这一追问，将课堂引向北宋政治经济的广阔背景中，从而探寻出底层"小人物"卖油翁有闲、有钱的社会根源。

其三，串出欧阳修这颗珠。仍然是对比两个版本的《卖油翁》，复原原文，加上文末的点睛之句，引出关注普通劳动者、赞美普通劳动者的知识分子欧阳修。通过《醉翁亭记》的片段助读，进一步认识欧阳修"与民同乐"的精神内核。《醉翁亭记》的"乐"与《卖油翁》的"笑"，在实质上，是一脉相承，互相契合的。

这节课中，"笑"字如夜空中最亮的那个星，串起了三个人，照亮了整堂课。

（三）贴近学生，滋养心灵，课堂自带疗愈性

青春语文主张，经由语言文字的学习探索生命幸福之道，用语文来疗愈自我。课堂上，文本思想和教者情怀自然而然地渗入学生心田，让他们感受到灵魂的震动和激荡。王君老师的这节课保持了一贯的疗愈功能，课堂经营得风生水起，实现学者与教者精神的双愉悦。

在第四部分，紧扣时代脉搏，引入农村姑娘李子柒红遍网络、外卖小哥登上美国《时代周刊》等热点话题，瞬间吸引学生眼球，走进学生内心，顺势引出"我们都不大可能成为陈尧咨，却可能成为卖油翁"的思考，达到

"课堂终而思考始"的教学效果。

在搜索引擎如此强大的今天，在信息获取如此便利的今天，我们的语文课堂也应理直气壮地突破"字词句读"的狭小空间，迈进多媒介信息的广阔天地。万物互联，万物与语文互联，王君老师的《卖油翁》一课，就是在多媒介视野下实现了单篇文本的"信息群文化"的典型例证。

3. 一干而尽这碗千年的"毒鸡汤"

——《愚公移山》新读

执教：王君

【导入】

同学们好，老师们好，朋友们好。我们现在开始上课。

我们今天的课题是《愚公移山》。

你是不是已经被今天的课题吓住了？为什么说《愚公移山》是"毒鸡汤"呢？哦，这可不是我的话，是我的一届又一届的学生的话。现在的小孩儿很厉害的。不像我们当年，老师怎么讲，就怎么乖乖听，乖乖记笔记。独立思考和独立质疑，新生代们当仁不让的。我的每一届学生，都有质疑《愚公移山》的，而且，各种质疑角度都让我脑洞大开，对孩子们佩服得不要不要的。"毒鸡汤"也是当年我在重外教书的时候，一个叫许菁的孩子对《愚公移山》的"点黄"——这是我们重庆话，就是一语洞穿其根本毛病的意思。

对于《愚公移山》的经典质疑，大家都挺熟悉的：

愚公这傻老头，为什么不选择搬家？

愚公老成这样了，他还能折腾？他不是找死吗？

愚公凭什么要因为自己的一己之执念，而安排了周围人的生活方式，甚至后代的生活方式？

愚公就是中国老年文化强权的代表，君君臣臣父父子子，穿着马甲招摇撞骗来啦！

……

总之，愚公就是个偏执狂，说白了，就是精神有毛病！

今天这节课啊，我就想非常郑重地谈一谈我的看法：为什么《愚公移山》

不是毒鸡汤，而是一碗我们的祖宗已经熬了几千年，味道越来越鲜美的货真价实的，超级补人的真鸡汤。

正式讲课之前，我想再说点儿题外话。

每一次重读《愚公移山》，我都很生气，愤愤不平。为什么生气？有以下原因。

一是愤愤不平，为《列子》寓言没有取得应该有的国际地位而不平。

我们先了解一下《列子》寓言。

（播放百度百科对《列子》寓言的介绍）

《列子》寓言属于先秦寓言的一种。那是百家争鸣时代的绝世珍宝啊！我每一次读，都要忍不住为老祖宗的智慧感动得，激动得，自豪得热泪长流！

但是，但是，在世界寓言的领奖台上，却没有先秦寓言的一席之地。

大家知道，世界上公认有三大寓言：古希腊的"伊索寓言"、法国的"拉封·丹寓言"、俄国的"克雷洛夫寓言"。这三大寓言誉满全球！

可是我们先秦寓言没有进入世界级，这其中也包括《列子》寓言。

我查了一下资料，列子与伊索是同时代的人，早于拉封·丹和克雷洛夫。按道理说，这么好的东西，是绝不应该被遗忘的。原因何在？主要是翻译跟不上，宣传跟不上。

我这次备课查阅资料，发现对列子寓言的当代研究是比较缺乏的。蔡志忠为列子寓言画了一部漫画，相当漂亮，但网络上的宣传居然很少。我的 kindle 上，有成千上万的电子书，我也天天捧着二混子说历史的漫画一边读一边傻笑，但居然，就是没有蔡志忠的《列子》漫画，你想在列子老人家身上花点儿钱都花不出去啊！

所以，我生气！为外国人不了解《列子》寓言而生气，为中国人让列子坐冷板凳而生气。

我还生气，是为我们中国人生气。

我们中国人，动不动就说某某某又"儒释道"三家贯通了，总之，研究老子和庄子到了登峰造极的地步，但是，列子几乎算是被人忘记了。他的思想，届于老子和庄子之间吧。他的寓言，选入中小学课本的，可比老子庄子多多了，除了《愚公移山》，还有《两小儿辩日》《纪昌学射》《杞人忧天》《夸父逐日》《朝三暮四》……都排着大队呢！可是，我们有没有觉得，在我们的生活中，列子的存在感是很弱的？

这让我想起已经是影帝和视帝的张译，他说：我是成不了明星的，我就只能当演员。

我觉得，列子也是这个样子。好作品一摞摞，但就是不红啊，就是没有流量啊！你说冤不冤，我该不该生气？

第一部分

刚才我的这个导入，好像有点儿长了。但必须这么长啊。不长的话，我就无法充分地表达我对列子寓言的敬仰。

老前辈，列御寇祖宗，请收下我的膝盖吧。

《愚公移山》可以讲的实在太多了，真要展开讲，怕要讲三天三夜，这对听课的老师就不负责任了。所以，我今天取一个小角度，希望实现青春语文"打通读法和活法""用语文疗愈自我""见自我见天地见众生"的小目标。

我今天的话题是：

困境中的我们，如何实现角色突围。

这个问题您理解了，您知道，《愚公移山》是不是"毒鸡汤"了。

关于"角色突围"，这是我在以后的讲课中将不断重复强调的概念和主题。我的八年级下册第六单元的整合教学立意，用的就是这个概念。但那堂课，涉及的文本太多，最后就都蜻蜓点水了。今天，我就借《愚公移山》，讲得更深入一些。

所谓角色，是社会赋予我们的一种身份，一种标签。在日常生活中，每个人都在自觉或不自觉地遵守各种角色规范，使自己的行为符合自己所承担角色的要求，符合社会的客观标准。大多数的角色规范是人所没有意识到的，只是由于从小就受到规范的强化而形成了一种自动化、熟练化的行为习惯，深入人们的生活中。人们正是根据角色规范来评价他人和选择自己的行为方式的。

平庸的人，他的角色经常就是错乱的，甚至说是倒退的，例如你是中学生，你的行事做派还是小学生，你就是倒退了。而优秀的人的特点是什么？

优秀的人对自己的角色的把握非常精准，往往能够实现角色的融合、突破和创新。

在我看来，《愚公移山》的故事，其实就是一个老家伙的角色苏醒、角色突围、角色创新的故事。

来，我们先听听朗读。

（播放《愚公移山》朗读）

这个作品的朗读者，是个草根专家，是我们青春语文工作室的孙雪梅老师。高手在民间啊。

围绕着愚公的角色突围，我想重点讲两个方面的问题。

这是我今天的演讲地图。

（播放演讲地图）

第一个方面：愚公的需求觉醒的伟大意义。

所谓"需求"，就是自己到底想要什么。

一定有朋友会问：这还不简单吗？这难道不是天生的吗？吃喝玩乐、家庭事业……谁不知道啊？我们不是不知道，我们是都知道，但得不到。

错了！错了！错了！重要的事情说三遍，说三遍！如果你这样想，根本就错了。

事实的情况是，大部分人，终其一生，都不知道自己想要什么。

随波逐流，浑浑噩噩，人家要什么，我就要什么；潮流要什么，我就要什么，这才是大部分人的状态。

即将 90 岁的愚公，其实也面临着这个巨大的"惑"。

太行王屋二山，那么高，那么大，挡了愚公一村子人的路，给他们的生活造成了巨大困扰。但一个世纪了，N 个世纪了，并没有人站出来说：来，我们想想办法，或者搬家，或者移山，总之，我们应该解决这个问题。

没有，世世代代都没有！

只有一个叫愚公的男人，一直到 90 岁了，垂暮之年了，行将就木了，才终于振臂一呼，大叫一声："来来来，我们移山吧！"

我们完全可以想象，这于愚公自己，这于愚公的家庭，这于愚公的乡人，都是振聋发聩的一声呼唤，其意义，不亚于若干年后，陈胜吴广的那一声：

王侯将相，宁有种乎？

只不过，愚公叫的是：太行王屋，宁有种乎？

但是，十年前为什么不叫？二十年前为什么不叫？三十年前为什么不叫？三百年前为什么不叫？三千年前为什么不叫？当太行和王屋还是小山的时候，可以轻而易举移除的时候，为什么不叫？

不是没有需求！大道通衢，四通八达的幸福生活，是人人向往的！是天性，是人性！

但是，天性也好，人性也好，都是容易被惯性遮蔽的。

爷爷辈看见祖祖辈在嗨哟嗨哟地爬山，便觉得嗨哟嗨哟地爬山，就是正常生活。

爸爸辈看见爷爷辈在嗨哟嗨哟地爬山，便觉得嗨哟嗨哟地爬山，就是正常生活。

儿子辈看见爸爸辈在嗨哟嗨哟地爬山，便觉得嗨哟嗨哟地爬山，就是正常生活。

孙子辈看见儿子辈在嗨哟嗨哟地爬山，便觉得嗨哟嗨哟地爬山，就是正常生活。

苦难，就是这么一代代轮回的。

我们所说的集体无意识，其实，是每一个人共同造成的。谁都没有错，但谁，都敢说，自己没有罪？

但幸好，有一个叫愚公的小伙子，不，老伙子，活了一辈子了，已经要死啦，老天成全他，让他的需求，终于被自己看见啦，并且，有足够的勇气，说出来啊！

这是多么惊世骇俗的时刻。这个时刻的意义，怎么渲染，都是不为过的。

这是一个人，在向全世界宣告：

我再也不想那样活！

我从此决定要这样活。

听一首歌吧！

（播放歌曲《再也不能那样活》）

朋友们，人并不是轻而易举地看到自己的需求的。

1994 年，我第一次到重庆参加全市课堂教学大赛，听文兰森老师介绍了当时北大附中的程翔老师等当年的全国新代名师之后，我知道了我想成为什么样的老师，我想过什么样的生活。

1998 年，我第一次到天津，代表重庆市参加全国课堂教学大赛。那是我第一次坐飞机，第一次出川，第一次去北方。我们坐大巴，从北京赶往天津。一路上，我热泪盈眶。因为我看到了华北大平原，真的像《白杨礼赞》中描绘的那样：一望无垠，坦荡如砥。而我生在山城重庆，长在山城重庆，我以为，大家都过着跟我一样的生活：一出门，不是爬山，就是下山哟。

从此我知道，我喜欢大平原，我希望自己，在一片更辽阔的土地上生活。

这也就为我后来，历经千难万险也要北上，埋下了能量觉醒的种子。

同学们，朋友们，人，是有认知惯性和承受力惯性的。现在很流行"舒适区"的说法。所谓"舒适区"，就是把眼前的惯性生活状态当成了自己喜欢的状态，当成了自己能够承受的状态。但其实，这可能是一种假象：你并不喜欢像现在这么活着。只不过，你没有觉知的能力，没有自我叩问的能力。

太行王屋，其实只是一种影射。它们代表着一种顽固的，低级的，恶劣的生活方式，它们把更青春的活法，更有趣的活法，更富有艺术审美意义的活法，挡在了山的那一边。

愚公，以 90 年的成长换来了这种自我觉知，自我叩问能力，那么，你呢？

我记得，上次我们讲维克多的《活出生命的意义》，来复习一下，老年之后的维克多的需求觉醒：

（播放《活出生命的意义》视频）

一般来说，不经历大悲痛大失去，一个人，真的不知道自己想要什么啊！

和需求觉醒一样重要的，是能量觉醒。

第二个方面：愚公的能量觉醒的伟大意义。

能量觉醒，就是坚信：我拥有力量，我能够去为我想要的生活而奋斗！

只有需求觉醒而没有能量觉醒，需求，就会成为妄想。

列子写故事，创作寓言，非常高明。他把一切元素都推到了"极端"：

太行王屋高到了极端。

愚公的年龄大到了极端。

移山的人少，少到了极端。

移山人的弱小，弱小到了极端。

倒土石方的地点之远，远到了极端。

反对的人之智慧，智慧到了极端。

仇恨者的仇恨，恨到了极端。

主角意志之坚定，坚定到了极端。

结果之让人瞠目结舌，也瞠目结舌到了极端。

……

这就是文学创作的手法。这就是寓言的写法。只有极端的困境，才会有终极的领悟。

90 岁愚公的能量觉醒，我们要特别注意以下几个方面。面对重重困难，愚公，是如何"破惑"的？

"惑"之一：生理之惑。

这个惑，不是愚公一个人的惑，这是人类共同的惑。咱什么都可以不怕，但不怕时间流逝的，几乎没有。逝者如斯夫，不舍昼夜，连孔子这样的最通透的大圣人也要叹息的。老天亡我们之心不死，不需要其他武器，只需拿着一个时间的沙漏，就足以让每一个人战战兢兢。

怎么办？愚公的办法是：第一，赶快行动。已经拖延一辈子了，不能再拖延了。只要行动，就有希望。第二，对自己的能量保有信心。徐悲鸿画《愚公移山》，把愚公画得瘦骨嶙峋，但网络上画愚公，常常是强壮有力的。我觉得，徐悲鸿的艺术，是写实的，但网络作家，才是真的"艺术家"。这一身的腹肌，腱子肉，我认为，更是一种象征：愚公的力量，跟唐僧的力量一样，不在于肌肉，而在于信念。

人类是绝顶聪明的动物，既然"老"不可避免，那么，就赋予"老"新的内涵和意义。最经典的，就是《青春》。

（播放视频朗读厄尔曼的《青春》）

什么是青春？

2019 诺贝尔化学奖评选结果揭晓。特别值得一提的是，化学奖获得者约翰·B. 古迪纳夫，是现已 97 岁的"锂电池之父"。他以 97 岁高龄打破了诺贝尔奖获得者最高龄得主的纪录。

诺贝尔奖获得者最高龄得主的纪录，原本是由 2018 年的诺贝尔物理学奖得主阿瑟·阿什金保持。阿瑟是 96 岁。

"惑"之二："反对"之惑。

如何面对来自外界的质疑、反对，控制，是想要干大事儿的人，逃不脱的宿命。

经典，就是做到了生命困境的典型化，可视化，让我们每一个人，都能在文本中，看到自己和自己的处境。

《愚公移山》之所以经典，就在于，它完美地回答了这个问题。

愚公要移山。

第一种反对的声音，来自自己。

他必须看到自己的需求，认定自己的需求，不觉得自己的需求是异想天开，痴人说梦。这一层，前面讲了，我就不讲了。

第二种反对的声音，来自亲人。

愚公的妻子，是这个层次的"惑"的代表。自己的老婆就是自己的老婆，而且，还是一个好老婆。愚公应该是一个好丈夫，他的家里，肯定是比较民主的。所以，妻子可以直接参与家庭大政，而且可以坦率地发表意见。这位老婆，也很会说话：不仅发言直中要害，而且，特别懂得尊重丈夫，给丈夫面子。她温和地"献疑"：挖山，当然是好事儿，以后我逛街，就可以天天逛啦。老公，你真是太懂女人了。只是，只是，你真的太老了，干不动啦。而且，这么多的土啊石头啊，放哪儿呢？

这些，都是真问题，绕不过去的问题。说自己的男人老，没有力气，活不久了，这些话，不好听，人家来说，反而不容易开口。自己老婆说出来，更自然更合适，更不伤人。

愚公接下来组织大家对这个问题进行研究，并且取得了共识。

我很喜欢这个片段。由此对列子老人家也更钦佩。呵呵，所有尊重女性的人，我们都给他一个拥抱吧。其实，列子完全可以不写是愚公老婆来献疑的，这个角色，可以是表哥，堂哥，大伯大爷，但是，列子把这个如此尊贵的角色给了我们女人，所以，列子，是个好男人啊！

第三种反对的声音，来自外人。

这一点，我就更佩服列子了。

智叟，是这个层次的惑的代表。

关于智叟，年轻的时候不喜欢他，这几年，越来越喜欢。我甚至觉得，人家列子塑造这个人物，根本不是为了讽刺他。愚公和智叟，都很可爱啊。

我琢磨这两个名字，无论如何，都觉得他们平时就是朋友。而且，可能就是庄子和惠子那样的朋友，苏轼和佛印那样的朋友。斗嘴，斗了一辈子了，但，其实，亲密着呢！

为什么一个叫愚公，一个叫智叟呢？

战国时代，将男子分为公、侯、伯、子、男五个等级。"公"爵位最高；"叟"呢，是古代对老年男子的普通称谓。"公""叟"爵位相差悬殊。高爵位的愚者与低爵位的智者其想法同时呈现，并且产生巨大的反差，这本身就很幽默。而幽默，一定来源于智商过剩，来源于列子平和的心境。

但"愚公"之所以叫"愚公"，"智叟"之所以叫"智叟"，我也觉得，未必是讽刺。

看智叟对愚公的批评，我们复习一下：

> 河曲智叟笑而止之曰："甚矣，汝之不惠！以残年余力，曾不能毁山之一毛，其如土石何？"

客观地说，我觉得，智叟不管是行为还是言论，都挺可爱的。

首先，他知道愚公在搞事儿，于是千里迢迢地从"河曲"跑过来看朋友。我查了一下，"河曲"是模糊的地名，反正是黄河弯曲转折的一个地方吧，而太行王屋，大概相当于现在河南济源一代。两个地儿，无论如何都是有些距离的。不关心愚公的人，人家干吗费那么大的劲儿赶过来呢？

其次，来了之后，观察了愚公的做派，智叟可是坦坦荡荡地谈了自己的看法。虽然是反对，但也光明正大得很：一没有借别人的口冷嘲热讽，也没有躲在自己的朋友圈里冷枪暗箭地放，而是微笑着，很现实地、很真诚地表达了意见。我觉得读者应该公平啊，不能同样的话，愚公老婆说出来，我们就觉得好，太好啦！智叟说出来，我们就觉得难听。男人和男人说话，特别男性哥们间说话，不来点儿吐槽，我都觉得这两个男人不正常啊。所以，虽然，智叟不是那么客气，不仅一开口就笑得很诡秘，而且还直接来一句"太过分了，你这傻子"，但我完全读不出冒犯啊，我只感觉到了坦诚。我们文本解读的时候，不需要上纲上线的。否则，那就太小家子气了。

然后，就被愚公直接怼了回来。两个老家伙吵架，可是好玩儿。愚公的怼，是很厉害的，那叫直接对骂，直接揭伤疤啊：

> 你这个老家伙，你不如女人，不如小屁孩儿，你是个千年万年的死脑筋！你觉得我移山不行，那是因为你生孩子不行啊，你儿子生孩子不行，你孙子生孩子不行，你要断子绝孙啊！还有，你的家庭领导力不行啊！

我说，朋友们，愚公这段对骂，惊天地泣鬼神啊。从文学的角度分析，顶针、排比、反复、对比，反问……那修辞方法用得溜啊！从哲学的角度分析，从心理学的角度分析，都是干货满满，是教科书级别的对骂啊。可以见得，愚公在智叟面前，那可是高度放松的，是智商爆棚的。他完全知道，这种朋友，是经骂的！因为，是真朋友！

智叟的表现也很配合。愚公疾风暴雨骂下来，结果如何？骂服气了啊！服气的表现就是：接受、理解、低头，不怼回去了。

我甚至觉得，智叟这个时候，一定在想：哇哇哇，感谢这个老家伙，让我发现自己好狭隘啊。原来我们老年人，也是可以任性的哟！

我相信，在老年愚公的启发下，可爱的智叟，也瞬间实现了能量觉醒。

好了，我总结一下这个部分的内容：这个部分我在讲能量觉醒的问题。愚公破了"三惑"——来自三个层面的反对：

我对"我"的反对、亲人的反对、外人的反对……所以，移山这件事，就成了。

为了让大家理解这个部分，也为了让大家休息一下，我们用热点材料来说明吧。

"自我"对"自我"的反对，一旦突破，人生就会不一样了。

近期热播的《我是余欢水》里主人公余欢水在故事一开始，就四面楚歌：老婆瞧不上，朋友瞧不上，同事领导瞧不上，走哪儿都被欺负，连楼上违规搞装修的工人都欺负他。他整个儿就活成了壳里的蜗牛，已经爬不动了。可是，有一天，他需求觉醒了，能量觉醒了，你看，余欢水还是那个余欢水，但是，余欢水又不是那个余欢水了！

（播放视频《我是余欢水》混剪片段）

再说亲人的反对。《愚公移山》在这个方面是比较温和的。亲人不反对，只有献疑。但在实际生活中，来自亲人的否定往往更坚硬。我们现在动不动就说"原生家庭"，就是这个道理。我随便举个例子，《安家》中的房似锦，是如何冲破她的母亲的阻扰，死也要去读书的。有时候，父母亲对我们的爱，相当自私，相当狭隘，相当短视，相当偏执。

（播放《安家》片段）

阻挠孩子读大学的父母，恐怕现在很少了。但是，用其他的方法干涉孩子的生活，阻挠孩子独立的父母，把自己变成了孩子成长的太行王屋的父母，依旧很多。

外人的反对呢？还记得《中国合伙人》吗？不算外人，一起创业的好哥们，走着走着，最后还是出现了价值观的分歧。

（播放《中国合伙人》片段）

同学们，朋友们，讲到这里，我特别想告诉大家：别人的否定，从来就无关紧要。

美国医学家威廉·凯林是今年诺贝尔生理学或医学奖的获得者，他今年61岁。

光看履历，很多人可能会觉得威廉·凯林的科研生涯可谓一路坦途，然而事实却并非如此。威廉·凯林博士在大学的实验室工作时，工作内容无聊，做着不重要且无趣的实验。导师说他研究的项目可能永远都不会有成果，甚至在他成绩单上批注"劝退"的评语："凯林先生的未来不在实验室里，而是在实验室外。"这样的来自高级同行的反对，是多么的"掷地有声"啊！

所以，大家都说：威廉·凯林是"学渣"逆袭得诺贝尔奖。

总结

《愚公移山》就是这样一个因为角色苏醒而带来的需求觉醒和能量觉醒的

故事。时间不多了，最后，我想重点谈一个问题。

愚公的成功，除了上面的因素外，还有哪几个特别重要的原因呢？

我想从三个方面来总结：儒家的视角；道家的视角；佛家的视角。

第一个方面，是儒家的视角。这是最让我感动的视角。

愚公很坚定，移山事业一定能够成功。但是，这是未来的事业，这是子孙后代的事业。愚公早已经把真相看得清清楚楚：他自己，是享受不到移山的最后成果的。而且，为了这个成果，他的晚年，将会颠沛流离，艰辛困苦。他的人生，他的家庭，将为此付出最巨大的代价。但是，愚公不是这样算账的。任何伟大的人，都不会这样算账。

明知不可为而为之！

虽千万人，吾往矣！

不逃避现实困境，以强烈的责任和担当意识，致力于改良社会，"身修而后家齐，家齐而后国治，国治而后天下平"。（《礼记·大学》）

"人不独亲其亲，不独子其子，使老有所终，壮有所用，幼有所长，鳏寡孤独废疾者皆有所养。"（《礼记·礼运》）

"老吾老以及人之老，幼吾幼以及人之幼。"（《孟子·梁惠王上》）

"天行健，君子以自强不息。"（《易传》）

入世姿态、仁爱品德、自强精神，这就是儒家的角度。

这样你就明白了吧：为什么愚公不能选择搬家，而必须移山？

如果遇到了困难，都选择搬家，后果是什么？

任何伟大的人物，都是愚公这样的人啊！不能搬家，只能死磕啊！这才是生存的王道。

伟大的事业，一个人，是干不成功的。需要"聚室而谋"，需要"杂然相许"，需要有人"遂率"，需要有人"献疑"，需要连"孀妻与遗男"都理解都懂得这项事业的伟大，需要"年且九十"的老者参与，需要能够"荷担"的青壮年参与，需要"始龀"的小孩子的参与，甚至也需要"唱反调"的"智叟们"来提醒……

任何伟大的事业，都是大家的事业，都是祖祖辈辈都值得为之奋斗的事业。

我讲到这里，你是不是想起了钟南山、李兰娟们？

他们，都是不选择搬家，而选择移山的中国人啊！

当然，这些观点，道家当中，一样有。

英国哲学家罗素说过一句话：人类的本能有两种冲动，即创造的冲动、占有的冲动。而最好的生活，是创造性的冲动占最大的地位，而占有性的冲动占最小的地位。

【播放儒家名句】

●身修而后家齐，家齐而后国治，国治而后天下平。（《礼记·大学》）

●人不独亲其亲，不独子其子，使老有所终，壮有所用，幼有所长，矜寡孤独废疾者皆有所养。（《礼记·礼运》）

●老吾老以及人之老，幼吾幼以及人之幼。（《孟子·梁惠王上》）

●天行健，君子以自强不息。（《易传》）

第二个方面，是道家的视角。

听姚丹华老师在我们清澜山学校用溯源解读法讲《愚公移山》，她带领学生研读了《列子·汤问》中的《愚公移山》之前和之后的故事，由此得出结论：

> 《愚公移山》说明，宇宙无穷尽，但只要一点一滴积累细微的变化，配以足够长的时间，就可以发生质变。《夸父逐日》说明，宇宙空间无限大，欲速则不达，因此不能急于求成。
>
> 《愚公移山》的故事后面，还有一些稀奇古怪的故事，如"薛谭学讴""造父学御""纪昌学射"等，都在告诉人们：宇宙无穷尽，人们的学习也是无止境的，山外有山，天外有天，因此不应自以为是，必须不断精益求精。《两小儿辩日》就强调，连无所不知的孔子都还有认知空白呢！

另外，道家重"真"重"诚"，"真者，精诚之至也"（《庄子·渔父》），做事要"诚之无二心"（《列子·黄帝》）。愚公就精诚、执着、专一，到了至高的境界，因而不仅感动家人和邻里，由此组织起一个志向坚定、力量巨大的移山共同体；也因其"至诚"而感动天神，帝感其诚，命夸蛾氏二子负二山，最终成就了移山大业。

所以，移山成功的最终极原因，还是愚公自己。

【播放道家名句】

●大智若愚、大巧若拙。（《老子·道德经》第 41 章）

●贵以贱为本，高以下为基。（《老子·道德经》第 39 章）

●明道若昧。（《老子·道德经》第 41 章）

●我愚人之心也哉！俗人昭昭，我独昏昏；俗人察察，我独闷闷。（《道德经》第 20 章）

●去小知而大知明。（《庄子·秋水》）

●真者，精诚之至也。（《庄子·渔父》）

第三个方面，是佛家的角度。

有研究学者认为：《愚公移山》的故事，来自《佛说力士移山经》。列子的故事，是深通佛理的，最核心的思想，就是"大慈大悲"和"众生平等"。

"慈"是慈爱，"悲"是悲悯，佛家倡导慈悲为怀，把普度众生作为最高理想，拔除众生苦难，增进众生的福乐。移山者的慈悲，就是以自己的牺牲，来帮助人们摆脱被山石阻隔的苦难。

佛家主张众生平等，认为所有的生命都是平等的。愚公属于劳力者阶层，愚公移山寓言就是一曲劳动者颂歌。《列子》"愚公移山"的寓言则张扬了劳心者未必智、劳力者未必愚的人类平等思想。于是，我们看到了"叩石垦壤"、志在移山的劳动的伟大和尊严。

讲到这个地方，亲爱的朋友们，您就知道，讲了《卖油翁》，讲了《长妈妈和〈山海经〉》，讲了《江雪》之后，我为什么又讲《愚公移山》。

这三个文本，其实，都是角色觉醒、角色创造的典型。

普通的底层劳动者的杰出表现，最让我爱和敬。

被生命的冰雪困住，然后对这样的困境有健康的解读，并且重新实现了角色创新的人儿最让我爱和敬。

角色凝滞，才是阻碍我们成长的太行王屋。

年龄不是问题。

家庭不是问题。

朋友不是问题。

社会不是问题。

一切，都不是真正的问题。

问题，根本还在于我们自己。

每个人的太行王屋，每个人的万千孤独，是不一样的。但是，突破的心法是一样的：不认命才是哪吒重生的命，不认命才是更多的愚公获得新生的命，艰苦奋斗，勇于奉献，才是我们的命。

所以，迷茫的时候，去读《愚公移山》吧，它不是"毒鸡汤"，它是中华民族的一碗货真价实的鸡汤——永远地道，永远不变味儿，永远滋养我们！

（播放江涛《愚公移山》视频）

课 例 讲 评

破惑，经典新读之道
——品王君老师的《〈愚公移山〉新读》

郑丹

卡尔·维诺对经典的定义众所周知："经典是值得一读再读的作品。"而博尔赫斯关于经典也有过定义："经典是一个民族或几个民族长期以来决定阅读的书籍，是世世代代的人出于不同的理由，以先期的热情和神秘的忠诚阅读的书。"新读经典，除了"热情"和"忠诚"，还需要什么？王君老师以她的《〈愚公移山〉新读》告诉我们，破惑是经典新读之道。

（一）破自我之惑

王君老师认为，愚公跳出了年龄的桎梏和世代生活模式的局限，觉醒了自己的需求，破了自己的惑。人是自我为中心的，只局限在自己的圈子里，以自己的脚丈量世界的大小为标准，其结果是不能深层次去揭示自己的弱点和偏见以及自我蒙蔽，只从自己的角度出发评判自己和他人。这种自我中心表现在解读经典上，容易被自己的自信或自负所惑，像一只追着自己尾巴跑的猫，只在习以为常的圈子里打转。王君老师则不然，她跳出了常见的坚持不懈的愚公形象，从心理学的角度出发，赋予愚公新的角色形象，颠覆日常。"年且九十"的生活模式就一定合适吗，年年岁岁的解读就一定稳妥吗？王君老师是解读的愚公，不断觉察自我需求，善于自我突围。

李华平教授在《三大文本解读观的检讨》中指出，读者中心论过度夸大读者的作用，甚至无视文本的质的规定性，使文本往往成为一个引发读者感想的"由头"，读者由此出发，率性而为，任意发挥……李教授指出的这种读者中心论是自我之惑的另一种表现。唐诺对此也有类似见解，一个好的阅读者，应该都拥有一个无政府主义的干净灵魂。也就是说，解读者要在心中预留一块空地，等待文本入住生长，而不能胡乱删削，任意嫁接。这对于读过的文本更是如此。虽然，一千个读者就有一千个哈姆雷特，但哈姆雷特依然是哈姆雷特，不是李尔王。王君老师在群文阅读中强调逻辑自洽，说的也是这个道理。同样，王君老师的新愚公形象也不是空穴来风，是植根于文本之中的。年近九十岁的愚公，终于突破生理、心理的困境，祛除天性、人性的遮蔽，提出要移去祖祖辈辈习以为常的太行、王屋；不仅如此，还立即行动，排除来自亲人、同行、体制的质疑、阻挠，实现能量觉醒，突出重围，完成创举。

因此，经典新读，既要破自我中心所产生的好恶成见之惑，排除我执之蔽，也要破自我中心所造成的膨大之惑，缩小自己，创新角色。

（二）破文本之惑

王君老师说，《愚公移山》可以看成小说，神话，剧本，甚至当成诗歌来读，从中读出儒家的思想，道家的思想，纵横家的思想，佛家的思想，各种现代思想。郭初阳老师在新版《愚公移山》的课例中也从寓言跳到了小说。可见，大师们并不囿于文本本身，从不同的角度观照，读出不同的内容。

仅寓言这种文体来说，本身就具有多种指涉性和复义性，和小说的不确定性异曲同工。小说批评家往往借助现代寓言批评研究小说。比如吴晓东教授就指出小说《围城》也可以看成寓言。他甚至用现代寓言批评分析卡夫卡的《城堡》。小说家张大春有个精妙的比喻，寓言的箭矢早已射出，却不知射向何方，为一支落下的箭矢所画的靶位却有无限可能性。这无限的可能性提醒解读者要多角度去寻找，进入文本也要走出文本。王君老师具有强烈的文本觉醒意识，自觉破文本之惑，跳出文本之外，境界全出。

的确，不识庐山真面目，只缘身在此山中。跳出文本的"三界"，儒释道、法纵横、现当代，宇宙视角，时间空间无穷无际，王君老师这一破，破出文本的气象万千。经典新读，进入文本，又要不拘泥文本，从更高的视角参与文本的意义重构。

（三）破前人之惑

王君老师赋予愚公以时代意义，一个困境中的突围者。智能化时代的到来，加剧了人们的困境。生存的、精神的太行、王屋无处不在，多少人"出入之迂"，苦不堪言。不逃避，以强烈地责任和担当意识，致力于改良社会，保持青春的心态，否定别人的否定，以时间消解空间，以自己成全后代。这个愚公，注入了个人和时代的新鲜血液，活力无限。

经典之所以成为经典，本身就具有生命力和生长性，许多节点召唤着不同时代不同读者去蓬勃去丰盈。吴晓东教授认为：每个历史时段都会有基于当下的生存世界和现实境遇而产生的新的关注点，套用福柯的话，所谓重要的不是作品解释的年代，而是解释作品的年代。从这个意义上说，经典新读，也是时代的需要和时代的投射。作为时代的弄潮儿，王君老师敏锐地把握时代脉搏，寻找当下和历史的联结点，从草根到高阶，不认命，艰苦奋斗，勇于奉献，突出重围，获得新生。

戴震说过："学者不以人蔽己，不以己自蔽。"前人对于经典的解读，也一定是太行、王屋二山，方七百里，高万仞。如果匍匐在解读之山下，永远浮云遮望眼。破嶂之道在于另辟蹊径或登临绝顶。王君老师采用后者，站在儒家、道家、佛家的山巅，极目楚天舒，融会贯通，以儒家的积极入世解释愚公不搬家，以道家的精诚、专一解释愚公形成的挖山共同体，以佛家的众生平等解释劳力者愚公的伟大和尊严，到达不以人蔽己、不以己蔽人的独立。

当然，经典新读不是空中楼阁，它建立在解读者、文本、前人的理解基础之上。正如于泽元教授所说，阅读的实质就是一个理解的过程，是一个读者与文本视域融合的过程，而且正是在阅读理解的过程中生成了文本并构建了读者。因此，经典新读是在破惑的过程中重新建构，是解读者与自我、文本、前人三方重新对话的过程，是在对话中拓展自我、创造文本、重建意义的过程。王君老师通过与文本、与前人的视域融合不断觉察自身、生长文本，从而完成愚公形象的再创造。

破自我之惑、文本之惑、前人之惑，不只是经典新读，也是为教、为人之道，让我们学习王君老师，不断破惑，不断移山，驰骋在青春语文的平原上。

（郑丹，安徽省安庆市怀宁县振宁学校语文教师，青春语文工作室成员）

4. 我们终将遇到爱与孤独

——柳宗元《江雪》新读

执教：王君

同学们好，老师们好，家长们好，朋友们好。我们现在开始上课。

今天的课题是柳宗元的《江雪》。

2019年语文湿地清澜山年会的时候，就计划讲它。没有讲成。一个原因是当时有姐妹求助，希望我讲《木兰诗》。还有一个原因，就是《江雪》太难——最精练的句子，最浅显的词语，一眼望去，没有谁不懂。但实际上，这首诗，有着最博大深沉的内容。讲给七年级的小孩儿听，如何取舍，都让我踌躇。

但现在好。网课，更像"百家讲坛"了，很适合《江雪》这样的文本。朋友们，可以深听，可以浅听，可以长听，可以短听……我就觉得没有那么局促了。

一

今天讲课的题目，是来自张德芬的作品《我们终将遇见爱与孤独》。她还有一本著名的书，书名也很打动人——《遇见未知的自己》。题目放不进去，但其实，我今天所讲，也在谈"遇见未知的自己"。

2009年，我从重庆北上，成为"北漂"。是的，就是北漂。因为调动的诸多困难，一拖好多年，在体制里就名不正言不顺。又因为水土不服，工作艰难，所以，那几年，是我彻底的低潮期。低潮到什么地步呢？不会当班主任了，不会上课了，不会写作了，什么都不会了——总之就是，耳边全部都是对我的负面评价，我自己也觉得走到尽头了。上班的路，就好像通往地狱的路，不仅经常想打道回重庆，而且，还经常琢磨，如果死了，会不会轻松些？

现在觉得，当时那种状态，其实已经在抑郁边缘了。

为了自救，那两年，我读了非常多的书。其中的一本，就是张德芬的《遇见未知的自己》。

现在领悟：如果没有经历过那些绝境，不可能有现在的松弛的状态，我也根本不可能真正读懂《江雪》。

《江雪》是名篇，讲的人太多。柳宗元，更是现象级人物。我再怎么讲，也不可能比康震老师讲得好。但我讲的，肯定是"君式《江雪》""君式柳宗元"。不一定都是正确的。我姑且讲，借之一吐心中之块垒。你姑且听，也许有那么一句，能触动你，启发你，那今天这节课，就没有白讲。

是个语文老师，都喜欢蒋捷的《虞美人·听雨》：

> 少年听雨歌楼上。红烛昏罗帐。
>
> 壮年听雨客舟中。江阔云低、断雁叫西风。
>
> 而今听雨僧庐下。鬓已星星也。悲欢离合总无情。一任阶前、点滴到天明。

我就不解释了。翻译成大白话大概就是：什么样的年龄，什么样的心境，就能在文本中看到什么东西。

就比如尹老大的调侃："我现在读《江雪》，第一个问题就是：鱼口好不好？用什么饵料？什么时候打窝？"

所以，真的，你的活法，就是你的读法。你绕不过自己。

德芬老师说："外面没有他人，只有自己。"就是这个道理。

百度百科是这样介绍《江雪》的：

> 《江雪》是唐代诗人柳宗元于永州创作的一首五言绝句。诗中运用典型概括的手法，选择千山万径，人鸟绝迹这种最能表现山野严寒的典型景物，描绘大雪纷飞，天寒地冻的图景；接着勾画独钓寒江的渔翁形象，借以表达诗人在遭受打击之后不屈而又深感孤寂的情绪。全诗构思独特，语言简洁凝练，意蕴丰富。

这是个标准化的解释。

我们也先听一个标准化的朗读。

（播放视频）

其实，我听学生朗读《江雪》，可不这么简单。一般听到三种读法。第一种，呼天抢地悲怆痛哭式；第二种，沉定静寂宠辱不惊式；第三种，云淡风轻自得其乐式。

为什么会出现不同的处理方法呢？那就一定是因为对这首诗的理解不一样了。

到底哪一种更好呢？那就是不同的心境不同的理解了。

所以，我今天的课，讲三个阶段：

学生时代读《江雪》；青年时代读《江雪》；中年读《江雪》。三个阶段，看到的东西，思考的东西，大不相同。

这是我今天的讲课地图。

（投影展示）

二

我少年时代读《江雪》。读到了什么？

一个字，冷！太冷！实在冷！冷死人！冷是因为严寒，因为孤独。

为什么冷？为什么孤独？稍微了解一下柳宗元，我们就知道。

我觉得，老天爷为什么要造柳宗元这样的人出来？大概目的只有一个，那就是：来跟我们比惨！

人人都觉得自己的生活不如意。我们觉得自己已经够倒霉了吧？已经很惨了吧？呸！我们算什么东西？跟柳宗元比比去！

来，我们就从最终极的开始比起：

比寿命。

我已经活到 48 岁了。还天天担心自己死得早。大病保险和人寿保险买了好几份。但人家柳宗元，活了多长。46 岁！47 岁不到。他是唐宋八大家中最短寿的一个。总之，我们大部分人的寿命，铁定超过他。好死不如赖活着。

功名利禄都是过眼云烟，活着才是王道。柳宗元，下课领盒饭，实在早得让人心痛啊。

比家庭。

先看爹妈。柳宗元的爹，去世得早，暂且不说，他的妈妈，因为他被贬永州，条件实在艰苦，也很快去世了。

然后看老婆。柳宗元娶的是京兆尹杨凭的女儿，相当于现在北京市市长的女儿。门当户对，属于高门大户之间的结亲。他的这个妻子据说腿虽然有小疾病，但是很活泼可爱，夫妻感情不错。可惜，身体不好，去世太早。美好的夫唱妇随的生活只有五年。关键是，被贬永州和柳州后，按照朝廷法律，贵族是不可以和平民贱民结亲的。所以，柳宗元等于一直没有机会结婚了。为了传宗接代，虽然跟几个女子同居，但也是名不正言不顺的。大家知道的，一个男人，老妈去世了，未必是要命的事情，但媳妇儿走了，那却可能是要命的事情啊！

再看孩子。

柳宗元妻子杨氏是生过一个孩子的，但夭折了，之后就再也怀不上。接着妻子又去世了。这件事让柳宗元坐卧不安啊，简直比贬官还严重。对于我们现代人，大概不算啥。但对于古人，特别是唐代人，那简直是大逆不道啊。柳宗元可以委屈自己，委屈家人，但是你不能委屈祖宗啊！所以，这件事情，像一块巨大的石头，压在柳宗元的心头，真是差点儿让他抑郁了。

柳宗元去世后，特别可怜，因为四个孩子都年幼：一个男孩儿，还在襁褓中。另外一个儿子，是遗腹子，他连一眼都没有看见。你说，惨不惨？

再看房子。

你说你家只有小房子，没有大房子，只有一套房，没有两套房，你沮丧得很，自卑得很。但你家是茅草房吗？失过五次火吗？没有吧？柳宗元家的小茅屋，先后被烧了五次。你可以脑补一下，那是一种怎样的凄惨？

再看工作环境。

你在几线城市工作？一线城市？北上广深？那不容易。二线？省会城市？三线？四线？五线？我告诉你，柳宗元一辈子主要的工作地点，就是现在的湖南永州和广西柳州，放在唐朝，也已经是二十八线城市。那时候没有高铁，没有汽车，柳宗元一家去上个任，一走就要走好几个月啊。而且，那地方，一出门，遇到的，不是你小区里的狗，也不是缠着你要食物的流浪猫。那地儿，虎视眈眈的，是一种剧毒的蛇——腹蛇！水塘边呢？是一种蚂蟥样的东西，也有毒，一见岸边有人，就会跳起来发动攻击的。所以，柳宗元比后来的苏东坡还惨。苏东坡还可以耕田，但柳宗元要耕田，一锄头下去，就可能挖到一条毒蛇啊！而且，永州和柳州的治安都非常乱。我们说一个社会治安不好，看什么？看孩子和妇女安不安全。柳宗元工作的地方，一度卖孩子、抢孩子成风。

柳宗元待的，那都是些什么地儿啊？

所以，哪怕您现在在一所普通的乡下中学教书，您的工作环境，都比柳宗元好一百倍。

再看绩效考核，工作评价呢？

柳宗元是"体制内"的人，这一点，绝对重要。

打个比方，这么说吧。假如柳宗元是教师，那他的水平和劳动态度，30岁之前，就应该评特级！而且，他还跟我，王君老师，有过一样的梦想：能调到清华附中、北大附中这种中央一流的学校去任教。但他比我惨多了。我靠着自己的努力，一步一个脚印地从农村走向了城市，走向了北京，走向了人大，走向了清华。柳宗元能耐可比我大多了，皇帝老儿也不是没有看见他的努力和成绩，但是，因为当初得罪皇帝实在太狠，唐宪宗对他积怨很深，所以，就是不搭理他。

结果最后，柳宗元就只能在东南部的农村中学待到了死。

……

不说了，说起来，都是泪。总之，如果以世俗的标准来评价柳宗元，他的一辈子，就是"人在囧途"，他的遭遇，没有最坏，只有更坏。

现在，我们用 loser，来形容失败的男人。这个词，如果用在柳宗元身上，相当合适。

而这些失意和悲惨，都全部投射到了《江雪》之中。所以，我们读这首诗的时候，如果感觉到了冷，那，就对了。

听一首歌吧！

（播放《北风那个吹》）

但，我们之所以觉得冷，寒冷彻骨，前面那些，都不是主要原因。

同学们一定奇怪了，人生都这样了，还能坏到什么地步？

是的，还有更坏。因为，除了"倒霉"这个词语是为柳宗元量身定制的外，有一些大家熟知的文学手法，也好像是为柳宗元量身定制的。比如"反衬"，比如"先扬后抑"。

请听好了。当你的脑子中已经有了一个失魂落魄倒霉透顶的×丝形象之后，下面的信息，会更让你觉得冷。请先自觉加一床棉被吧。

柳宗元，正宗的世家公子，一点儿沙子都没有掺杂的那种。

河东柳氏，乃河东三大世家之一，绝对名门望族。柳氏一门，人才辈出。连河东狮吼都那么有名是不是？其他的，就更不用说。

相较于父系，柳宗元的外婆家，范阳卢氏更是誉满天下。

知道吗？连禅宗六祖慧能，都是源于范阳卢氏啊。吓死个人！

你想想，这样优秀的基因，不生出个神童都对不起人啊！

果然，柳宗元就是个神童。

神到何种地步？

21 岁进士及第。要知道，唐代的科考，比宋代，要艰难不止十倍。他们同时代的一代文宗韩愈，高考可是考了四次啊！

26 岁的柳宗元应试博学鸿词科，一考即中。要知道，这个考试才最重要。否则，进士及第，只能说你考上了北大清华，但是，还没有资格做官。孟郊熟吧？就是"春风得意马蹄疾，一日看尽长安花"那位，其实没过几日他就没有心思看花了——因为没得官做啊。他得养家糊口啊，后来这孩子都快饿傻了，再也写不出好诗句来。韩愈的博学鸿词科也是屡考不过，简直愁白了青年头，但也没有办法，只有曲线救国去藩镇当了幕僚，最后才当上官。

柳宗元为啥考得上？一是学问高，二是人脉广，不仅才华通吃，关系也通吃。这样的年轻人的上升脚步，你挡都挡不住啊！

然后，柳宗元成为名副其实的大唐公务员，正式步入政坛。

然后，他年纪轻轻，在唐德宗、唐顺宗两朝都是风云人物，很快出任礼部员外郎、监察御史等，相当于教育部门、法律部门的高官啊！并且，30 岁不到，就成为当时唐顺宗最仰仗的王叔文集团的核心人物之一。

王叔文带领一帮年轻人，指点江山，激扬文字，粪土当年万户侯——中国历史上有名的"永贞革新"开始了。

　　但结果，这场变革，跟戊戌变法一样短命。最后王叔文们，注定输得连底裤都不剩，被杀的被杀，被流放的被流放，这就是历史上著名的"二王八司马事件"。

　　头天晚上还在做梦的柳宗元，一清早醒来，还没有来得及洗脸，就从权力的顶峰掉落下来。总之，他的政治生命已经结束了，剩下的，就是随着长安城的一道道圣旨四处流浪漂泊了。

　　柳宗元先被贬为邵州刺史；接着又被贬为永州司马。"司马"本是当时地方行政长官的副职，但柳宗元这个"永州司马"却是鸡肋中的鸡肋，说白了不过是被流放看守的"囚犯"而已。

　　服役十年后，十年啊，柳宗元被召回长安，但刚刚抵达长安，因为"猪队友"刘禹锡闯了祸，再次被贬，这一次是柳州。

　　一千多年前的大唐，岭南一带，号称蛮夷之邦，瘴气横行。那些在朝廷触怒天子而获重罪的人，一旦被贬黜到南方，几乎是九死一生，没有多少生还的指望。

　　柳宗元也没有扛得住，于是，元和十四年（819 年）十一月初八，柳宗元于柳州病逝，时年 47 岁不到。

　　当我说完这一段，你有没有冷得打哆嗦？

　　人家柳宗元，可是衔着金汤匙出生的人，可是被上帝吻过的人，可是几千年出一个的"超级学霸"啊！

　　但，为什么，也"我命由天不由我"呢？

　　所以，少年时代读《江雪》，只能这么读——

　　（朗读。慷慨激昂，沉郁顿挫，呼天抢地）

　　柳宗元的一生，就是这样大起大落的"鬼转折"，那经历简直剜心剜肠！

　　柳宗元的经历证明了：忧愁总是不请自来，不幸总是突如其来。

　　现在你就理解为什么张德芬阿姨说：我们终将遇见爱与孤独。"孤独"这个词语，是放在最后的，因为，孤独，是彻底的，是绝对的，是永恒的！

　　什么叫"遇见未知的自己"？那就是：你脑袋想歪了，想破了，想烂了，都还是想不到命运会如何玩弄自己。

　　听一首歌吧，《牧马城市》，那歌词，字字入心，说的，就是柳宗元啊！

（播放视频）

三

接下来，我讲第三部分：青年时代读《江雪》。

进入职场后，哪个人不是心高气傲，一腔热血，但又跌跌撞撞、踉踉跄跄呢？这个时候读《江雪》，很容易看到柳宗元的成就，看到万千孤独后面的高洁人品、绝代风华，而且，羡慕得流口水，恨不得双膝跪下：柳大神，请收下小弟吧！

支撑《江雪》成为千古名篇的，是"鬼转折"之后的"神转折"。

偏偏就是那个让整个大唐政坛都不待见的倒霉蛋柳宗元，却居然成就了千古伟业：

那个一次一次狠心地把他驱逐到蛮荒之地的唐宪宗其实不算一个太糟糕的皇帝，而且甚至还算安史之乱之后的最有作为的一个皇帝。但现在怎么样了呢？就算他的陵墓再豪华再漂亮，有几个中国人了解他呢？

千年之后，柳宗元的诗文才是流传千年的经典之作啊！

你看：

柳宗元以 46 岁的短暂生命，成就了永州和柳州两座城市。直到今天，他依旧是这两座城市的名片。我简直不敢想象，如果千年前，没有他蓬头垢面地从京城走来，今日的永州和柳州，会是什么样子？

柳宗元以 46 岁的短暂生命，成为和韩愈一起共享文坛泰斗地位的文学家、思想家。他的诗，他的文，他的寓言，他的政论，彪炳千秋，将和伟大的唐朝一起，永垂不朽。

柳宗元以 46 岁的短暂生命，以自己被彻底否定了政治才能的羸弱生命，在永州，在柳州，修孔庙，开学堂，传经布道；他除迷信破旧俗，教导百姓革新生产；他还大胆取消奴婢身份，尽可能降低赋税；他还带领百姓广植柑橘——短短几年，柳州大治。

千年前的"永贞革新"早就被当权派们判了死刑，可柳宗元却在永州和柳州，以自己卓越的政绩，狠狠地打了那些政敌们无数记耳光。那"啪啪"

清脆之声，至今依旧在山水之间回荡啊！

柳宗元在蛮荒山水之间建立起来的文化身份，把世人惯性追求的行政身份、财富身份抛了1800条街。

连天下第一号男神苏轼都心服口服。他说：所贵乎枯谈者，谓其外枯而中膏，似淡而实美，渊明、子厚之流是也。

大概意思就是：喜欢枯瘦淡然风格的人，常说表面枯瘦而实质丰满，表面淡然而实质美好，陶渊明和柳子厚都是这样啊。

苏神的审美都能通过的人，那还有什么说的？

还有那个酷得不要不要的欧阳修爬到永州的万石亭，写了一首长诗，复习的时候，我居然发现，里边居然有"王君"这两字啊！

> 天于生子厚，禀予独艰哉。超凌骤拔擢，过盛辄伤摧。
> 苦其危虑心，常使鸣声哀。投以空旷地，纵横放天才。
> 山穷与水险，下上极沿洄。故其于文章，出语多崔嵬。
> 人迹所罕到，遗踪久荒颓。王君好奇士，后二百年来。
> 鬎薙发幽荟，搜寻得琼瑰。贱物不自贵，因人乃为材。
> 惟知古可慕，岂免今所咍。我亦奇子厚，开编每徘徊。
> 作诗示同好，为我铭山隈。

那首诗好长，我不读了。大概意思就是后代男神欧阳修跟前代男神表白：人生得一知己足矣，斯世当以同怀视之。

还有那个语言妙曼的严羽，就是写《沧浪诗话》的那人，说："唐人唯子厚深得骚学。"注意，用的是"唯"，只有一个的意思。

我的妈呀，我不太喜欢看盗墓笔记一类的小说，但我决定从此一定要研究一下，因为柳宗元这一类的人物，哪怕躺在棺材里都是可以咸鱼翻身的。这也太神奇了！

这对于初入职场的我们，简直太有启发。

原因何在？还是因为德芬阿姨那句话啊：我们终将遇到爱与孤独。

孤独是肯定挥之不去的，是躲不了了，但是，如果"爱"驾临了，对头了，咸鱼翻身，就有可能。

当然这些，青年时代也没有读太懂，但现在成了中老年老阿姨后，渐渐懂了。

研究柳宗元，研究《江雪》，切入角度实在太多。三天三夜好像也讲不完，我今天就只选一个小角度——是的，我们终将遇到"爱"与"孤独"。德芬阿姨的"孤独"前边已经讲了，接下来，我就讲讲这个重要的词语——爱。

爱，如果要展开来讲，也还是太多。那我再聚焦一点：自爱。柳宗元的自爱——他对自我的认识，他的自我观，他的自信力。

因为这三个方面，是构成自尊的三大成分。一个人的成就和幸福感，也是来自这三个方面。

柳宗元的"咸鱼翻身"，就因为这个"自爱"。

每个人的命运，其实都是自己书写的。柳宗元的成与败，荣与辱，都和"自爱"的状态有关。

这些，其实是近年来，我才慢慢读懂了。

四

"自爱"，这一部分，我选三个非常重要的方面来讲。

见自我：自我审视的严厉

"自爱"之表现之一：《江雪》之冷，之孤独，不仅仅是他与自然的对抗，他与社会的对抗，更多的，是他对自己审视的严厉和冷酷。在这首小诗中，有他深刻的反思，冷静的自查。

我看了相当多的资料。导致柳宗元命运发生巨变的"永贞革新"，不完全是因为政敌的残酷，皇帝的昏庸。实际情况是，唐宪宗是中唐以后最有作为的皇帝，对待"二王八司马"，他下手也远远不算太狠——可以杀，但没有杀。王叔文柳宗元们的政敌，也并不像大家想象的那样必须整得你死我活。这场惨剧之所以发生，很大一个原因，是柳宗元们自己作的。或者说，是因为这群年轻人的"不自爱"造成的。

是的，就是"不自爱"：自我审视偏差，自我评价过高，变态自信，导致那个阶段的柳宗元，意气风发，一派天真，在政治这面哈哈镜面前，本来只是一条狗，但却错误地把自己看成了一头狮子。柳宗元，刘禹锡，这群人，青年得志，一帆风顺，自以为是天纵英才，天时地利人和都具备，所以，其言与其行，都在一种政治狂热状态中。他们干了太多的傻事儿，但是不自知。

比如：

皇帝的宠爱和信任让他们的权力一时间在京城如烈火烹油。刘禹锡的家，柳宗元的家，都天天门庭若市。拜访者在光天化日之下踏破了门槛，怎不遭人嫉妒？

他们的改革措施过于激进，完全不考虑适当维护老派势力的利益。为了遏制宦官专权，他们的办法蠢得像猪：直接停发工资，而且，还要让被处罚者继续上班……后果可想而知。最后他们发现，财务和出纳，都不听他们的话，兵权，更不听话。

这样的例子比比皆是。更为严重的是，他们完全没有意识到，这一套新法，表面上维护了当今皇帝的利益，但却伤害了太子李纯的利益。后来李纯软禁了顺宗，提前登基。看着眼前这几个前朝红人，心中有多么不爽，还是可以理解的。贬为司马是小菜一碟儿，关键是皇帝老儿在圣旨里强调：纵逢恩赦，不在量移之列。就是说，以后凡是有什么太后寿辰、太子结婚，天下大赦的好事，刘禹锡和他的难兄难弟都是享受不到的。

所以，朋友们，读这段历史，真的是为柳宗元刘禹锡着急。

要理解柳宗元们的尴尬，大家一定要去读余秋雨讲中国文化课。柳宗元当然比李白这些人还要好些，但也没有本质的不同。文人的天真，撞到政治的铁墙上，实在惨不忍睹。余秋雨说：

> 在巨大的政治乱局中，最痛苦的是百姓，最狼狈的是诗人。
> 诗人为什么狼狈？
> 第一，因为他们敏感，满目疮痍使他们五内俱焚。
> 第二，因为他们自信，一见危难就想按照自己的逻辑采取行动。
> 第三，因为他们幼稚，不知道乱世逻辑和他们的心理逻辑全然不同。
> 他们的行动不仅仅处处碰壁，而且显得可笑，可怜。

余秋雨评"春花秋雨何时了"的李煜，评得更狠，大家自己去看吧。

文人从政，真的要掂量掂量。有人认为，不仅柳宗元刘禹锡不适合从政，连政绩显赫的韩愈，其实也更适合做一个大学教授。这些，对我们，是有启示的。

当然，我还想特别提醒大家的就是，少年成名，未必是好事。赢在起跑线上，未必是好事。因为，一切早熟的东西，味道都不会太好。柳宗元 13 岁，就可以为大人写觐见皇帝的文章，但事实上也证明，他并不成熟。这个天才的青年，一定一度认为自己超越了孔子——孔子不是说"三十而立"吗？但我柳宗元，三十岁不到，就已经是朝廷重臣，我是二十既立啊！

但余秋雨在《泥步修行》中说：

> 即使是最好的"立"，也是一种固化，一种占领，一种凝结，一种对抗逻辑的皈依，一种对人生其他可能的放弃，一种对自身诸多不适应的否认……这，怎么能不造成重重叠叠的"惑"呢？

所以，朋友们，现在我读《江雪》，我首先感受到的，是在静穆的大雪之中，柳宗元，在反思自我，分析自我，否定自我。皇帝放弃了他，政坛放弃了他。但他，没有放弃自己。而没有放弃自己的表现，就是勇敢地面对不完美的自己。审视自己，打碎自己，重建自己。

除了《江雪》，柳宗元的所有寓言，几乎都是在自我审查和自我批判。今天我没有办法展开。但是，如果你用心，你会发现，不管是《黔之驴》中那头愚蠢的驴子，还是《蝜蝂传》中那只负重前行而最终粉身碎骨的小虫子，都不过是柳宗元的自画像。他用这样的方式，完成了自我的审判和自我的救赎。

在巨大的人生挫折面前，柳宗元不是自暴自弃，他的防御机制，非常健康。

重新认识自我是为了接纳自我，和自我联结。所有选择自杀的人，都过不了这一关。所以，从这个意义上来说，比之投江的屈原，比之归隐的陶渊明——虽然我也很喜欢他们，但是，我还是觉得柳宗元们，韩愈们，更可敬，更可爱。

我觉得，屈原们，活成了一种行为艺术，一种文化姿态，够悲壮，够凄美，但柳宗元们，才是真正的人生强者。

他们很倔强！

这种生命，是这样的。来，听一首歌，《倔强》。

（播放视频）

见众生：融于众生的宁静

这个方面，我想重点只讲柳宗元的人际关系重建。

请大家注意：《江雪》确实是孤独的。这样的孤独如果长期没有改变，人是不可能存活的。《神雕侠侣》中，小龙女在深潭独自生活十六年，仅仅是武侠小说罢了。人是社会性的群居动物，偶尔的孤独，如《湖心亭看雪》之中的那种，很酷，很炫。但在现实中，是会把人逼疯的。

永州柳州是蛮荒之地，柳宗元从京城的塔尖上走下来，到了这些地方，受到挑战的，已经被践踏的，不仅仅是他的行政身份，贵族身份、文化身份，甚至，连社会身份，都已模糊。他连和本地人说话，语言交流都很困难。怎么办？柳宗元人际关系突围，起码有三条路：

第一条，彻底放下贵族的架子，和老百姓打成一片。以《捕蛇者说》《种树郭橐驼传》为代表的一系列振聋发聩的政论文，换个角度看，都是一位文人和老百姓的深度联结。柳宗元用这个方法，实现了地域身份的着陆。在人群中，他不再孤独。

第二条，他放下了当红贵族的架子，不断地写信，向皇帝，向京城的老朋友，老岳父，倾吐自己的痛苦，希望得到他们的帮助，能够早日回到京城。我读韩愈的史料，他也是这个样子。有人觉得这很掉价，很油腻，很谄媚。我不这样认为：清高有什么用呢？首先要活下去，其次，要努力活得好，唯有如此，满腹经纶，才有可以用得上的地方。而一个中年男人，身上不仅有国家使命，还有家庭重担，肩上的，背上的加起来，才是整个世界。所以，中年男人，是不可以任性的。真正的勇者，不惧胯下之辱，真正的智者，有低头的勇气。我觉得，柳宗元，一点儿不卑微。

第三条，我稍微多说一点儿，支撑柳宗元的自尊的，最最重要的一个力量，是朋友。

说得再具体一点儿，是在漫长的贬谪生涯中，韩愈和刘禹锡，这两个忠实的朋友，给予了他爱与力量。

柳宗元 46 岁去世，留下四个年幼的没有名分的幼子。他写遗书，把四个孩子，托付给了韩愈和刘禹锡抚养。

问问自己，身为现代人，你有值得托孤的朋友吗？

这是怎样伟大而深刻的友谊！

而且，韩愈和刘禹锡，都不是一般的朋友。

先说韩愈。

语文人都知道"韩柳"。这一段，康震老师讲得最好，一句一句，直击我心。大家一定要听。

（播放视频）

韩愈和柳宗元政治主张是不同的。韩愈出身贫贱，科举考试也一路坎坷。直到 29 岁，他才当上微末小吏，35 岁时终于上调京城。他和柳宗元刘禹锡结为好友，互相唱和，关系十分融洽。韩愈特意在《赴江陵途中寄赠三学士》的长诗中提到：

> 同官尽才俊，偏善刘与柳。

他第一次被贬阳州，百思不得其解，为什么自己的一些私密的言论会被皇帝知道，甚至他怀疑是柳宗元和刘禹锡给他穿了小鞋，告了他的恶状。而且，他还把自己的怀疑和愤怒写进了诗歌中。

【投影诗歌】

或虑语言泄，传之落冤仇。二子不宜尔，将疑断还不。

网络对骂了。你看，这矛盾够尖锐吧，但是，没有关系！他们依旧是好朋友，值得托孤的好朋友，不仅共享文坛盛誉，而且，终生相怜相惜。

柳宗元的墓志铭，就是韩愈写的。据说著名的《柳河东集》，也是韩愈整理的。

我几乎要热泪盈眶了。因为，文人相轻，到现在也没有改变，优秀的人要成为挚友，多么艰难。

再说说刘禹锡。这个人，我都不想说他，一辈子都不成熟的文艺中年，简直让人无语。以后讲《陋室铭》的时候再细细讲他。总之，千万别学他！

刘禹锡和柳宗元，人生简直神同步：

一起考进士，一起考过博学鸿词科，一起闹改革，一起第一次被贬，一个在永州，一个在朗州，遥遥相望，一望就是十年。

十年后，好不容易宪宗皇帝消了一点点气，把两个倒霉蛋召回京城，结果刘禹锡实在不检点，一首"玄都观里桃千树，尽是刘郎去后栽"就让自己，也附带上连累了柳宗元，又再一次被贬。

关键是十年之后，柳宗元都死了，刘禹锡终于又回到了京城，这老头子桃花心还不死，又写了一首"种桃道士归何处，前度刘郎今又来"，还是句句蜇人啊，一点儿没长进，当然，马上又被撵出了京城。这些，也以后再讲。

遇到这种猪队友，你怎么办？是不是应该惹不起，躲得起？

但让人感动的就在于，柳宗元就和这样的"猪队友"，相爱了一生一世。

我一直想问柳宗元：你凭什么就这样相信刘禹锡？京城一别，就是十年，十年，你们就只见了一面啊！

我想起了木心的诗：从前慢，一生只够爱一个人。

柳宗元不仅不埋怨这个"猪队友"，还要把自己的柳州让给刘禹锡，因为刘禹锡要去的那个地方，实在太艰苦。可他还有 80 岁的老母，怎么去得了啊！这件事，连讨厌他们的皇帝都感动了，终于给刘禹锡新安排了一个条件略好点儿的地儿。

刘禹锡不负柳宗元嘱托，他不仅把弱龄的小侄子抚养长大成人，而且，也培养成了高考状元，算是让柳宗元的在天之灵，能够安息了。

作为政治家，刘禹锡啊，韩愈啊，柳宗元啊，都不仅不算优秀，甚至还算得上笨拙，但是，作为人，他们都品行高洁，仁爱忠义。其道德文章，没有瑕疵。

柳宗元的人生，虽然一言难尽，可以说很失败，但他的朋友圈，质量很高。也因为这个朋友圈，他永远不会输得太彻底。

一个人朋友的质地，其实就是自己生命的质地。一个人和朋友的联结，其实就是和社会的联结。朋友有多么重要，无论怎么说，都不为过。所以，培养自己的高质量的朋友，培养自己，让自己成为别的优秀人物的高质量的朋友，是我们一生的修为。

推荐给大家《荒岛余生》的一个片段，汤姆·汉克斯饰演的联邦快递公司的快递员，是一个当代的鲁滨逊。流落荒岛后，他比鲁滨逊还惨，因为连星期五也没有出现过。于是，他把一个排球，"改装"成了"威尔逊"，让这个排球，做自己的好朋友。

后来，他决定冒险离开荒岛。一路上，他都呵护着威尔逊。

（播放视频《荒岛余生》）

所以，朋友们，我们都以为《江雪》是作者人生的低谷，是他的对抗，是他的还击。不完全是。江雪能够这么硬，这么洁白，恰恰是因为，柳宗元还有一个世界，温暖温馨。有一盏灯，永远没有熄灭过。

见天地：上达天地的空澄

柳宗元"自爱"的最高表现，他最终获得了巨大成就的原因，乃是因为，哪怕是在蛮荒之地，哪怕被皇帝老儿都懒得搭理他一眼，但是，他依旧找到了"归属感"和"价值感"。

这两个概念，感兴趣的老师，可以去读《自卑与超越》，或者，《恰如其分的自尊》。樊登老师讲的所有书，其实都在说这两个概念。

所谓归属感，就是感觉到被爱，知道有人爱自己。

所谓价值感，就是知道自己有能力能够解决复杂的生命难题。

现在，"无条件的爱"很时髦，什么是无条件的爱，其实，就是帮助孩子找到归属感和价值感。

回到《江雪》上，《江雪》中，藏着柳宗元的归属感和价值感。

为什么这么说呢？

去年备课，有一个重要环节，是"辨画"。

（展示《江雪》图片）

你最喜欢哪一幅？

我，最喜欢这幅。为什么？

这一幅，最抽象，最写意，最传神。

这一幅，最大，最空。

我觉得，只有这样的画家，才算读懂了柳宗元。

京城是很大，金銮殿是很大，皇帝老儿的圣旨是很大，但是，再大，你大得过天，大得过地吗？

皇帝老儿你不理我，没有关系啊。皇城就算是个再大的花园子，还能美得过大自然？

在天地面前，一切都不过如此！

而一旦真正懂得了佛家的"空性"，便知道一切都是幻想，一切都是瞬间，一切都不必执着。

所以，你看，《江雪》中的柳宗元，是充分地展现了"儒释"两家的超高修为的柳宗元。他不再剑拔弩张，不再睁眼做白日梦了。他懂得了生活的残酷，也原谅了生活的残酷：

再怎么着，我也可以干一件事的，那就是——

远离尘世的喧嚣，回归自然的宁静，探索宇宙的生命本质。我哪里孤独啦？我是在独与天地精神相往来。当我用宇宙观去看待生命和生活，空间与时间时，我的生命能量，就找到了着力点。

我干不过官场，干不过权贵，那我不跟你们玩了。我跟天玩，我跟地玩。天无穷大，地无穷大，它们，能懂我，也必然包容我的过失。

理解了这点，我们才能理解柳宗元刘禹锡韩愈们，也才能理解司马迁李白杜甫张岱们，这些人，各有各的倒霉，但到底是凭什么，把自己的生命，活成了中国文化的一种真正的超级审美。

这个话题，非常美，非常大，以后再专门讲。

总之，柳宗元非常真实地告诉我们：

自爱，就是自己爱自己。哪怕全世界都与你为敌了，你也可以自己爱自己！

自己爱自己，就是不要放弃自己的才华，而是去做自己擅长的，可以让这个世界温暖一点儿的事情，美好一点儿的事情。

只要你自己不放弃自己，那么，这个世界就不会放弃你。

这个世界，太大太大，可以容得下一切！

讲到此刻，我突然脑补了一个画面：

柳宗元的竹屋又一次被烧毁了。他衣不蔽体，坐在一片狼藉中。但是：

漏一点点／射进小星星的光／那是我的诗行／漏一片片／射进好多光亮／那是我的诗心／我是漏屋诗人／感谢漏屋给我灵感／给我畅想／使我夜夜都能看到／茅屋外遥遥的星光／

这首诗，作者是王淑惠，她被称为"漏屋诗人"。
每一个柳宗元，都是漏屋诗人。

读完这首诗，我想起了《肖申克的救赎》。柳宗元和安迪，是多么像啊！
我们复习一下。
（播放视频）
朋友们，读柳宗元，读《江雪》，我最最真实的感受是：
人生是多么艰难。
但是，就像罗曼·罗兰在《米开朗基罗》中所说：人最可贵之处，就在于看透了生活的本质后，依然热爱它。
让我们，遥望千年前的柳宗元，一起共勉！

没有完，别走，还有课末彩蛋。
最后，听一听《蓝莲花》吧，你不会不喜欢。

蓝莲花，只生长于雪山之上，
这里边，也是《江雪》的心情。
柳宗元说，我也冷，我也怕，
但，还是要往前走。
往前走吧，
去邂逅那个——未知的自我，
去拥抱——
我们终将遇到的孤独，
还有，
爱。

5. 这么爽的人生，你敢不敢要？

——《陋室铭》课堂实录

执教：王君

【导入】

同学们好，老师们好，朋友们好。我们开始上课。今天的课题，是刘禹锡的《陋室铭》。

讲了柳宗元，不讲刘禹锡，好像说不过去。加之讲《江雪》的时候啊，我还"批评"了刘禹锡，我担忧他误以为我不喜欢他，会郁闷，所以，我决定先把刘禹锡讲明白了，再讲其他。

今天和大家聊的话题是：这么爽的人生，你敢不敢要？

今天的课，是典型的青春语文诵读型文本的讲法。

我请到了两位青春语文的语言艺术家，河北昌黎的刘兴艳老师和孙雪梅老师，她们将用她们天籁般的嗓音，引领我们走进刘禹锡的诗歌世界。感谢她们！今天，就请大家美美地听吧！

这是我今天的讲课地图。

《陋室铭》背后的人生抉择

1. 刘禹锡的"超爽人生"

    1.1 概述

    1.2 质疑

2. 刘禹锡的"超爽诗路"

    2.1 十四个人生驿站

    2.2 十四个高光时刻

3. 刘禹锡"超爽人生"本钱
    3.1 超人的绝世才华
    3.2 超级健康的身体
    3.3 超级坚定的三观
        3.3.1 对国家
        3.3.2 对自我
4. 刘禹锡"超爽人生"反思
    4.1 代价之巨大
    4.2 价值之追问

对,读《陋室铭》,读刘禹锡的诗,感觉就一个字:爽!好一个爽字了得。这家伙,一辈子快意恩仇,快意心情,活得坦坦荡荡,光明磊落,恣肆汪洋。他跟柳宗元一样倒霉,但他的人生,没有《江雪》的那种肃穆与寒冷,我们只感觉花红柳绿,生机盎然啊!

关于《陋室铭》,学界的争论非常多。一是《陋室铭》到底是不是刘禹锡所作?二是,众人皆知的关于《陋室铭》的那些和当地行政长官斗争的故事,是不是真的?这一次备课,我也好好地研究了一下刘禹锡的生平,我的感觉是:第一,《陋室铭》是刘禹锡所作的观点,还不能完全站得住脚;第二,那些故事,很大可能应该是喜欢刘禹锡的后人创造出来的。如果是我,我也愿意为刘禹锡写出这样的剧本。

但我没有时间和能力去做详细的考证。我这样想:哪怕是没有《陋室铭》,研究刘禹锡也是一件非常有趣的事情。况且,《陋室铭》的整体风格,还是跟刘禹锡的个性特质非常切近的。我就把这篇文章,放在刘禹锡的整个人生中来讲,尽可能让大家看到一个更加真实的刘禹锡。

在唐诗的河流中,刘禹锡,属于中下游的诗人代表了。

上游,王杨卢骆——王勃杨炯卢照邻骆宾王;中上游,李杜孟王——李白杜甫孟浩然王维;中下游,刘柳元白韩——刘禹锡柳宗元元稹白居易韩愈。大唐诗文化的脉络一直蓬勃,这真让我们自豪。

刘禹锡们,虽然生活于江河日下的中晚唐,但他们的光辉,映照了渐渐日暮途穷的大唐。诗歌啊,从某一个层面上,撑起了一个时代的门面。

刘禹锡牛啊，他与柳宗元并称"刘柳"，与韦应物、白居易合称"三杰"，与白居易合称"刘白"。大家看看图片。

（投影图片）

中唐这几位主演中，元稹常常被人叫作"渣男"，有恶名。白居易呢，晚年因为蓄养歌伎，也被人编排了很多故事。韩愈与柳宗元呢，简直太完美，好像是画中人。

只有刘禹锡，最鲜活，最可爱，优点缺点都鲜明，最像老顽童，讲起来，最有趣味儿。

刘禹锡生于公元 772 年。刘禹锡跟柳宗元一样，属于典型的官二代富二代。他妈妈也跟柳宗元的妈妈一样，是名门望族范阳卢氏家的姑娘。所以，刘禹锡一生下来，也是含着金汤匙的啊！

刘禹锡字梦得，这名字就告诉了你这个天才的来历。有一天，他妈妈告诉丈夫说："我昨日晚间做了个梦，梦见大禹赐给了我们一个儿子。"没过多久，卢氏果然怀孕了，并生下一个白白胖胖的小子。刘禹锡爸爸是就引用《尚书·禹贡》中的名句"禹锡玄圭，告厥成功"，意思就是"大禹治水成功，尧帝赐给了禹一块美玉"。所以，儿子就叫刘禹锡了。这就是"梦得"的意思。刘禹锡，是家中的独子，万千宠爱在一身啊。

一

来，我们先循着刘禹锡的一生的步伐，来回顾一下那些我们耳熟能详的，对整个中华民族的心灵产生过重大影响的刘氏诗词。

第一个坐标，长安（扬州短暂为父亲丁忧）。

刘禹锡 19 岁就到长安了。19 岁，就结识了韩愈、柳宗元等一批一流的文友。二十二岁和柳宗元一起进士及第。同年，通过博学鸿词科考试。二十四岁时通过吏部拔萃科考试。

这真的太不容易了！在唐代，"五十进士"都是幸运的啊。

我听到了比他们大五岁的韩愈在哭：高考，他可是连续考了四次啊！博学鸿词科更困难，后来是通过"曲线救国"才正式成为大唐官员。

23 岁，刘禹锡结婚了，媳妇是河东裴氏，也是高门望族。媳妇儿叫雅卿，听名字就温润美丽，郎才女貌，幸福得很啊！

刘禹锡被授以太子校书之职——就是为太子推荐阅读书目。也正是因为这个原因，他认识了陪太子读书的王叔文，两人一聊，哇，三观相合啊，都恨死了藩镇割据和宦官专权，都想热血沸腾大干一场，重振大唐雄风啊！于是，一拍即合，成了战友。然后，继续升官，30岁不到，做到监察御史了，进入大唐权力中心了。

刘禹锡的青年时代，就是对这个名句的证明：书中自有黄金屋，书中自有颜如玉，书中自有千钟粟。刘禹锡的人生，一个字，爽！

这个时期，这两首诗，最能代表他的心情。

赏牡丹

庭前芍药妖无格，池上芙蕖净少情。

唯有牡丹真国色，花开时节动京城。

浪淘沙

九曲黄河万里沙，浪淘风簸自天涯。

如今直上银河去，同到牵牛织女家。

再然后，就是惊悚而短命的"永贞革新"了。

这一段，我讲《江雪》的时候已经讲过了，今天不再啰唆。总之，唐顺宗只在病床上当了七个月皇帝，就被逼退位了，唐宪宗登基。这下好，靠山没有了，唐宪宗又恨死了他们。于是，赐死的赐死，贬官的贬官，这就是著名的"二王八司马"事件。

当时，刘禹锡被贬为朗州司马，柳宗元被贬为永州司马。

那一年，刘禹锡，33岁。

第二站，朗州，就是现在的湖南常德一带。

朗州生活的特点：第一，发水灾，刘禹锡一家，很久没房子住。水土不适，经济落后，语言不通。第二，第二个贤良的妻子也去世了，留下了二子一女，小的还在摇篮中。鳏夫刘禹锡，苦啊！老婆死了，老娘还在，80岁了，得伺候。苦啊！

关键是，宪宗下诏：那八个坏司马，纵逢恩赦，不在量移之限。这意味着，只要宪宗不死，刘禹锡这群人的前程，基本完蛋。于是在朗州，刘禹锡一困十年。

但是，刘禹锡就是刘禹锡，就在这个时候，公元 814 年，著名的爽诗《秋词》诞生了：

自古逢秋悲寂寥，我言秋日胜春朝。
晴空一鹤排云上，便引诗情到碧霄。

——《秋词二首》（其一）

山明水净夜来霜，数树深红出浅黄。
试上高楼清入骨，岂如春色嗾人狂。

——《秋词二首》（其二）

接着，最爽最爽的《浪淘沙》也诞生了。

莫道谗言如浪深，莫言迁客似沙沉。
千淘万漉虽辛苦，吹尽狂沙始到金。

——《浪淘沙》（其八）

日子虽苦，但很会过日子的刘禹锡，适应得还好，苦中作乐，依旧一个爽字了得！

第三站，长安。

这就是大家都知道的故事了。

抓住一个宪宗心情好的机会，朝中朋友又放了大招，刘禹锡等人终于回到了阔别十年的长安。农历二月，正是桃花初开之际，姹紫嫣红，美好得紧啊。于是，那首著名的爽诗第一名——《元和十年自朗州召至京戏赠看花诸君子》诞生了，围观的人，就是刘禹锡朋友圈的大咖人物：柳宗元、白居易、元稹等。

紫陌红尘拂面来，无人不道看花回。

玄都观里桃千树，尽是刘郎去后栽。

——《元和十年自朗州召至京戏赠看花诸君子》

玄都观桃花是很好，那又怎么着？还不是俺老刘走之后才栽种的？！

嘿嘿，时无英雄，使竖子成名！你们这帮家伙，别看一个个人模狗样的，我呸！那是因为俺老刘没在，有俺老刘在，哪里轮得上你们作威作福？！

你们这群人呀，跟这轻薄的桃花，是一样一样的！

结果大家都知道，很快，他就因这首诗再度被贬，而且连累了朋友们。

唐宪宗再次下旨，柳宗元贬为柳州刺史，刘禹锡贬为播州刺史。

播州，就是现在的贵州遵义一代，当时可没有遵义会议，落后得像原始社会一样啊。柳宗元觉得这太惨了，刘禹锡老母亲都八十了，那么远的地儿，肯定得走死啊。于是，就跟皇帝求情，愿意把柳州让给刘禹锡，自己去播州。皇帝感动了，于是重新安排了刘禹锡去连州，就是现在的广东连州。

两个好兄弟洒泪而别，也写了很多好诗，我就不说了。

虽然痛，也是爽痛，绝不拉须摆带的，去就去！

第四站，连州。

刘禹锡在连州刺史这一任上干了四年多。

这段时间的特点：横眉冷对千夫指，俯首甘为孺子牛！当官不为民做主，不如回家卖红薯。深入群众，大干快干，政绩非凡。要细细说起来，感天动地。连州市现在还有一座刘禹锡纪念馆。这难道不爽吗？

刘禹锡在广施仁政的同时还不忘记与民同乐。

《送曹璩归越中旧隐》名句诞生了：

剡溪若问连州事，惟有青山画不如。

——（《送曹璩归越中旧隐》）

我看这个句子，经常被高考中考用来出题。刘禹锡，爽啊！

第五站，柳州。

他没有在这个地方做官，但必须作为重要坐标说一说。

公元 819 年，刘禹锡的母亲以九十高龄寿终正寝。他辞去官职，回洛阳为母亲丁忧。刚到衡阳，又传来另一件令其难以置信的事——柳宗元病逝了。刘禹锡悲痛欲绝，在冬日阵阵的凉风中，为他洒泪写下了一篇肝肠寸断的祭文：

> 呜呼子厚！我有一言，君其闻否？
> ……
> 呜呼子厚！此是何事？南望桂水，哭我故人。孰云宿草，此恸何极！
> ……

连悼词，都是慷慨淋漓，读起来让我们感觉有一种很痛的爽啊！

刘禹锡亲自去柳州，为柳宗元操办丧事，然后，把柳宗元的两个儿子接到身边，悉心教导，视如己出，并且，抚养成才，其中一个，后来还考上了状元。

爽不爽？我们养自己的一个孩子都吃力，刘禹锡却能把人家的孩子培养成了进士啊！

这时，唐宪宗驾崩。刘禹锡的转折又来了。

丁忧期满。经元稹的推荐，刘禹锡出任夔州刺史。

第六站，夔州。

夔州，是现在我们重庆的夔门一带。巴山蜀水，好远好远的啊。

这个时候，刘禹锡已经 50 岁了。年龄超过现在的我了。

在夔州任上的两年多时间里，除了勤政爱民、抚养柳宗元遗孤、刊印柳宗元遗作外，刘禹锡干了一件有趣儿的事情，他创造出了一种别具情采的全新诗体——《竹枝词》。

这些竹枝词，真的太好啦！

（播放歌曲）

竹枝词

杨柳青青江水平，闻郎江上唱歌声。

东边日出西边雨，道是无晴却有晴。

山桃红花满上头，蜀江春水拍山流。
花红易衰似郎意，水流无限似侬愁。

瞿塘嘈嘈十二滩，此中道路古来难。
长恨人心不如水，等闲平地起波澜。

我觉得，我的巴山蜀水，有了这样的音乐，简直不能太爽！

第七站，和州。

和州就是现在的安徽省马鞍山市。

这个阶段，著名的《西塞山怀古》，问世了！

西塞山怀古

王濬楼船下益州，金陵王气黯然收。
千寻铁锁沉江底，一片降幡出石头。
人世几回伤往事，山形依旧枕寒流。
今逢四海为家日，故垒萧萧芦荻秋。

刘禹锡是咏史词，我读来，也叫一个爽。因为实在通透啊！

刘禹锡在和州时，干了一件大事儿，当时和州正值百年未遇的大旱，哀鸿遍野，民不聊生。刘禹锡三过家门而不入，投入了抗旱工作。

然后，《陋室铭》的故事，就发生了。

这样，关于《陋室铭》的两个版本，我都讲讲。

大家都很喜欢的版本是这样的：

他在和州做通判，知县策大人对空降至此的刘禹锡很不喜欢。

本来刘禹锡应该住衙门三室三厦的房子，策知县偏偏安排刘禹锡住在城南郊区。刘禹锡来到郊区一看，此处依山傍水，风景优美，立刻高声吟诵："面对大江观白帆，身在和州争思辨。"

策知县不乐意了，哼，让你高兴？从城南移到城北住去吧，三间房子变成一间半。刘禹锡走至江边，看到白云悠悠、杨柳成行，挥笔写下："垂柳青青江水边，人在历阳心在京。"

策知县气炸了。小人阴暗的心理再一次蠢蠢欲动，他让刘禹锡从城北迁到破烂不堪的陋室，只有一间茅草屋，但那又如何呢？刘禹锡在茅草屋里，铺开宣纸，转瞬间，《陋室铭》挥洒而就。

还有一个版本是这样的。我个人觉得，这个版本更靠谱：

为了改善民生，刘禹锡想了很多办法，甚至冒着危险向皇帝进言，尽可能免去更多的赋税。

因为太忙了，所以他执意不住府衙，而是依土山傍浅池盖了几间茅屋庐舍，自称"陋室"。

在他艰苦努力下，和州在极短的时间内变化非常大，他的"革新"思想也得到了充分的展示。因此，他借"陋室"而抒怀。

（播放《陋室铭》朗读）

在今天马鞍山市和县，依旧有刘禹锡"陋室"的纪念堂。

我之所以觉得这个版本更靠谱。第一，当时刘禹锡已经五十多岁了，虽然官途不畅，但早已名满天下，而且家世显贵，粉丝遍布全国，一个小小的县官，实在没有必要如此大动干戈地为难一个大众男神，那肯定不讨好啊。第二，一个五十多岁的人，也完全没有必要搞得这么行为艺术地和当地知县作对。除非他实在脑袋不够用。第三，这个故事中的对联虽然很有豪气，但是对仗很不工整，意思也很粗糙，不像刘禹锡这样的大才子的水平。

最重要的是，很多人认为，包括多年前的教参都认为刘禹锡在《陋室铭》中表现了"安贫乐道隐居避世"的思想。这是我完全不认同的。感兴趣的老师可以在《更美语文课》中去查看我的《〈陋室铭〉〈爱莲说〉》的整合教学的课堂实录。

早年啊，我的主问题是：刘禹锡是陶渊明一伙的，还是周敦颐一伙的？经过细读，我们会在《陋室铭》中发现很多矛盾，而所有的矛盾，都在指向一个事实：不管是在刘禹锡的文字中，还是在他的实际生活中，他都不希望过什么"安贫乐道隐居避世"的生活，他一直积极入世，一直热爱生活，一直渴望在官场大展拳脚，一直热爱"白丁"，并且从来在"白丁"们的底层生活中汲取了丰富的营养。可以说，正是"白丁"们，滋养了刘禹锡的艺术生命。

总之，和州的刘禹锡，是鞠躬尽瘁死而后已的刘禹锡，他天天案牍劳形，天天和老百姓泡在一起，应该没有时间调素琴阅金经。"德馨"是真的，他对南阳诸葛庐，西蜀子云亭的向往是真的，他牢记孔子之经典之问："何陋之有？"更是真的。他忙成那样，哪有时间和策知县打架啊！

这也就是我更倾向于《陋室铭》不是刘禹锡所作的原因。

和州的刘禹锡的爽，不是来自和小人斗争，而是来自事儿做得漂亮的爽。理解吗？一个人把工作做到极致了，那才是自我评价最高的时候啊！

第八站：扬州。

虽然是途经扬州。但扬州很重要。

最伟大的诗歌就要诞生了！

且听我说：

公元 826 年，刘禹锡和州任期将满，在老朋友们的帮助下，终于再次得到回京的圣旨。路过扬州之时，应淮南节度使的邀请出席宴会，席间与辞官漫游的白居易不期而遇。这两位多年的老友，已经鬓发苍苍，相对无言，唯有泪千行啊！

白居易说：白某在朝中时日较梦得稍多，长安满目繁华，贵人遍地，百官僚属不计其数，为何就容不下一个刘梦得？

白居易说到动情处，以筷子击盘而唱道：

> 为我引杯添酒饮，与君把箸击盘歌。
> 诗称国手徒为尔，命压人头不奈何。
> 举烟风光长寂寞，满朝官职独蹉跎。
> 亦知合被才名折，二十三年折太多。
>
> ——《醉赠刘二十八使君》

白居易说，梦得兄啊，我太为你的遭遇愤怒了！老天爷对你不公啊！

可是，诗一到刘禹锡的笔下马上就不一样了。

于是，注意了注意了，那首伟大的《酬乐天扬州初逢席上见赠》横空出世了：

刘禹锡击盘和白居易：

巴山楚水凄凉地，二十三年弃置身。

怀旧空吟闻笛赋，到乡翻似烂柯人。

沉舟侧畔千帆过，病树前头万木春。

今日听君歌一曲，暂凭杯酒长精神。

——《酬乐天扬州初逢席上见赠》

刘禹锡这辈子，哪怕什么都不做，就只写这一句"沉舟侧畔千帆过，病树前头万木春"就足以青史留名了啊！

这句诗为什么好？好就好在：

在白居易的眼中，刘禹锡这二十三年很苦，可是，刘禹锡说：

天边飘来五个字：那都不是事儿啊！

你说这刘梦得，是不是够爽啊！

爽得白居易都倾倒了。后来白居易在《刘白唱和集解》中说："彭城刘梦得，诗豪者也。其锋森然，少敢当者……"

诗豪这两个字啊，还是白居易给刘禹锡的呢！

又是一个爽啊！

第九站，南京（途经）。

在从和州返回洛阳的路上，途经金陵（今南京），写了这一组咏怀古迹的诗篇，总名《金陵五题》，其中第二首即大家都无限喜欢，人人读出了共鸣的《乌衣巷》。

乌衣巷
唐·刘禹锡

朱雀桥边野草花，乌衣巷口夕阳斜。

旧时王谢堂前燕，飞入寻常百姓家。

金陵五题·石头城
唐·刘禹锡

山围故国周遭在，潮打空城寂寞回。

淮水东边旧时月，夜深还过女墙来。

是个人都能读出来，刘禹锡对大唐王朝的担心啊！

但这担心，也还是透着爽，洞明世事，洞明历史之爽。

第十站，长安。

接下来，又是大家熟知的桃花诗的故事了。

困居洛阳半年后，刘禹锡回到京城。春天，又到了一年桃花盛开的季节。刘禹锡策马来到玄都观外，信步入门，只见杂草丛生，没有一片人影。而那当年满天飞舞的红花，如今却连树也已不在了。于是，他又忍不住生发感慨：

> 百亩庭中半是苔，桃花净尽菜花开。
>
> 种桃道士归何处？前度刘郎今又来！
>
> ——《再游玄都观》

心中郁闷之情一吐为快啊，爽不爽，是很爽啊！

但小人很快告状了。他们说：刘大叔，你还在嘚瑟啊。朝中老皇帝老臣子，死的死散的散，你得意啥呢？你也太不谦逊了吧！对故人，你也太不厚道了吧。

结果是，因为这首诗，刘禹锡又被弹劾。

无奈又在好朋友裴度的帮助下，得到了些无关紧要的闲职。虽然博得虚名无数，但毕竟一生最想干的重振大唐雄风的事儿，都没法干成了。

第十一站，苏州。

公元 830 年，刘禹锡被外调，以六十一岁的年龄出任苏州刺史。

注意注意，又一首伟大的诗歌要问世了。

苏州的刘禹锡，跟在和州连州一样，继续鞠躬尽瘁。这个时候，曾任浙东观察使的李绅途经苏州，递上帖子来拜访。李绅，大家还记得吗？就是那个写"锄禾日当午"的李绅，席间，李绅邀舞女助兴，非常妖娆啊。刘禹锡见作过"谁知盘中餐，粒粒皆辛苦"之诗的李绅如此奢侈，不由赋诗道：

> 高髻云鬟宫样装，春风一曲杜韦娘。
>
> 司空见惯浑闲事，断尽苏州刺史肠。
>
> ——《赠李司空妓》

李绅曾当过司空（负责水利、营建方面的工作），这里是说李绅见惯了这种大排场，而刘禹锡见之却非常不忍。

"司空见惯"这句成语，从此不胫而走。

呵呵呵，我们刘禹锡，是能够写出成语的人。爽啊！发个牢骚就成成语啦！

刘禹锡在苏州，实在干得太漂亮了，浙西观察使王璠在苏州看到刘禹锡杰出的政绩后，在考课中将他列为"政最"——相当于政府绩效考核最高等。这是和平时期大唐地方官员极少能得到的荣誉。朝廷特加褒奖，赐刘禹锡紫袍、金鱼袋，以示荣宠。

与朝廷所加紫金鱼袋相比，苏州百姓对刘禹锡的爱戴，才是令他最为欣慰的奖赏。

刘禹锡离开苏州时，苏州百姓夹道相送，哭声震天。

此后，老百姓自发建起了三贤祠，以供奉曾为苏州做出巨大贡献的韦应物、白居易和刘禹锡，千年来，香火不断。爽不爽啊！

第十二站，汝州刺史。汝州，即现在的河南省汝州市。

（略说）

第十三站，同州刺史。

（略说）

第十四站，洛阳。

注意注意，虽然刘禹锡已经很老了，但是，千古佳句，又要来了。

一日，白居易邀刘禹锡聚会。他命人将新作《咏老赠梦得》提前送到刘禹锡家里。诗中写道：

咏老赠梦得

与君俱老也，自问老何如。

眼涩夜先卧，头慵朝未梳。

有时扶杖出，尽日闭门居。

懒照新磨镜，休看小字书。

情于故人重，迹共少年疏。

唯是闲谈兴，相逢尚有余。

刘禹锡见白居易热泪盈眶，宽慰道："乐天何以如此悲伤？生老病死，乃天之道耶。既是天道，你我又何须伤怀？老则老矣，却仍可当家国事，岂不闻魏武'老骥伏枥，志在千里。烈士暮年，壮心不已'之诗？那姜太公垂钓于渭水之畔时，不过也是你我如今之岁数。"说罢，和诗一首：

酬乐天咏老见示

人谁不顾老，老去有谁怜。

身瘦带频减，发稀冠自偏。

废书缘惜眼，多灸为随年。

经事还谙事，阅人如阅川。

细思皆幸矣，下此便翛然。

莫道桑榆晚，为霞尚满天。

看看看看，小伙伴们，白居易的诗名一贯更大于刘禹锡，但如果单就这两首咏老诗而论，刘禹锡的胸襟和气度远远超过白居易了。

爽啊！一直爽到老，爽到人生七十古来稀的七十一岁。

但洛阳，毕竟是最后一站了。

公元 842 年秋日，刘禹锡病逝于洛阳家中。

三

刘禹锡的一生，刘禹锡的诗文，个性实在太鲜明。

如果选一个字概括，那就是：爽。

如果选一个短语概括，那就是：不忘初心。

如果选一句话概括，那就是：我已出走半生，不，我已出走一生，归来仍是少年。

这个家伙，大家评论，一个典型的：摧不跨、压不倒、蒸不烂、煮不熟、捶不扁、炒不爆、响当当的一粒，铜豌豆！

知世故而不世故，懂了套路却不被套路，看透人性却不宽恕人性，眼前黑暗而内心明亮——终生豪气干云，终生铮铮硬骨，终生通透敞亮！

一辈子，都在放飞自我啊！

网盘这么说吧，他的好哥们柳宗元的一生，像一首千回百折的咏叹调；而刘禹锡自己的一生，像一首激流勇进的进行曲。

确实，活得不憋屈，不压抑，不妥协，那叫一个爽啊！

这样的快意人生，哪个不羡慕！

但是，我的同学们，我的朋友们啊，我们要扪心自问一下：我们自己，消受得起这样的爽吗？

且听我说说我的感受。到底凭什么，刘禹锡可以拥有这样爽的人生？

超人的绝世才华，

超级健康的身体，

超级坚定的三观。

第一，超高的才华。这个前边说了。不再赘述。才华足够高，那就可以睥睨小人，玩"无限游戏"。如果你的才华根本撑不起你的任性，那就洗洗睡吧。规规矩矩听话比较好。

第二，身体好。

这简直太太太太重要了！熬到最后的人，才可能是胜利的人啊！

刘禹锡"熬死"了唐代八个皇帝：代宗、德宗、顺宗、宪宗、穆宗、敬宗、文宗、武宗八朝。

如果他熬不过唐宪宗，后边的好戏都没有。

柳宗元活到 46 岁，韩愈活到 56 岁，元稹活到 52 岁，苏轼活到 64 岁，杜甫 58 岁，王维 60 岁，白居易活到 74 岁……短寿，其实是人生最大的缺憾。有一种说法，如果李贺长寿，那"秀口一吐就是半个盛唐的"，可能不是李白，而是李贺了。

成就，其实是时间成就的！

笑到最后，才会爽到最后！

刘禹锡妈妈也活到了 90 岁。看来他们家有长寿基因。我们也好好锻炼身体吧，给儿女们做好榜样：为祖国，健康工作 50 年，为自己，幸福生活 100 年。不是没有可能哟。

第三，价值观坚定。

一个有清晰价值观的人，是非常幸福的。一个三观摇摆的人，在自我内在的逻辑上就总是无法自圆其说。所以，这种人，自己都没有办法说服自己，所以，常常纠结，常常提不起放不下。

刘禹锡的人生，绝对不算完全的成功。他的超世之才，绝顶风流，最后还是被时代辜负了，被皇帝老儿辜负了，当然，也被自己辜负了。他的个性中，有明显的缺点。这个，我放在最后说。我想先说的，是因为价值观的清晰坚定而带来的刘禹锡这眉清目秀的人生，选择清晰坚定的人生。

对国家，对百姓，对自己的为官之事业，刘禹锡从来没有摇摆过：进亦忧，退亦忧，居庙堂之高则忧其君，处江湖之远则忧其民，先天下之忧而忧，后天下之乐而乐。所以，无论到什么地步，他总有目标，总有原则。只要老百姓需要，他就可以全情投入地做事儿，管他大官，还是芝麻小官。他都心静如水，他都激情洋溢。

一个心中有崇高使命的人是幸福的。因为，他永远双脚踩在大地上。他的人生，必将经历见自我，见天地，见众生的美好过程。

而这样的人，必定对生活一往情深。

对自我，刘禹锡也基本没有摇摆过：要理解这一点，我们得进入刘禹锡自己的那个体系中，才能够理解他。否则，你就根本没有办法理解，已经人到中年的刘禹锡，已经人到老年的刘禹锡，按道理说，他饱读诗书，他历经了那么大的磨难，应该是一个非常成熟的生命了，怎么会写出那么轻率的两首桃花诗，给自己，也给朋友们带来了巨大麻烦呢？

难道真的是因为他情商太低吗？

我觉得，不大可能。

但，这就是刘禹锡的价值观：

我就是我。不管如何，我就是要做自己，必须做自己！

读他的诗词，我有一种强烈的感受：这个人，有一种深入骨髓的，唯我独尊的浪漫主义情怀。

我读佛经，据说，释迦牟尼诞生时，一手指天，一手指地，说："天上地下，唯我独尊。"大概意思是：这个世界上没有什么比保持本我更重要。人什么都可以不在乎，唯独不能忘记自己的本心。

我觉得，这就是刘禹锡那种唯我独尊的浪漫主义情怀的注脚。

刘禹锡的骨头硬得很，他的身上传递出来的那种"我和谁都不争，我和谁争都不屑"的大格局，非常真实。

读刘禹锡的史料，我发现，他不是没有低过头。跟韩愈一样，跟柳宗元一样，被贬之后，他们都曾向京城求救，但是，求救归求救，他们从来没有下跪过，从来没有卑躬屈膝过。他们的底线，非常清晰。这一点，跟中唐的王维比较起来，他们的身上，有一种绝不妥协的倔强气质。所以，我从来不同意简简单单地把"儒释道"三通轻轻松松地安放在他们身上。他们三个，最最重要的精神支撑，还是"儒家"的"明知不可为而为之"，还是儒家的"虽千万人，吾往矣"的勇敢。

比如，当王叔文丁忧，革新集团陷入危局时，刘禹锡的夫人薛氏欲借自己父亲薛謇出任殿中侍御史入朝谢恩之际，为刘禹锡走宫中宦官薛盈珍的门路，以脱离王叔文一党，目标是可以留在朝中任事。虽说岳父是宫中巨宦薛盈珍的族人，但是刘禹锡不愿迎合薛盈珍，更不屑"大丈夫能屈能伸"之论，以"折腰摧眉，壮士不为"之词，严拒岳父的援手。

这下你就知道了吧，为什么刘禹锡要在《桃花诗》冒着巨大的风险，也要不吐不快了。

刘禹锡的逻辑是什么？

我要做自己！我就是要做自己！

我就是要用才华和这个世界对抗！

你可以战胜我，但是，你打不败我！

来吧来吧，所有的狂风暴雨，都来吧，看我弄死你们！

刘禹锡胜利了！

他不仅"熬死"了八个皇帝，也"熬死"了所有政敌。

他71岁离开人世的那一天，他笑傲江湖，睥睨政坛上一帮胡子都还没有长明白的年轻人，开心地哈哈大笑：

我什么都不要，但最后，我什么都得到了。我这一生，值了！

爽爽爽！好一个爽字了得！

我这段时间重读余秋雨的《中国文化课》，重点读《泥步修行》。我感觉，刘禹锡的胆儿大，来自他的"破惑"，在某种程度上，他破了"位之惑"

"名之惑""财之惑""潮（潮流）之惑""仇之惑"，乃至于"终极之惑"，因此获得了天地元气的加持，故能活成了这般快意人生的模样。感兴趣的朋友们，也可以去读读这本书。

今天讲到这儿，我突然发现，可能刘禹锡有一个"惑"没有破，那就是"仇之惑"。对政敌，他心中还有气。否则，不会写情绪那么激烈的桃花诗。

最后，我想立足于当代，客观地说说刘禹锡的"爽"，刘禹锡的任性。我们必须要问他：

老刘啊！你自己倒是觉得活得爽啦，但你妈妈觉得活得爽吗？你两个老婆觉得活得爽吗？你的两儿一女觉得活得爽吗？你的同事们觉得跟你在一起，爽吗？还有，你青年时代的那些宏图大业，如果他们也有灵魂，他们觉得爽吗？

……

我觉得，答案，可能是否定的。

无论如何，以刘禹锡之才，他完全可以为国家做出更大的贡献。三十岁的时候，王叔文就赞他有丞相之才啊！但因为年少轻狂，中年依旧轻狂，他没有能够在最好的年龄，成为国之重器。时代辜负了他，他，也辜负了时代。没有赢家啊！

二十四年的贬谪生涯，也给他自己的家庭，带来了巨大的苦难。如果刘禹锡母亲泉下有知，妻子泉下有知，我想，她们会是有委屈的。

总之，借这堂课，我想说，同学们，朋友们，当我们怀念刘禹锡，纪念他，赞美他，欣赏他的时候，请也告诉自己：

刘禹锡的爽，是付出了巨大的代价的。

他没有管好自己的嘴，不管怎么说，都不算真正的酷。

人到中年，而没有忍辱负重的担当，图一时口舌之快，无论如何，都不是最高级别的酷。

我只能说，刘禹锡是个诗歌的语言艺术家，也是个生活的艺术家，但是，他没有学会好好说话，没有学会如何在职场上关注更多人的情绪，平衡各种关系。他太莽撞，也太任性了。

但因为才华实在太高，所以上帝为他留了一扇窗。

我们呢？我们本就庸碌，如果也这样保持中年刺儿头的形象，等待我们的，没有爽，只有"枉"，冤枉的"枉"，枉然的"枉"，枉过一生的"枉"。

真性情这个东西，消费的时候，要问问自己：我有那个本钱吗？

苏轼男神说：

> 古之所谓豪杰之士者，必有过人之节，人情有所不能忍者。匹夫见辱，拔剑而起，挺身而斗，此不足为勇也。天下有大勇者，卒然临之而不惊，无故加之而不怒，此其所挟持者甚大，而其志甚远也。

古代所谓的豪杰之士，必定有超过常人的情操，以及常人在情感上不能忍耐的气度。普通人一旦受到侮辱，就拔出宝剑跳起来，挺身去决斗，这可谈不上勇敢。世界上有堪称"大勇"的人，当突然面临意外时不惊慌失措，当无故受到侮辱时，也不愤怒，这是因为他们的抱负很大，而他们的志向又很远。

每每自省，我都很惭愧。

我想，唐代的刘禹锡未必不懂后代苏轼说的这个道理，但本性难移，实在难以做到啊！

我知道很多朋友都在追电视剧《清平乐》。我时间不够，只追了个开头。但我看宋仁宗，身为皇帝，实在做到了太多隐忍，太多委屈。所以，他才成为一个公认的好皇帝。以皇帝至尊，尚且要忍耐，尚要退让，何况我们？

因为，人人都有自己的无可奈何啊！

最后，再听歌唱吧。感受这个诗歌老顽童的魅力。

（播放《陋室铭》经典咏传唱歌曲）

同学们，朋友们，谢谢陪伴。再见！关上电脑的时候，请诚实地问一问自己吧：

刘禹锡的超爽人生，我要得起吗？

图书在版编目（CIP）数据

更美语文课.2，群文教学课型创新与网课实践 / 王
君著. --武汉：长江文艺出版社，2022.8
　（大教育书系）
　ISBN 978-7-5702-2529-3

　Ⅰ．①更… Ⅱ．①王… Ⅲ．①中学语文课－课堂教学
－教学研究 Ⅳ．①G633.302

　中国版本图书馆 CIP 数据核字 (2022) 第 034206 号

更美语文课 2：群文教学课型创新与网课实践
GENGMEI YUWENKE 2: QUNWEN JIAOXUE KEXING CHUANGXIN YU
WANGKE SHIJIAN

责任编辑：黄海阔　梅若冰　　　　责任校对：毛季慧

封面设计：周　佳　　　　　　　　责任印制：邱　莉　杨　帆

出版：长江出版传媒　长江文艺出版社

地址：武汉市雄楚大街 268 号　　　邮编：430070

发行：长江文艺出版社

http://www.cjlap.com

印刷：湖北画中画印刷有限公司

开本：710 毫米×970 毫米　　1/16　　　印张：18.75　　插页：1 页

版次：2022 年 8 月第 1 版　　　2022 年 8 月第 1 次印刷

字数：297 千字

定价：48.00 元